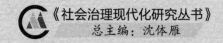

《社会治理现代化研究丛书》

总主编：沈体雁

危机应对情境下的
社会治理法治化

Legalization of Social Governance in Crisis Response

邹东升　包倩宇　贺知菲　著

中国商务出版社

CHINA COMMERCE AND TRADE PRESS

图书在版编目（CIP）数据

危机应对情境下的社会治理法治化/邹东升，包倩
宇，贺知菲著. —北京：中国商务出版社，2021.10
ISBN 978-7-5103-3950-9

Ⅰ.①危… Ⅱ.①邹… ②包… ③贺… Ⅲ.①社会主
义法治—建设—研究—中国 Ⅳ.① D920.0

中国版本图书馆 CIP 数据核字（2021）第 172524 号

危机应对情境下的社会治理法治化
WEIJI YINGDUI QINGJING XIA DE SHEHUI ZHILI FAZHIHUA

邹东升 包倩宇 贺知菲　著

出版发行：中国商务出版社
地　　址：北京市东城区安定门外大街东后巷 28 号　　邮编：100710
网　　址：http://www.cctpress.com
电　　话：010-64212247（总编室）　　　　64269744（事业部）
　　　　　64208388（发行部）　　　　　　64266119（零售）
邮　　箱：bjys@cctpress.com
印　　刷：天津雅泽印刷有限公司
开　　本：700 毫米 × 1000 毫米　1/16
印　　张：17.5
字　　数：303 千字
版　　次：2022 年 1 月第 1 版
印　　次：2022 年 1 月第 1 次印刷
书　　号：ISBN 978-7-5103-3950-9
定　　价：70.00 元

本社图书如有印装质量问题，请与本社印制部联系（电话：010-64248236）

前　言

在把握新阶段、贯彻新理念、构建新格局、开启现代化建设新篇之时，统筹发展和安全，推进危机应对情境下国家治理基石的基层社会治理，是实现国家治理体系和治理能力现代化的基础工程。随着逐步提高防控能力、着力防范化解重大风险和逐步推进"中国之治"语境下，社会治理能力和治理体系的现代化，社会更加平安，人民更加幸福，中国创造了经济快速发展和社会长期稳定的"两大奇迹"。作为社会历史的现象，风险与危机伴随着人类社会的始终，具有多样性、关联性、全球性、不确定性和难以预测性。现阶段，我国俨然也处于多重危机频发及叠加联动的风险社会时代，集中呈现各种危机复杂多样、不同危机交织连锁联动、极端风险更加凸显三大特点。各类危机与突发事件频发的现代风险社会对社会治理提出了新的要求。2020年1月突如其来的新冠肺炎疫情突发卫生危机直接威胁了人民群众的生命健康安全和经济社会大局稳定，全面、系统和深度地考验了我国的治理体系和治理能力。

习近平总书记强调要在法治化的轨道上推进各项疫情防控工作，"要完善疫情防控相关立法，加强配套制度建设，完善处罚程序，强化公共安全保障，构建系统完备、科学规范、运行有效的疫情防控法律体系。"在公共危机应对情境下，社会治理体系、社会基层组织治理、社区治理的运行机制、社会心理服务体系等均面临一系列深刻的变化与挑战。深入贯彻党的十九大和十九届二中、三中、四中、五中全会精神，如何运用法治思维和法治方式有效预防和化解社会危机与风险、统筹社会发展与安全、构建应急社会法治体系是我国社会治理现阶段面临的重大课题，研究公共危机应对情境下社会治理法治化具有重大理论意义与实践意义。

党的十九届四中全会提出要坚持和完善共建共治共享的社会治理制度，"必须加强和创新社会治理，完善党委领导、政府负责、民主协商、社会协同、公众参与、法治保障、科技支撑的社会治理体系，建设人人有责、人人尽责、人人享有的社会治理共同体"。党的十九届五中全会和《法治社会建设实施纲要（2020—2025 年）》中均提出全面提升社会治理法治化水平，促进社会充满活力又和谐有序。习近平总书记指出，"社会治理是一门科学，管得太死，一潭死水不行；管得太松，波涛汹涌也不行。要讲究辩证法，处理好活力和秩序的关系"①。现阶段，我国社会治理面临的基本矛盾是平衡活力与秩序、统筹发展与安全的矛盾，社会治理"善治"的核心目标就是实现整个社会既充满活力又和谐有序，以统筹发展与安全，实现更高水平的平安中国。2021 年 4 月，中共中央、国务院发布的《关于加强基层治理体系和治理能力现代化建设的意见》把增强乡镇（街道）应急管理能力和增强乡镇（街道）平安建设能力作为加强基层政权治理能力建设的重要内容。

在公共危机与风险应对的社会情境下，社会治理面临更多的困境与挑战。如何完善公共危机应对中的社会治理体系建设，将党对应急管理工作的领导纳入法治轨道，实现行政应急措施合法化，社会协同法治化，保障危机应对情境下公民的权利都是值得关注的重点议题。本书以"危机应对情境下社会治理法治化"为主题，以实现"社会既充满活力又和谐有序"为治理目标，关注公共危机和社会风险情境下社会治理体系、社会组织治理、社会心理体系、社会风险技术治理等所面临的变革与挑战。在剖析公共卫生危机、社会治安综合治理、社会公共安全等不同社会治理情境与具体的社会治理问题的基础上，立足我国社会治理的丰富经验，在重庆、浙江、山东、四川等多地实地调研访谈与典型案例研究的基础上，通过危机全周期管理及纵向市域、街镇、村社三级社会治理层级视角，透视危机应对情境下社会治理法治化路径，涉及社会矛盾风险的法治防范与化解、社会心理服务体系标准化建设、应急治理中创新执法经验、韧性风险社区与乡村的"硬法"与"软法"的治理、智能技术运用的风险与法治防范、卫生危机中社会参与的法治路径、重大行政决策程序中的社会稳定风险评估机制、大型群众性活动与个人极端事件的依法治理等核心议题。

本书的出版得到了 2021 年重庆市教育委员会人文社会科学研究重点基地项目"重大行政决策社会稳定风险第三方评估机制设计研究"（课题编号：21SKJD013）、2021 年重庆市教委人文社科研究重点项目"公共危机情境下社会

---

① 以共建共治共享拓展社会发展新局面——论学习贯彻习近平总书记在经济社会领域专家座谈会上重要讲话 [N]. 人民日报，2020–08–31.

治理法治化"（课题编号：21SKJD012）、2021 年重庆市研究生科研创新项目"市域社会治理矛盾风险防范化解的诉源治理 ——以重庆市为例"（课题编号：CYB21162）等项目的资助。在本书付梓之际，衷心感谢相关单位对本书给予的支持以及相关部门对课题调研所提供的帮助，使得研究团队获得了丰富的经验研究素材。硕士研究生张公晨、娄远进、邓淋铧、林艳婷、段绍弘、郭儒涵、宋文科等参与了文献资料的收集整理、项目实地调研及部分内容的写作，他们的积极参与与辛勤付出加快了本书的出版进程。

邹东升

2021 年 8 月于重庆宝圣湖畔水木青华

目　录

第一章 导 论

随着社会治理水平的不断提升，社会更加平安，人民更加幸福，中国创造了经济快速发展和社会长期稳定的"两大奇迹"。如何统筹发展与安全、平衡社会活力与秩序一直以来是我们党治国理政与社会治理的重大课题。风险社会背景下，各类公共危机事件频发给我国基层社会治理带来了严峻的挑战。我国社会治理理念、体制与机制等愈加无法满足新时代危机治理的需求，这也产生了新的社会风险。应对突发事件与公共危机频发的风险社会，法治作为治国理政的重要机制对推进社会治理现代化具有重大意义，有效防范和化解危机的路径之一在于推进社会治理法治化。如何以法治思维和法治方式防范和化解重大风险、推进危机应对情境下的社会治理法治化是我国社会治理面临的新课题，也是本书所聚焦的理论与实践关切。

第一节 问题缘起与研究价值

一、问题缘起

作为社会历史现象，风险与危机伴随着人类社会的始终，具有多样性、关联性、全球性、不确定性和难以预测性。现阶段，我国俨然也处于多重危机频发的风险社会时代，集中呈现各种危机复杂多样、不同危机交织连锁联动、极端风险更加凸显、突发事件频发等特点。2020年10月，习近平总书记在党的十九届五中全会上强调，"当前和今后一个时期是我国各类矛盾和风险易发期，各种可以预见和难以预见的风险因素明显增多。我们必须坚持统筹发展和安全，增强机遇意识和风险意识，树立底线思维，把困难估计得更充分一些，把风险思考得更深入一些，注重堵漏洞、强弱项，下好先手棋、打好主动仗，有效防范化解各类风险挑战，确保社会主义现代化事业顺利推进"①。

各类危机与突发事件频发的现代风险社会对国家治理与社会治理均提出了新的要求。在传统风险与非传统风险并存、多重危机叠加联动产生涟漪效应和多米诺骨牌效应的背景下，面对战争、自然灾害、事故灾难、公共卫生事件、社会安全事件等不同类型的突发事件与公共危机，如何防范和化解重大风险、应对各类突发事件带来的社会危机和社会危害，以完善的立法、健全的政府危机管理体系与应对能力、安全和韧性的社会治理系统降低和防范损害的发生，实现社会安全稳定至关重要。我国格外重视应急管理，不断提升应急法制水平，形成了以《中华人民共和国突发事件应对法》为核心，以"自然灾害类""事故灾难类""公共卫生事件类""社会安全事件类"等不同门类的单项法律规范为配套的应急法律规范体系，应急管理工作逐步走向规范化和法治化轨道。

2020 年 1 月突如其来的新冠肺炎疫情突发事件直接威胁了人民群众的生命健康安全和经济社会大局稳定，全面、系统和深度地考验我国的治理体系和治理能力。习近平总书记强调要在法治化的轨道上推进各项疫情防控工作，"要完善疫情防控相关立法，加强配套制度建设，完善处罚程序，强化公共安全保障，构建系统完备、科学规范、运行有效的疫情防控法律体系"②。除完善的立法外，在公共危机应对情境下，社会治理体系、社会基层组织治理、社区治理的运行机制、社会心理服务体系等均面临一系列深刻的变化与挑战，如何运用法治思维和法治方式有效应对突发事件、预防和化解社会危机与风险，统筹社会发展和安全是我国社会治理现阶段面临的重大课题。

二、研究价值

研究危机应对情境下的社会治理法治化具有一定的理论价值与实践价值。理论价值上，本研究从多维度和多视角深入阐释习近平法治思想中"社会治理法治化"的理论内涵，完善公共危机管理理论中全周期风险管理理论，特别是涉及全周期风险管理中社会治理及法治化相关理论。实践价值上，本研究将有助于指导

① 习近平.关于《中共中央关于制定国民经济和社会发展第十四个五年规划和二〇三五年远景目标的建议》的说明 [EB/OL].（2020–11–03）[2021–08–11]. http://politics.people.com.cn/n1/2020/1103/c1024–31917563.html.

② 习近平：全面提高依法防控依法治理能力 健全国家公共卫生应急管理体系 [EB/OL].（2020–02–05）[2021–08–11].http://www.gov.cn/xinwen/2020–02/05/content_5474875.htm.

不同管理层级的社会治理法治化的推进路径，进一步补短板、堵漏洞与强弱项，实现更高水平的平安中国与平安社会建设。此外，本研究还将有助于推进不同层级的党政部门、社会组织、社会公众等多元社会主体以规范化、法治化的方式防范和化解社会风险与危机，有助于完善社会矛盾纠纷多元预防调处化解综合机制，进一步实现统筹社会发展与安全的治理目标。

（一）理论价值

第一，本研究将集中阐释习近平法治思想中"法治社会"的核心要义，以多维度和多视角深入研究习近平法治思想中"社会治理法治化"的理论内涵，具有一定的理论阐释价值。2020 年 11 月召开的中央全面依法治国工作会议上了提出"习近平法治思想"，深刻体现了马克思主义法治理论同中国实际的结合，是党在法治建设过程中的经验总结，也是新时代推动法治国家、法治政府、法治社会的重要引领。其中，法治社会正是构筑法治国家的基础。2020 年 12 月印发的《法治社会建设实施纲要（2020—2025 年）》（下文简称《实施纲要》）中也提出全面提升社会治理法治化水平，促进社会充满活力又和谐有序。本研究通过重点解读"习近平法治思想"及《实施纲要》的核心要义，集中阐述社会治理法治化的目标与意涵，通过分析依法治国"新十六字方针"中的科学立法、严格执法、公正司法、全民守法等内容透视社会治理法治化的指导思想与关键内涵。

第二，本研究将有助于完善和发展公共危机管理理论中全周期风险管理理论，特别是涉及全周期风险管理中社会治理及法治化相关理论，具有一定的理论意义。2020 年 3 月，习近平总书记赴湖北省武汉市考察疫情防控工作时指出，要树立"全周期管理"意识。[①]"全周期管理"理念适用于广泛意义的社会治理，也适用于危机及突发事件的应急管理，旨在危机与风险监测与预警、发生与预控、应对与防控、恢复与重建各环节中实现危机闭环治理。现有的全周期风险管理理论侧重管理的时间次序，对风险与危机不同阶段的治理方式，特别是法治化的治理保障机制缺乏研究。本研究通过分析不同风险与危机治理阶段的公共信息监测收集、共享公开的规范化治理、《社区发展治理促进条例》的危机预控方案、多元社会主体风险协同的系统化防控、社会心理服务体系的规范化建设等方面的研究进一步深化

---

① 习近平. 在湖北省考察新冠肺炎疫情防控工作时的讲话 [EB/OL].（2020–03–31）[2021–01–02]. http://www.xinhuanet.com/politics/leaders/2020–03/31/c_1125794013.htm.

全周期风险管理中社会治理及法治化的相关理论。

第三，本书将有助于推进以人民为中心的社会治理法的理论研究，为社会治理法相关研究提供理论支持。目前中国社会治理法治建设的理论与实践现状，迫切需要构建完善的社会治理法来推动社会治理法治化建设。基于现今法学的学科建设现状，社会治理法仍处于一个正在摸索的阶段，学界对社会治理法是否能成为一门独立的法学二级学科存在探讨和争论。明确完善社会治理法的相关概念及调整对象等基础理论，将为构建社会治理法律体系，完善其学科建设提供理论支撑。本书通过公共危机应对情境下对社会治理法治化的探索，聚焦执政党、政府、社会、公众等多元社会治理主体，以及公共法律服务领域、社会矛盾预防与化解领域、公共安全保障领域等社会治理领域的法治化建设，旨在通过明确社会治理法的调整对象，整合系统化、完备化的社会治理法律法规规范等方式推进以人民为中心的社会治理法的理论研究。

（二）实践价值

第一，本研究将有助于推进公共卫生危机、社会公共安全等各类公共危机中社会治理法治化的路径优化，回应实践迫切需求，具有一定的实践指导价值。在不同的危机应对情境下，社会治理面临新的变革。公共危机对社会治理体系、社会基层组织体系、社区治理的运行机制等方面均带来新的挑战，各类公共突发事件下社会心理也面临深刻嬗变。在这样的背景下，社会治理法治化发展面临新的困境与需求。本研究通过大量的案例分析与实践调研，系统分析公共卫生危机中，特别是此次新冠肺炎疫情影响下的社会秩序控制的合法边界、应急征用的法律控制与应急物资调配规范化、应急社会动员与社会参与法治化路径等方面，分析社会治理治安危机中不同治理层级安全隐患的识别与稳控、防控重大社会矛盾纠纷、重大决策社会稳定风险评估机制、大型群众性活动与个人极端案事件等核心议题与优化路径，以回应各类公共危机应对情境下对社会和谐秩序恢复、危机法治化解路径的实践迫切需求。

第二，本书将有助于指导市域、街镇、村社等不同层级的纵向社会治理法治化的推进路径，进一步补短板、堵漏洞与强弱项，实现更高水平的平安中国与平安社会建设。不同层级的社会治理法治化面临不同的要求。本书关注市域社会治理法治化中统筹推进市域重大矛盾风险法治化解。现实中的一些突出矛盾和重大风险往往在市域产生汇聚，如何将其化解在市域、不再外溢扩散，已成为亟待高度重视和着力解决的重大现实问题；在街镇与村社治理法治化层级，本研究聚焦应急治理中"街乡吹哨、部门报道"的创新执法经验和韧性风险社区与乡村的"硬法"与"软法"的治理。以"软法"与"硬法"综治的方式构建韧性社区与乡村能有效链接内外资源、抵御灾害与风险，化解社区与乡村的社会矛盾纠纷，提升危机防范与化解水平。对实现更高水平的平安中国与平安社会意义重大。

第三，本研究将有助于推进横向网络下党政部门、社会组织、社会公众等多元社会主体以规范化、法治化的方式防范和化解社会风险与危机，构建跨部门、跨学科、跨地域的横向协同治理网络，助推社会矛盾和风险的防范与化解，进一步实现统筹社会发展与安全的治理目标。2021年3月，十三届全国人大四次会议批准通过的《中华人民共和国国民经济和社会发展第十四个五年规划和2035年远景目标纲要》（后文简称《"十四五"规划和纲要》），就统筹发展和安全提出了明确要求和工作部署。本研究关注公共危机情境中党的全面领导与依法执政、政府负责与依法行政、社会协同依法推进与公众依法有序参与的社会治理格局及社会治理共同体的形成，进一步探索在公共危机下，党对应急管理工作的法治领导、政府行政应急措施与行政比例原则运用，危机应对社会动员与社会组织协同治理，危机应对中公民权利限制、保障与救济，为实务部门进一步维护社会稳定和安全、健全平安社会协同机制、统筹发展与安全提供指导性原则与解决方案。

第二节 研究现状与文献述评

一、研究现状

中国学界从20世纪80年代开始研究社会治理问题，广泛探索社会治理法治化的概念、原则、困境与经验路径。特别是自21世纪以来，在与日俱增的社会风险及其引发的各类公共危机的背景下，学界对于公共危机应对情境下社会治理、公共危机法治化解等相关主题的关注程度增加，相关理论与实践研究也逐步深入开展。基于目前公共危机应对情境下社会治理法治化研究的相关文献较少，可分别从社会治理法治化、公共危机应对情境下的社会治理与公共危机的法治化解等相关主题切入。本书分别以关键词"社会治理法治化""公共危机与社会治理"和"公共危机法治化解"搜索独秀、中国知网、万方数据库、维普资讯期刊，发现自20世纪80年代以来，围绕"公共危机应对情境下社会治理法治化"主题的关联性研究在中国呈现繁荣发展态势，与研究主题相关联的文献数量不仅逐年增加，而且在进入 21 世纪后快速增长（见表 1–1、图 1–1 至图 1–4），研究的深度和广度不断加大，运用社会治理法治化相关理论分析解决国内公共危机的研究也日渐增多，大多数偏重政治、法律、经济、社会科学领域（见图 1–5）。

表 1–1　在读秀搜索按关键词进行文献搜索的统计结果（1998—2021.6）

	图书（种）	期刊（种）	报纸（种）	学位论文（篇）
社会治理法治化	7721	13707	1012	5246
公共危机社会治理	2406	3312	46	2682
公共危机法治化解	1015	303	8	575

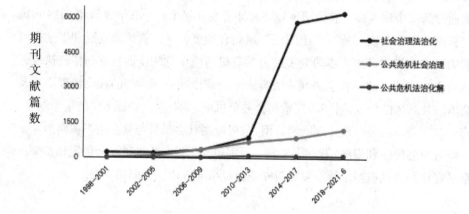

图 1–1　读秀搜索统计结果

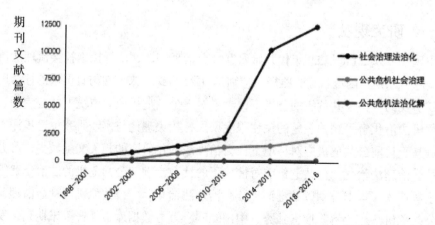

图 1–2　中国知网统计结果

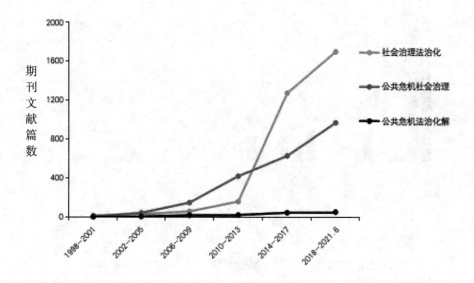

图 1-3　维普资讯统计结果

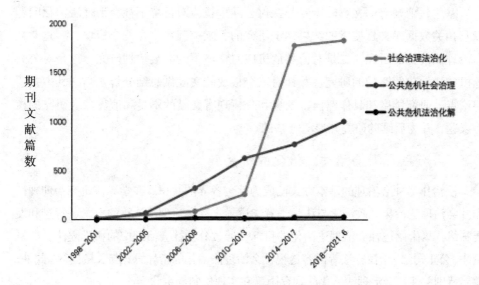

图 1-4　万方数据库统计结果

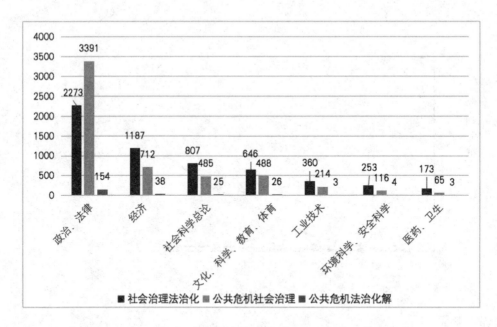

图1-5 根据万方数据库按照学科分类进行统计的结果

基于目前现有的文献较少专门探讨公共危机应对情境下社会治理法治化问题以及相关数据库文献搜索的结果，本研究的文献梳理集中在三个板块，一是对社会治理法治化的研究，二是对公共危机应对情境下的社会治理研究，三是对公共危机的法治化解路径的研究，并针对三个板块的文献做总结分析，归纳其中主要的论点、研究维度和具体路向，挖掘和分析现有文献的不足和值得深入研究的核心议题，并为后续的研究开展奠定基础。

（一）关于社会治理法治化的研究

法治作为社会治理的基本方式已成为社会各界的共识。在学界，研究治理理论和社会治理法治化的政治学与法学学者尝试界定社会治理法治化的概念、背景和发展脉络，集中阐述社会治理法治化的目标，通过分析社会治理中的科学立法、严格执法、公正司法、全民守法等内容透视社会治理法治化的指导思想与关键内涵。此外，学界特别关注社会治理法治化的现存困境和实现机制等主题。

1. 社会治理法治化的基本理论

关于社会治理法治化的基本理论，较多国内学者从基本内涵、理论渊源等维度探讨。对于社会治理法治化的基本内涵，马海韵（2018）认为社会治理法治化是借助法治逻辑和法治手段,将各类社会治理基础要素、程序与结构纳入法治范围,在法治轨道上进行治理理论与制度的实践,或提出多元主体协同社会治理的治理依据是体现人民意志的法律制度。法律为调节、约束和规范各治理主体之间的关系和行为提供了统一标准,最终目标形态必须包含法治型社会治理模式即实现"社会治理法治化"。[①]关于社会治理法治化的理论渊源,连朝毅(2015)指出构建具有中国特色社会主义社会治理理论的必要性,并强调社会治理必须纳入法治框架。[②]徐汉明(2017)认为习近平社会治理法治思想是社会治理法治化的行动指南。[③]此外,部分学者还强调法治对社会民主与社会治理现代化的重要性,张文显(2014)指出,"社会治理法治化是马克思主义国家治理理论的基本要求和社会治理现代化的现实需要",认为没有法治就没有民主和善治,法治是国家治理和社会治理现代化的特征,是实现善治的关键,主张实现社会治理法治化的前提是制定良善之法。[④]俞可平(2014)则强调良法是公正之法,要体现广大人民群众的意志,法律要在保障人权和自由方面发挥更大的作用。[⑤]

2. 社会治理法治化现有困境

针对社会治理法治化仍存在的诸多困境,顾亚楠(2019)、童彬(2018)、曾维和(2016)等国内学者普遍从社会治理法治化的科学立法、依法行政、公正司法、法治理念等视角展开深入论证,认为存在社会治理领域立法不完善、执法不严、司法不公等问题。以科学立法和公正司法为例,在社会治理科学立法方面,立法数量剧增,在社会组织、社会矛盾化解和纠纷调处、社会公共安全、社区治理、基层网格化管理、社会信用体系等领域建立了较为完善的社会治理法律规范体系,但同时存在相关立法失衡、失重、失信的问题,使得部分现有领域的相关立法存在缺失,存在法律规定与社会共识不一致、无法协调多元社会治理主体的行为规范等问题。在公正司法方面,社会治理法治化进程中的司法不公正表现为判决结果、

①　马海韵．"共建共治共享社会治理格局"的理论内涵——基于社会治理创新的视角 [J]. 北京交通大学学报（社会科学版）,2018,17（4）:137–145.

②　连朝毅．马克思主义社会管理理论及其在当代中国的新发展 [J]. 马克思主义研究,2015（2）:89–96.

③　徐汉明．习近平社会治理法治思想研究 [J]. 法学杂志,2017,38（10）:1–27.

④　张文显．法治化是国家治理现代化的必由之路 [J]. 法制与社会发展,2014,20（5）:8–10.

⑤　俞可平．没有法治就没有善治——浅谈法治与国家治理现代化 [J]. 马克思主义与现实,2014（6）:1–2.

程序、执行不公以及存在的诉源治理不足等问题，这进一步影响了社会稳定的根基，造成了司法资源的浪费。在社会治理法治化理念层面，社会治理法治化的理念相对落后，法治观念淡薄，在价值导向上重管控，轻法治；在社会治理主体上重政府职能，轻社会组织的作用；在治理方式上重行政方式，轻法律方式；在治理理念上重应急治理，轻制度化治理。①

3. 社会治理法治化实现路径

学界针对社会治理法治化的实现路径展开了深入探讨。王思斌（2016）、周红云（2014）、莫于川（2020）等学者从社会治理的立法、执法、司法、守法等角度切入，一致主张推进社会治理应在法治化的轨道上，进行社会治理的存量和增量改革，就"依法执政的党的领导、依法行政的政府负责、依法推动的社会协同、公众依法参与"等方面提出完善社会治理法治化的路径选择。第一，从社会治理的立法角度分析，社会治理法律体系及其理论研究正处于一个正在探索的阶段，学界对社会治理法是否能成为一门独立的法学二级学科存在探讨和争论，有学者在其研究中主张加快社会治理领域的立法，加快对不符合社会治理理念的现行法律的废改立释工作，建立健全完备的社会治理法律规范体系、高效的社会治理实施法治体系、严密的社会治理法治监督体系、有力的社会治理法治保障体系以及社会治理党内法规体系，提高立法质量，实现良法善治。第二，从社会治理的执法角度分析，部分学者主张将行政执法"三项制度"，运用于基层社会治理执法相关领域。第三，从社会治理的司法角度分析，杨建军（2014）提出可通过司法领域的制度性变革以提升司法力量参与社会治理的效能。第四，在社会治理守法方面，也有学者主张树立法治信仰，借助法治理念引领社会治理，用法治保障人民在社会治理中的参与权，以最大限度发挥出人民参与社会治理的积极主动性，

---

① 顾亚楠.社会治理法治化研究 [D]. 西安：中共陕西省委党校，2019；童彬.基层社会治理法治化：基本现状、主要问题和实践路径 [J]. 重庆行政（公共论坛），2018，19（4）：40-44；李友梅.中国社会治理的新内涵与新作为 [J]. 社会学研究，2017，32（6）：27-34；曾维和.共建共享社会治理格局：理论创新、体系构筑、实践推进 [J]. 理论探索，2016（3）：65-69.

或主张建立社会多元矛盾预防、纠纷化解机制，助力法治文化培养。[①]

李侃如（2010）、鲍勃·杰索普（1999）等西方学者对于社会治理法治化的研究不仅涵盖了对于其概念界定、发展背景、存在问题及解决路径的研究，更进一步拓展了社会治理中的法治化外延，即强调法治化应包括形式合法性的法治与形式正义的法治两方面。合法性的发展具有巨大的重要性，人是受法的统治而不是受人的统治的观念因此产生，认为法治是一种"良好的状态"。法律规则是面向未来的而非追溯的、公开的、清晰的，与其他规则是一致的、充分稳定的，裁决和命令的制作是由其公布的、清晰的、稳定的和相对一般的规则指导的。制定、执行和适用规则者有责任遵守与其活动相关的规则。还有一些西方学者认为，社会治理的制度决定了各个治理主体间的约束关系。制度包括非正式约束（如道德、社会禁忌、习惯、社会传统等）和正式的法规（如宪法、法律）。其中可以归纳出国外研究社会管理、社会治理的学者，大多以政府、市场与社会关系的探讨为主题，更看重公民意识的培养，强调政府与社会之间的合作与竞争，目的是为提高社会治理水平，完善公共物品的提供流程，并保证公共物品的质量。[②]

（二）关于公共危机应对情境下的社会治理研究

通过文献梳理发现学者关于公共危机应对情境下的社会治理研究主要围绕着"公共危机社会治理的治理理念、治理主体与结构、机制技术与工具"等主题构成，探索公共卫生、社会治安、应急管理、社会安全等各类危机所构成的风险及其对社会治理体系、社区治理运行带来的挑战、各类危机的预防与化解。

---

① 王思斌.社会工作在构建共建共享社会治理格局中的作用 [J].国家行政学院学报，2016（1）：43-47；周红云.法治与社会治理 [J].马克思主义与现实，2014（6）：7-9；周直.以治理民主推进更高程度的社会公平 [J].南京社会科学，2016（9）：73-79；杨建军.通过司法的社会治理 [J].法学论坛，2014，29（2）：13-23；莫于川.公共危机管理与行政指导措施 [J].政治与法律，2004（6）：32-37.刘作翔.关于社会治理法治化的几点思考——"新法治十六字方针"对社会治理法治化的意义 [J].河北法学.2016（5）：2-8；莫于川，莫菲.行政应急法治理念分析与制度创新——以新冠肺炎疫情防控中的行政应急行为争议为例 [J].四川大学学报（哲学社会科学版），2020（4）：123-137.

② 李侃如.治理中国——从革命到改革 [M].北京：中国社会科学出版社，2010；鲍勃·杰索普.治理的兴起及其失败的风险：以经济发展为例的论述 [J].国际社会科学杂志（中文版），1999（1）：31-48.

1. 公共危机应对情境下的社会治理理念

治理理念对各类治理主体的行为起着制约与导向作用，明确的治理理念可以使治理主体积极有为地应对各类公共危机，薛澜（2003）等学者主张预防为先的危机治理理念，详细阐述了危机生命周期的形成及国家如何应对公共危机之下的社会治理，提出危机预防在社会治理过程中的重要性，主张源头治理，及时消除危机产生的苗头，进行事前治理，实现有效预防。[①] 此外，有学者认为以人为本是公共危机社会治理的基本治理理念，生命健康远比经济价值更重要，主张以人的利益和需要为出发点进行公共危机的社会治理。李泽洲（2003）认为运用法治思维，将公共危机的社会治理工作分解到立法、执法、司法等各个方面，以法治思维与机制处置各类公共危机事件，以最低的成本和最高的效率消除危机。[②]

2. 公共危机应对情境下的社会治理的主体与结构

公共危机社会治理主体的能力与素质是影响社会治理水平最直接的因素，目前学术界沙勇忠（2010）、张立荣（2008）两位学者关于公共危机社会治理主体的研究基本达成共识，即公共危机社会治理的主体包括党委、政府、人大、司法机关、社会组织、企业、家庭、公民个人以及大众媒体在内的所有社会组织和行为者，政府不再是处理公共危机的唯一主体，不同的主体发挥各自独特的作用，党委在公共危机治理过程中发挥领导作用，人大主要进行社会治理立法以及监督，政府在社会治理法治建设中处于主导地位，司法机关的主要任务在于维护社会治理进程的秩序及正义，社会组织与公民参与合作治理，大众媒体在社会治理法治化整个进程中发挥传递、评价、监督的作用，通过协商对话与合作，组成管理网络，相互合作与监督，共同在公共危机的社会治理中发挥作用。[③]

3. 公共危机应对情境下的社会治理机制与工具

机制作为社会治理的核心问题，关系着社会治理机构能否有序运作。袁明旭

---

① 薛澜，张强，钟开斌.危机管理：转型期中国面临的挑战 [J].中国软科学，2003（4）：6-12；薛澜，朱琴.危机管理的国际借鉴：以美国突发公共卫生事件应对体系为例 [J].中国行政管理，2003（8）：51-56.

② 李泽洲.建构危机时期的政府治理机制——谈政府如何应对突发性公共事件及其危机 [J].中国行政管理，2003（6）：6-10.

③ 沙勇忠，解志元.论公共危机的协同治理 [J].中国行政管理，2010（4）：73-77；张立荣，冷向明.协同治理与我国公共危机管理模式创新——基于协同理论的视角 [J].华中师范大学学报（人文社会科学版），2008（2）：11-19.

（2018）、张智新（2019）归纳出协同整合机制、危机预警机制、决策机制、善后处理机制、评估机制等，并在治理机制研究中提出不同治理主体的合作机制问题，涵盖政府之间的合作、政府与非政府组织之间的合作，主张利用法治化促进公共危机治理的合作机制现代化与规范化。① 江亚洲（2020）、刘淑华（2017）等学者基于对信息技术的共同关注与研究选择从信息沟通、风险防控等视角探讨信息技术的快速发展对社会治理的作用，运用互联网建立的交流机制推动危机的及时协调及沟通，并建立危机预警预控机制。此外，学者提出了社会应急响应网络的概念，认为应急响应网络可作为基础，使各个主体形成一个整体来共同应对公共危机。林克松（2020）主张以行政、经济、法律以及思想教育方法来思考公共危机下"三治融合"的社会治理的新途径，强调将各领域的重要方法与公共危机社会治理相整合，充分借助先进信息技术进行协调，调动各方治理主体的积极性，在保障治理目的的前提下，消除公共危机或将危害降至最低，维护和实现各方利益。②

近年来，各类公共危机与社会矛盾突发，社会治理面临严峻考验。学术界对于公共危机下的社会治理的研究与关注力度开始加大，较多国内学者针对公共危机下的社会治理研究立足"中国之治"语境，另外从政治学、管理学、社会学、生态学四个维度开展深入探讨与剖析，提出了不同的公共危机社会治理建构机制。

其一，从政治学视角关注危机治理情境之下政府与社会的关系问题，郁建兴（2012）指出社会协同是当前中国社会建设中政府与社会间关系的现实选择，政府为了满足治理需要，发挥主导作用，构建各类与社会沟通和参与机制，大力扶持社会组织，进行协同治理③。范如国（2014）基于复杂系统理论，分析出社会治

---

① 袁明旭.国家治理体系视域下公共危机治理现代化研究[J].贵州社会科学，2018（3）：36-44；张智新，孙严.公共危机中多元主体协同治理机制探究——以北京市"11·18"火灾为例[J].行政管理改革，2019（4）：77-83.

② 江亚洲，郁建兴.重大公共卫生危机治理中的政策工具组合运用——基于中央层面新冠疫情防控政策的文本分析[J].公共管理学报，2020，17（4）：1-9；刘淑华，潘丽婷，魏以宁.地方政府危机治理政策传播与信息交互行为研究——基于大数据分析的视角[J].公共行政评论，2017，10（1）：4-28；林克松，朱德全.教育应对公共危机的分析框架与行动范式——基于"新冠"重大疫情危机的透视[J].华东师范大学学报（教育科学版），2020，38（4）：118-126.

③ 郁建兴，任泽涛.当代中国社会建设中的协同治理——一个分析框架[J].学术月刊，2012，44（8）：23-31.

理复杂性的内在规律，解读社会系统的复杂网络结构，提出展开协同社会治理。[①]

其二，从管理学视角对公共危机应对情境下的社会治理过程及政府应对能力的研究，国外学者侧重探讨社会危机的概念、机制、过程、影响因素，并致力于构建危机应对的各种理论模式。国内学者赵凤萍（2010）、郭锐乐（2021）以新冠肺炎疫情危机应对为例，提出风险的解决依赖社区治理主体如政府、社会组织以及社区居民的行为构建，可利用网络平台充分发挥治理主体的作用。[②]

其三，从社会学视角对风险社会的应对研究，国外学者乌尔里希·贝克（2014）、安东尼·吉登斯（2000）在其研究中发现，除了要解决传统社会所形成的风险，还需应对由于偶发事件所导致的新风险，而国内学者马和民（2006）在有关社会危机治理的研究中，不仅对社会危机进行了理论探讨和分类，还指出对于不同类型的社会危机，很难通过社会自我矫正来解决，而是需要通过国家干预，即通过提高国家治理能力来实施有效调整。[③]

其四，从生态学视角开展的研究，国外学者弗道洛夫（1986）的相关研究主要涉及突发自然灾害应对的行为模式和社会配套体制建设、社区应对灾害过程中的危机管理，以及新闻媒体在自然灾害中的角色和任务。国内学者刘静媛（2010）、申艳红（2016）主要从技术利用、生产方式、社会制度、人的需要等方面对生态危机进行研究，并就如何治理生态危机提出一定的思考。[④]

（三）公共危机法治化解路径的研究

通过文献梳理发现，公共危机管理的法治化解路径或应急法治是法学学者关注的重点研究领域，法治在公共危机应对中具有保障性、关键性和基础性作用。所涉

[①] 范如国.复杂网络结构范型下的社会治理协同创新[J].中国社会科学，2014（4）：98-120.

[②] 赵凤萍.危机管理政治学：压力之下的公共领导能力[M].郑州：河南人民出版社，2010；郭锐乐，王云飞.突发公共危机下的社会风险及社区治理主体的行为建构——以新型冠状病毒肺炎疫情为例[J].云南农业大学学报（社会科学），2021，15（1）：26-32.

[③] 乌尔里希·贝克.风险社会[M].南京：译林出版社，2004；安东尼·吉登斯.现代性的后果[M].南京：译林出版社，2000年；马和民.从"仁"到"人"：社会化危机及其出路[M].北京：北京师范大学出版社，2006.

[④] 弗道洛夫.人与自然——生态危机和社会进步[M].王炎库，赵瑞全，译.北京：中国环境科学出版社，1986；刘静暖，纪玉山.马克思自然力危机思想研究[J].经济学家，2010（4）：31-38；申艳红.公共危机管理发质问题研究[M].北京：中国政法大学出版社，2016.

及的研究主要聚焦于从宪法和法律层面制定国家和社会安全体系及机制、制定保障政府行使公共危机管理的权力研究等。法学学者主要从《突发公共卫生事件应急条例》（国务院令〔2003〕376号）、《中华人民共和国突发事件应对法》（主席令〔2007〕69号）在内的应急管理法制体系入手进行研究，关注规范非常规状态下国家权力的运行、危机状态下基本人权和公民权利的保护或是从危机的衍变规律角度剖析危机制度化处置方式，提出程序的本质是管理和决策的非人化，所有这些都是为了限制权力的意志，有效监控自由裁量权。当公共危机的紧急措施引发公私秩序的冲突时，可在"法治引导共治"的语境下确立依法应急、赋权与责任相对等的原则。现有研究既从宏观角度重视公共危机与行政应急法治化的关联机制与基本原则，又强调从中观角度探索公共危机之下行政应急法律体系的建构，还突出从微观角度分析危机治理过程中行政主体的行政行为规范性，主张逐步完善行政应急法律体系，并立足于行政主体、行政程序等多个分析视角进行深入研究。

1. 行政应急原则

行政应急原则作为特殊紧急情形下行政机关出于国家安全、社会公共利益的需要，可以采取的没有明确法律依据或与其相抵触的相关措施的法则，国内学界针对其概念界定、权力运行、现状困境、基本原则、发展路径几方面展开深入探讨。学者刘莘（2012）在其研究中梳理行政应急性原则的现状及概念，明晰其价值取向，研究其转化为如何合理配置行政权与保护相对人权利并分析应急状态下公权力的内部平衡状态。[1]莫于川（2005）更多关注突发事件应急法律体系的建设，指出行政应急性原则在行政应急法制中的作用被忽视的现状，呼吁专门性立法。[2]霍增辉（2009）、陈无风（2014）对于依法行政、效率、公开、比例、公民基本权利保障、正当程序、政府主导等基本原则展开分析，强调行政应急责任的体系化，对行政应急的合法性及存在的问题提出内、外部的规制路径。[3]

2. 行政应急主体

蔡金荣（2021）、杨海坤（2014）等学者对于公共危机之下的行政应急主体进行了研究，强调主体的管理应实行分散式和垂直式管理相结合的方式，既能保

---

① 刘莘.行政应急性原则的基础理念[J].法学杂志，2012，33（9）：7-13.

② 莫于川.公共危机管理与应急法制建设[J].临沂师范学院学报，2005（1）：119-124.

③ 霍增辉.行政应急责任体系化研究——以突发公共卫生事件应急为例[J].求是学刊，2009，36（3）：82-87；陈无风.应急行政的合法性难题及其缓解[J].浙江学刊，2014（3）：129-137.

证中央的统一管理又能够保证专业的人做专业的事，提出了责任主体与参与主体两个主体概念。其中，行政应急行为的责任主体主要是指各级人民政府和有关行政机关，主张行政应急责任主体应集中到一级人民政府，由人民政府统一调控和协调管理，而一级人民政府在突发事件的处理过程中可以建立临时的行政应急指挥部。① 莫于川（2003）、刘乃梁（2020）指出应急组织机构必须健全、工作人员必须到位、有关职责必须法定、应急预案必须完善；参与主体或配合主体主要是社会组织、企事业单位、公民等多元社会主体，各自承担相关的社会责任。实施行政应急行为的主体必须由法律规范做出规定或由有权机关做出决定，否则其行为即构成违法或无效。②

3. 行政应急法治程序

于安（2020）对于行政应急程序的研究主要涉及行政程序的基本要求与步骤、适用范围、程序价值、程序类别等几个方面。其指出在危机应对中，行政机关在履行行政决定、制定行政规范、实施行政指导等行为的程序时，可变通或省略行政程序方式、时间、步骤等方面的要求，但必须保留表明身份、说明理由、准予司法复审等最低限度的程序要求。在适用方面，行政应急程序主要适用于全国或部分地区被依法宣布进入紧急状态时、因重大突发事件导致公共危机时等情形。在程序价值方面，根据杨海坤（2008）等学者的研究，行政应急程序具有效率性价值与正义性价值。对于行政应急程序的分类，可将其分为内部应急程序和外部应急程序。前者包括报告、调查与合议、批准与决策制度等，后者包括公告、申请与审查说明理由、登记、时限、公布制度等。③

4. 行政应急救济

对于行政应急救济研究，彭华（2014）、张晓磊（2008）两位学者主要从制

① 蔡金荣．田丹．全面推动公共卫生应急管理法治体系建设路径探究 [J]．法制与社会，2021（13）：85-86；杨海坤，马迅．总体国家安全观下的应急法治新视野——以社会安全事件为视角 [J]．行政法学研究，2014（4）：121-130；于安．《突发事件应对法》着意提高政府应急法律能力 [J]．中国人大，2006（14）：22-23；周振超，张梁．非常规重大突发事件"紧急行政"模式的法治优化 [J]．中国行政管理，2021（2）：137-145.

② 莫于川．公共危机管理的行政法治现实课题 [J]．法学家，2003（4）：115-125. 刘乃梁．公共危机的社会共治：制度逻辑与法治进路 [J]．江西财经大学学报，2020（6）：114-124.

③ 杨海坤，吕成．迈向宪政背景下的应急法治——《突发事件应对法》颁布后的思考 [J]．法治论丛（上海政法学院报），2008（1）：67-74；于安．行政机关紧急权力和紧急措施的立法设计 [J]．中国司法，2004（7）：7-9；刘鹏．行政应急行为研究 [D]．太原：山西大学，2006.

度层面展开深入论证，一方面主张完善公民的权利救济，特别是在行政应急过程中涉及相对人申诉和复议、行政补偿等制度的构建。前者涉及应急状态下借助申诉和复议制度对行政相对人权利的合法维护，后者是将行政责任和司法责任纳入行政法律补偿体系中。另一方面，行政应急救济需完善监督制度，从加强民间力量和媒体监督方面维护公民权利，利用权力监督权力，借助立法机关的支持，监督行政应急中的行政行为，将其作为行政救济的间接方式。①

二、文献评述

学界对于社会治理法治化、公共危机应对情境下的社会治理以及公共危机的法治化解路径的研究成果丰硕。首先，通过对相关成果的初步梳理，可发现对于社会治理法治化的研究，学者们侧重社会治理法治化相关概念与内涵的探讨和界定，社会治理法治化目标的实现和具体实践路径的构建等。但关于具体情境下的相关研究如公共危机应对情境下的关注，目前学界缺乏更深入的探讨。其次，对于公共危机应对情境下的社会治理，主要的研究角度是从公共危机社会治理的主体构成、价值取向、结构机制以及基于政治学管理学、社会学和生态学的角度去探析，而对于法治化研究视角则关注不足。最后对于公共危机的法治化解路径的研究，学界从宏观、中观和微观等视角切入分析，关注公共危机与行政应急法治化的关联机制与基本原则、行政应急法律体系的建构等，但缺乏社会治理法治化的研究视角。总结而言，现有研究存在以下局限性：

一是在研究内容上缺乏探讨公共危机应对情境下社会治理法治化相关路径的系统可行性研究和普遍经验研究。从目前国内关于公共危机应对情境下的社会治理法治化的现有研究来看，多从若干相同的法治治理要素出发以确定法治路径，并未形成可复制的、成熟的、可有效推广的治理方式和模式。此外，我国地区差异巨大，公共危机的多样性与突发性导致各地治理情况千差万别，研究方法从个案出发也作为一种主要的研究方式，但是如何从特殊具体回归到一般普遍，从千差万别的地区具体情况中抽象概括出治理的一般规律，这一方面的研究还有待深入拓展。

---

① 彭华. 我国行政应急行为司法审查若干问题探讨 [J]. 西南科技大学学报（哲学社会科学版），2014，31（1）：41–51；晓磊. 突发事件应对、政治动员与行政应急法治 [J]. 中国行政管理，2008（7）：10–13.

二是在研究视角上，现有研究缺乏公共危机与社会治理法治化融合的分析角度，特别是实践案例的分析。分析和研判公共危机之下的社会治理法治化的现实情况有助于明晰公共危机之下社会治理法治化解的原因探析、主要任务以及实践路径。[①]

三是对信息技术运用于公共危机与社会风险中的相关研究理论深度不足。现行文献研究主要针对法律层面的法律规范与制度体系建设，而缺少信息技术创新路径的具体方式与措施研究。如何利用信息技术解决公共危机中的社会治理问题以及如何以法治手段规避信息技术的风险具有重要的理论与实践研究价值。

新时代在全面推进依法治国的背景下，构建党委领导、政府负责、社会协同、公众参与、法治保障、技术支撑的社会治理体制以及打造共建共治共享的社会治理格局需面向更多不同的实践治理情境，而公共危机应对情境比起常态化治理更需引起重视。本书以统筹发展和安全，建设更高水平的平安中国为目标，以国家治理体系和治理能力现代化为抓手，关注危机应对情境下社会治理体系、社会组织、社会心理等方面的变革，及其对推进治理法治化的迫切需求，系统分析公共卫生危机、社会公共治安危机、群体性事件危机等多重危机下社会治理困境及法治化解路径，聚焦危机中党的全面领导、政府依法行政、社会协同及公众参与有序推进的社会治理格局形成，旨在通过危机全生命周期管理视角及纵向的市域、街舞、村社治理等不同社会治理层级的视角，探索社会矛盾与纠纷法治化解、基层社会组织法治化运行、社会心理服务体系标准化建设等重要议题，提出公共危机应对情境下社会治理法治化优化路径。

第三节 研究方法与框架结构

一、研究方法

本书采用实证研究与规范研究相结合的方式。实证研究方法注重从大量的经

---

① 除了宏观的理论和制度研究外，公共危机法治化解路径在社会治理研究领域有更多值得关注的一些核心议题。以公共卫生危机为例，特别是此次新冠肺炎疫情防控中，对社会秩序控制的合法边界、应急征用的法律控制与应急物资调配规范化、应急社会动员与社会参与法治化路径等方面都是值得细化的问题。本课题将针对这些问题展开研究。

验事实中通过科学归纳，揭示事物的内在构成因素及因素之间的普遍联系与运行规律。规范研究主要是在若干假定的前提下，根据事物的内在逻辑联系，从理论上演绎推导、分析、探讨"应该是怎样"的问题。其研究的出发点主要是一定的价值标准与行为准则。本研究在大量文献分析、经典案例和最新案例研究的基础上，赴浙江、山东、四川、重庆等地开展实地调研，通过广泛而深入的个案访谈获得大量一手资料，为后续深入、全面研究奠定扎实的基础。具体而言，本研究采取的研究方法主要有文献分析法、调研访谈法和案例分析法。

一是文献分析法。首先，为充分了解危机应对情境下社会治理法治化的重要理论和国内外学者对社会治理研究的总体情况，本书搜集了近年来大量的相关文本资料，对学界相关学术文献成果进行整理和归类，分析危机应对情境下社会治理法治化研究的总体状况，提炼核心观点，掌握研究进程，了解该研究领域的现状与不足，为本书研究奠定理论基础，同时梳理公共危机应对情境下社会治理法治化的最新研究思路。其次，对近年来公共危机和社会治理法治化相关的党和政府颁布的、涵盖不同层级的有关重要法规政策、重要文件精神进行综述和解读，一方面分析文本的重要政策信息、制度理念，并结合地方实际情况细致解读；另一方面对不同文本内容进行挖掘分析，探究文本演变过程中的相关规律，为具体对策和制度选择提供思路。

二是调研访谈法。考虑到本书的研究涉及多个学科领域，牵涉不同部门、不同地区和不同群体，在研究过程中对于关键问题或有争议的问题，特别围绕涉及危机治理中社会治理制度与法治实践现状的相关问题，采取实地调研、个案洽谈和群体座谈的形式开展相关研究。调研与访谈的案例选择主要有三个来源：一是在广泛大量搜集并持续追踪危机应对情境中社会治理法治化案例时发现的经典案例，并以此为基础联系相关资源展开研究；二是国家信访局等机构的相关课题和项目，以及作为专家受邀参与各地干部班主题讲座、实地考察等调研契机。课题组先后赴浙江、山东、四川、重庆等地开展调研，由项目委托方提供访谈资源，对主要市县领导、街道基层工作人员、社会组织领导人、社区居民等人员开展个案和群体访谈，旨在提炼出具有规律性和代表性的经验模式。

三是案例分析法。围绕危机应对情境下的社会治理法治化问题，通过网络、书籍、报刊等各种渠道搜集社会治理法治化的案例，分析、对比、归类和总结相关研究案例，提炼社会治理法治化的典型模式与先进经验，分析成效和不足，对部分运行成果良好、具有广泛推广与借鉴意义、具有可持续发展能力的案例通过实地调研、采集，进行深度访谈和追踪研究。总结而言，本书既关注经典案例，如应急治理中"街乡吹哨、部门报道"创新执法经验、新时代"枫桥经验"的创新发展之"三治融合"等案例，也追踪最新的创新鲜活案例，如浙江桐庐社会矛盾纠纷调处化解中心的集成服务、《民法典》在社会治理与矛盾纠纷化解中的运用、山东济宁"五治五和"的"和为贵"等情理法融合治理模式等。

二、研究框架

如前文所述，本书以"公共危机应对情境下的社会治理法治化"为研究主题，关注公共危机应对情境下的相关治理风险，基于社会治理法治化范畴及内涵，思考社会治理法治化下科学立法、严格执法、公正司法以及全民守法等法治路径。而鉴于前人研究多集中于社会治理或社会治理法治化研究领域，本研究基于治理理论、全周期风险管理理论等，以国家治理体系和治理能力现代化为抓手，以公共卫生危机、信访维稳、社会公共治安危机等危机应对情境下社会治理法治化为典型案例，探讨公共危机应对情境下国家、政府、社会一体关系，以回应"如何优化公共危机应对情境下社会治理法治化路径"这一核心问题。围绕这一主题，本书的框架结构分为八章，各章节内容如下：

第一章"导论"，简要介绍本书主要的研究背景、研究意义与研究问题，并在分析相关的研究现状综述的基础上，确定了研究的具体思路。随后，本章在介绍研究方法的基础上阐述本书的结构框架和篇章安排。具体而言，本书从多重危机下的社会治理困境入手，探讨社会治理法治化的缘起背景，基于习近平法治思想、全周期风险管理理论、人民为中心的社会治理法三个角度阐述其理论价值，又从社会治理法治化的路径优化及纵横两个方向的法治化治理网络分析防范和化解社会风险与危机的实践价值。紧接着，本章通过大量相关文献的分析，分别从社会治理法治化、公共危机应对情境下的社会治理与公共危机的法治化解等主题切入，厘清公共危机应对情境下社会治理法治化的发展现状，在确定研究核心问题的基础上，通过文献分析法、调研访谈法和案例分析法开展研究。

第二章解析了社会治理法治化的范畴和内涵。本章以历史演进为线索，梳理了新中国成立以来，我国社会治理模式从"管理"迈向"治理"的转变过程，概括了新时期我国社会治理的制度内核，并借助有关治理理论的探讨，分析了当前社会治理体制与机制的发展方向。党的十九大提出社会治理法治化，并将其引入我国社会治理和法治建设中。通过对习近平法治思想中社会治理法治化思想和《法治社会建设实施纲要（2020—2025 年）》的研究，本章最后部分重点探讨依法治国"新十六字方针"下的社会治理法治化路径，通过科学立法、严格执法、公正司法、全民守法，实现良法与善治的有机结合、促进政府依法行政、强化诉源治理和加快社会信用体系建设。

第三章探讨了危机应对中社会治理变革的相关内容。主要围绕国内外关于危机管理与公共危机管理的相关内涵、现代社会风险与社会危机的法治应对，危机应对情境下的社会治理法治化等方面进行探讨。其中，对于公共卫生危机中社会秩序控制的合法边界识别、信访维稳危机中社会矛盾冲突与纠纷法治化解困境及其应对、统筹发展和安全背景下新时代社会治安综合治理挑战以及公共危机应急处置的网络舆情引导困境都是值得重点关注的问题。

第四章讨论了危机应对情境下社会治理法治化的攻关重点。首先本章从危机应对的社会治理体系建构入手，探讨危机应对情境下党委、政府、社会和公众多元主体参与的社会治理体系的法治化构建。随后本章以危机全周期管理的视角出发，立足危机管理的监测预警、发生预控、应对处置和恢复重建 4 个阶段，探讨社会治理中应急管理的信息发布机制、社会心理服务体系等机制建设。接下来本章探讨了危机应对情境下纵向权力结构中各级政府以及最基层治理单元社区和乡村的法治化治理。本章最后部分研究了社会风险的技术治理和社会治理的技术风险的问题，具体讨论了运用智能技术应对风险治理的必要性，智能化平台的搭建与工具运用的具体案例以及存在的风险与法律规制。

第五章旨在探讨公共卫生危机中的社会治理法治化问题。首先，探讨依据疫情信息的发布与分级分类防控，运用法治思维、法治方式提出新冠肺炎疫情的应急预案响应；然后分析在公共卫生危机中的应急征用法律控制与应急物资调配规范化；最后在前文的总结、分析、归纳的基础之上，探索有效化解公共卫生危机的应对措施。

第六章探讨了社会治安综合治理与社会矛盾纠纷化解的法治化机制。本章从社会治安综合治理核心内容、相关立法与法治机制入手，梳理社会治安综合治理的基本概念、特征、原则、工作范围、基本任务等，并深入分析中央与地方两个层面社会治安综合治理规范内容及存在的问题，尝试以法治思维和法治方式推进社会治安防控体系的建设与运行。随后，本章尝试从诉源治理视角分析诉源治理的体系化构建与创新机制，借助桐乡市"自治、法治和德治"创新"三治融合"的治理模式，并选取了多个案例分析情理法融合用于社会矛盾风险防范与化解的各地经验。最后，本章着重关注了重大行政决策社会稳定风险评估机制，探讨重大行政决策社会稳定风险评估制度法治化，尝试从"数据式""循证式"等社会稳定风险评估机制等路径构建重大行政决策新型社会稳定风险评估机制，并对紧急状态下行政权力行使的程序合法性进行分析。

第七章围绕社会公共安全中的社会治理法治化展开。首先，着眼于社会安全在总体国家安全观中所占据的重要地位，指出维护好社会安全是贯彻落实国家安全观总体部署的重要举措。社会安全可通过社会治理法治化回应公众对法益和安全的呼声，维护社会的长治久安。其次，本章着重探讨如何运用法治思维与法治方式化解防范重大公共危机、化解社会矛盾与维护社会稳定，特别是防范化解行政执法领域的风险。随后，本章特别关注大型群众性活动与个人极端案件的社会安全风险依法防控与治理，并从上海外滩踩踏事件的案例分析入手，分析依法防范化解大型群众性活动风险的主要路径。在个人极端案事件中，本章主要在个人极端案事件的概念、态势、特点等要素的基础上讨论了个人极端案事件的防范和治理对策。

第八章以"化危为安与转危为机：社会治理法治化路径优化"为主题，从社会治理体制与机制法治化入手分析具体的优化路径。随后，本章基于危机生命周期理论以及危机生命周期的酝酿期、爆发期、扩散期、恢复期的描述和阐释，进一步探讨社会治理中的规范化管理，包括预防与准备、监测与预警、处置与救援、恢复与重建等全链条和全周期活动。运用危机生命周期对社会治理的规范化管理，涉及目标体系、组织体系、防控体系与支撑保障体系几个层面。最后，本章以建设更高水平的平安中国为治理目标，分析法治保障的重要作用，追求科学决策与价值追求的有机统一和促进发展与维护安全的辩证统一。

第二章　社会治理法治化的范畴与内涵

　　探讨危机应对情境下的社会治理法治化首先需要分析社会治理的内涵与基本内容，社会治理法治化的意涵与目标。社会治理是国家整体治理的重要构成。从改革开放至今，我国社会治理现代化路程经历了从"计划管理"到"社会管理"再到"社会治理"的转变，构建了"党委领导、政府负责、民主协商、社会协同、公众参与、法治保障、科技支撑"的社会治理体系。党的十九大报告中进一步提出要提高社会治理法治化水平，旨在从法治运行逻辑上提高社会治理能力，运用法治思维从治理主体、治理体制和机制方面优化现有的治理模式，以达成社会治理法治的一体化建设目标，构建法治国家、法治政府、法治社会相结合的有机整体。为助推社会治理实现良法善治，需要不断探索社会治理法治化的实现路径，明晰社会治理法治化的研究范畴以及了解其基本内涵。

　　社会治理法治化将社会治理和社会法治有机结合。在治理要素上，强调实现自治、法治与德治的有效融合，贯彻以人民为中心的治理价值导向，始终坚持人民的主体地位。在法治要素上强调规则意识与法治意识的结合，一方面要求政府依法行政，约束自身公权力；另一方面要求社会公民遵守制度设计，规范自身行为。党的十八大以来，在统筹安全与发展的时代背景下，以习近平同志为核心的党中央为推进国家治理与社会治理现代化的目标任务，有效预防、应对和处置社会治理法治建设领域呈现出的社会矛盾，融合依法治国基本要求的"新十六字方针"，创造性地提出了社会治理法治化的新思想与新战略，对于加快推进法治社会建设，实现中国特色社会主义现代化的目标具有重要指导意义。其核心要义包括：以党的领导和以人民为中心的社会治理法治化，法治国家、法治政府、法治社会一体建设，社会治理有法可依与社会主体参与立法的科学立法，政府依法行政与保障社会主体合法权益的严格执法，推进诉源治理与实现社会公平正义的公正司法，形成社会法治信仰与建设守法信用体系的全民守法。

第一节　社会治理的内涵与基本内容

党的十九届四中全会提出"必须加强和创新社会治理"，建设人人有责、人人尽责、人人享有的社会治理共同体。《"十四五"规划和纲要》中进一步强调推进社会治理共同体的建设，并提出要继续完善共建共治共享的社会治理制度。[①]社会治理作为政府改革和突破创新的重要内容，其基本要义是将多中心主体引入社会公共管理中，充分发挥政府在社会治理中的引导和统筹作用，在多元社会主体共同参与社会公共治理的过程中构建和发展新的公共治理机制，特别是社会多元主体合作机制，以预防和化解公共危机和社会矛盾、维护公共安全、提高公共服务和公共产品的供给质量。在社会管理向社会治理迈进的过程中，回顾并反思不同的历史演进阶段，可为我国社会治理的变革历程画上具有时代特色的脚注，并为新时代下社会治理转型提供新思路。在转型的过程中，国家层面推动形成了"一轴多元"的精细化社会治理体制。其中，党的领导是不可动摇的主轴，政府是负责推行各项治理举措的重要主体，社会组织和公众是多元治理结构的协同主体和参与主体。[②]

一、从社会管理迈向社会治理的历史演进

对社会治理兴起的时代背景探讨需将其置于时间与历史变迁的维度下。陈盛兰等学者认为中国社会治理的发展进程大致经过了以下四个阶段：1949—1978 年"全能政府"式的社会管控阶段、1978—1992 年"一元化"社会管理体制阶段、1992—2002 年现代社会管理体制初建阶段、2002 年至今社会治理现代化循序探索阶段。[③]

---

① 对于共建共治共享的社会治理制度，"共建"是在尊重人民意志的基础上，全体人民树立共同的发表目标，成为社会治理的多元主体，共同参与建设并发挥全体人民共同的智慧和力量；"共治"是"共建"基础上的提升，强调全体人民通过多种方式有效参与社会治理，解决与人民群众最密切相关的利益问题；"共享"是全体人民共同享受发展和治理成果，实现共同富裕的目标。

② 李友梅. 当代中国社会治理转型的经验逻辑 [J]. 中国社会科学，2018（11）：63.

③ 陈盛兰. 中国社会治理发展历程、经验与推进路径 [J]. 福州党校学报，2019（6）：36—40.

新中国成立之初，传统社会秩序破裂并面临"总体性危机"①。为了巩固新生的社会主义政权、克服社会散漫及无组织的状态，当时中国政府在社会管理上采取了以严格计划管理为特征、高度集权的组织化管理模式，成为了计划经济时代包揽所有公共事务的"全能政府"，建立了高度统一的社会秩序。同时，在基层社会治理层面形成了以单位制为特征的计划管理模式。国家几乎垄断了所有的经济社会资源并通过单位进行统一的资源调拨和分配，而社会主体则严重依赖单位获取资源并形成了"依赖型"人格特征。这种模式增强了国家对社会的控制能力和组织动员能力。但政府包办一切社会事务，有限的资源无法应对无限的管理，必然会形成管理效率低下、管理失灵等问题。一旦社会主体都被限制在相对封闭的"单位"之中，缺乏自我调解、自我管理和自我动员机制，那么社会发展的自主性、活力和创造力也会被扼制。

改革开放后，党的十一届三中全会提出"把全党的工作重点转移到社会主义现代化建设上来"，我国所有制结构发生巨大变化，传统的"全能政府"和"一元化管理体制"逐渐失效。中国特色社会主义市场经济体制逐步建立并取代了以往高度集中的计划经济体制，社会流动也愈加频繁。2001年加入WTO后，伴随着全球化进程加快，中国经济体制改革也不断深化，经济力量显著增强。伴随着社会主义市场经济体制的确立和进一步发展，农村家庭联产承包责任制的全面落实和城镇单位制的日渐瓦解，我国社会管理模式从改革前的计划管理模式演变为与社会主义市场经济相适应的社会管理模式，公民参与社会管理的意识和能力日渐增强。

随着市场化和民营化的深入发展，市场转型与经济发展带来的社会不稳定、不公平的现象日益突出，中国社会建设明显滞后于经济发展，遇到了许多前所未有的突出问题，如贫富差距增大、社会矛盾和冲突频发、社会阶层两极分化等。②传统的社会管理模式已不能满足日渐发展的社会新需求。为了推动市场经济持续健康发展和解决社会问题，满足人民日益增长的安全、法治、公平等需求，政府在主导社会管理的同时主动赋予城乡社区和社会组织等自治组织一定的发展空间，

---

① ［美］华尔德.共产党社会的新传统主义：中国工业中的工作环境与权力结构 [M]. 龚小夏，译.香港：牛津大学出版社，1996：5.

② 严仍昱.从社会管理到社会治理：政府与社会关系变革的历史与逻辑 [J]. 当代世界与社会主义，2015（1）：165–170.

中国社会多元主体管理的格局逐步呈现。2004 年，党的十六届四中全会在《中共中央关于加强党的执政能力建设的决定》中提出要"加强社会建设和管理，推进社会管理体制创新"。2007 年，党的十七大报告中提出要"建立健全党委领导、政府负责、社会协同、公众参与的社会管理格局"，并明确要"加快推进以改善民生为重点的社会建设"。由此，具有中国特色的"一轴多元"的社会管理制度逐步形成。在"一轴多元"的制度架构中，党委主要发挥统揽全局、协调各方的领导核心作用，政府、社会与公众间形成协同治理的利益关系与权责体系。

21 世纪第二个十年开启后，中国进入了深度转型期，公共安全风险急剧增加，网络技术革新也引发了社会失序风险。为应对新时代的新矛盾和新问题，以及社会主要矛盾发生的深刻变化，党中央提出了"创新社会治理"的时代命题。党的十八届三中全会将"治理"摆到了关键位置，提出要推进国家治理体系和治理能力现代化，创新社会治理体制，"坚持系统治理，加强党委领导，发挥政府主导作用，鼓励和支持社会各方面参与，实现政府治理和社会自我调节、居民自治良性互动"。党的十九大报告把"现代社会治理格局基本形成，社会充满活力又和谐有序"作为实现社会主义现代化强国的阶段性目标之一。[①] 党的十九届四中全会《决定》中进一步提出"必须加强和创新社会治理"，并在原有的社会治理体制中增加"民主协商""科技支撑"这两个构成要件，旨在建设"人人有责、人人尽责、人人享有的社会治理共同体"。党的十九届五中全会进一步强调要统筹安全与发展，建设更高水平的平安中国。《"十四五"规划和纲要》中也指出要继续"完善共建共治共享的社会治理制度"。在新的社会治理理念的指导下，党委领导、政府主导、多元参与、合作共治成为我国社会治理制度的核心内容。

二、社会治理的基本内涵与理论支撑

如前文提及，"社会管理"的提出是改革开放从"快速发展期"进入"深水攻坚期"的背景下，应对社会利益格局深刻调整的迫切需要。在继承、发展和升华"社会管理"理念的基础上，党的十八届三中全会提出了"社会治理"思想，这也是

---

① 习近平.决胜全面建成小康社会 夺取新时代中国特色社会主义伟大胜利——在中国共产党第十九次全国代表大会上的报告 [M]. 北京：人民出版社，2017：28.

党的治国理政理念升华后对新时代社会建设与社会发展提出的基本要求。[①] 从 "社会管理" 过渡到 "社会治理"，虽然两者字面上只有一字之差，但其背后的深层含义却大有不同。在治理主体上，"社会管理" 侧重政府利用刚性、静态和控制手段对社会开展自上而下的管理，以社会稳定和秩序维护为导向实现政府对公共事务包揽式的管理。但 "社会治理" 主要是政府、广大公民以及社会组织等多元治理主体共同参与的协商合作治理，实现将自上而下的政府管控与自下而上的社会自治互动，强调共治与自治的结合。在具体的治理事务上不仅包括公共事务，还包括公民自治事务，并且呈现出柔性、静态和主动的治理态势，不仅追求社会稳定有序，也要激发社会活力以实现公众利益的最大化。

自 20 世纪 60 年代以来，公共治理理论迅速兴起并不断发展壮大，该理论在价值上追求民主和效率，并积极提倡在公共治理中引入多元治理主体和多种治理工具如市场化和社会化机制以实现良善治理的目标。伴随着治理事务的扩张，公共治理中涌现了大量跨区域、跨领域和跨层次的公共事务，呈现出行政碎片化、主体分散化等特征，整体性治理理论与协同治理理论应运而生。作为一种新的公共管理范式，整体性治理主要以解决问题和满足公民需求为治理导向，强调通过有效整合跨部门或跨组织的网络关系实现公共事务的合作，注重协调目标与手段的关系以及运用相关信息技术。[②] 针对跨界和跨部门的公共事务，协同治理旨在将利益相关者纳入集体决策中，并在协商一致的基础上与所有利益相关者建立合作关系，通过伙伴关系、网络结盟、理事会等形式开展具体运作和集体行动，共同制定战略、提供物品和服务。[③]

改革开放以来，在由计划经济向市场经济转轨过程中，相关理论也实现了从

---

① 苏若群. 从社会管理到社会治理：十八大以来党的社会建设方略的演进 [J]. 中共党史研究，2016（8）：15-18.

② 张玉磊. 整体性治理理论概述：一种新的公共治理范式 [J]. 中共杭州市委党校学报，2015（5）：57-59.

③ Chris Ansell，Alison Gash. Collaborative Governance in Theory and Practices[J]. *Journal of Public Administration Research and Theory*，2000，18（4）; 罗伯特·阿格拉诺夫，迈克尔·麦奎尔. 协作性公共管理：地方政府新战略 [M]. 李玲玲，鄞益奋，等译. 北京：北京大学出版社，2007：2.

"社会管理理论"到"社会治理理论"转变。① 通过吸收公共治理、协同治理与整体治理理论中的相关内容，社会治理理论将满足公众的需求和实现公共利益置于管理效率的价值之上，其也得到了社会自治理论、社会建设理论、社会资本理论的支持。我国社会治理理论的发展并非一蹴而就，其植根于中国社会变迁的历史传统和制度脉络，也服务于新时代社会治理新需求。为有效应对新时期经济社会发展所带来的新型治理挑战，党的十九大提出了"共建共治共享"的新时代社会治理理论，即"加强社会治理制度建设，完善党委领导、政府负责、社会协同、公众参与、法治保障的社会治理体制，提高社会治理社会化、法治化、智能化、专业化水平"②。这是习近平总书记关于新时代社会治理创新的重要论述，是社会治理理论的重大创新与发展。

作为全球治理理论体系在中国本土化的重要实践，该理论为破解我国社会治理难题提供了新思路。这一理论格局的内涵在"共建共享"社会治理格局的基础上，新增了"共治"的阐述，进一步强调了"多元化主体"参与社会治理的重要性。③共建共治共享的社会治理格局需始终坚持中国共产党的领导，实现由政府单一主体的管理向政府、市场、社会和民众多主体的协同共治转变。其着眼于基层组织和个体，强调社会治理中各个组织和个体的共同参与、共同治理，体现了党领导下多方参与、共同治理的科学执政理念。共建共治共享的社会治理理论在推进国家治理体系和治理能力现代化过程中，从党的十九届四中全会《决定》到《"十四五"规划和纲要》，"民主协商"和"科技支撑"成了新时代背景下共建共治共享社会治理理论的核心组成部分，两者从机制维度和技术维度为"共建共治共享"注入了新的活力。

现有的相关研究成果对"共建共治共享"的社会治理格局有着丰厚的学理阐

---

① 在"全能型政府"向"服务型政府"转变的过程中，从党的十八大提出"加快形成党委领导、政府负责、社会协同、公众参与、法治保障的社会管理体制"到党的十八届三中全会把"社会管理"改成"社会治理"并明确提出"创新社会治理体制"的要求，从党的十八届四中全会提出"提高社会治理法治化水平"到党的十八届五中全会提出"推进社会治理精细化"，政府对社会治理的认识提至新的高度，社会治理理论也被赋予了新的内涵。

② 习近平. 决胜全面建成小康社会，夺取新时代中国特色社会主义伟大胜利 [N]. 人民日报，2017–10–28（01）.

③ 马海韵."共建共治共享社会治理格局"的理论内涵——基于社会治理创新的视角 [J]. 北京交通大学学报（社会科学版），2018（4）：137–145.

释和理论支撑。学界从多角度阐述了相关的概念界定、理论逻辑与实践内涵等，将"共建共治共享社会治理"与多元治理、公共服务、协商民主等治理理念相互关联，并从系统角度审视"治理格局"内涵。① 从治理主客体角度来看，全民都是社会治理的见证者、参与者和建设者，既是主体也是客体；就互动合作的规则而言，全民协商共治，社会各主体通过各种途径、各种渠道、各种方式参与治理，在权责明确的基础上实现协同配合；就目标审视而言，全民共享社会治理发展成果、满足人民日益增长的美好生活需求是共建共治共享社会治理的最终愿景。由此可见，从主体的全民性、过程的共治与共建性到结果的共享性，"共建共治共享社会治理格局"涵盖丰富的社会内涵，是党和国家在社会治理领域进行的整体性规划和设计。在共建共治共享理念三者彼此交融与相互促进的过程中，实现提升社会治理能力和治理体系现代化的目标。

三、社会治理的体制与机制：多元治理主体与社会治理制度

在面临社会价值取向日趋多元化、社会结构开放化、社会矛盾和纠纷扩大化的背景下，党的十九届四中全会的《决定》中提出需完善党委领导、政府负责、民主协商、社会协同、公众参与、法治保障、科技支撑的社会治理体系。在多元主体参与治理的基本架构中，需要明确党委、政府、社会、公众等多元治理主体在社会治理共同体中的功能定位和权责关系，以法治规范多元关系、培养法治认同是建设社会治理共同体、实现主体间良性互动的关键要素。在传统社会管理中，党委和政府具有天然的强制力和优越性，对社会治理占据支配和主导地位。在社会管理转向社会治理的进程中，伴随社会问题的复杂动态变化和社会风险累积与转化趋势的愈加明显，拥有多类资源的市场组织、灵活自主的社会组织和公众逐渐在治理中发挥积极的作用。在这样一个均衡交织的网络状体制中，维持和平衡这种非对等的合作互动关系、推动构建社会协同机制的关键方式之一是通过法治力量规范各类行为主体、统筹各方利益、明晰权责关系、调解动态多层次的社会关系。如党的十九大报告中提出的提高社会治理法治化水平，需善于运用法治思

---

① 格局内涵包括整体布局目标、主客体构成、各方角色界定、互动合作规则、资源配置和行动方式等。参见马海韵."共建共治共享社会治理格局"的理论内涵——基于社会治理创新的视角 [J]. 北京交通大学学报（社会科学版），2018（4）：140.

维和法治方式培养公众的规则思维、程序思维和法治认同理念，形成国家法律、党内法规、行业自律规范、组织自治规范、乡规民约等大量"硬法"和"软法"相结合的功能互补、刚柔相济、协调融贯的运行机制。

在多样化的治理工具中，法治化治理工具无疑发挥着至关重要的作用。从党的十八届三中全会提出的"提高社会治理水平"到党的十八届五中全会提出的"推进社会治理精细化"，从党的十九大报告进一步提出要"提高社会治理社会化、法治化、智能化、专业化水平"的要求再到党的十九届四中全会《决定》中强调的"健全党组织领导的自治、法治、德治相结合的城乡基层治理体系"，社会治理的实践机制改革更具方向性、协同性和系统性。社会治理由主要靠行政、法律等政策工具转向行政治理、市场机制、智能技术、社会自治法治德治等多种政策工具与治理手段相融合的协同治理。

第十三届全国人民代表大会第三次会议通过的《中华人民共和国民法典》意味着中国社会治理法治化开启了新时代。其中，部分制度不仅促进了社会组织治理结构的完善，也解决了政府机关、居民委员会、村民委员会等组织的法律性质和法律地位问题，使得社会治理有法可依、有规可循。在具体的制度规定中，以培养和发展社会组织为例，我国出台了一系列相关制度规定，为推动社会治理实践创新特别是社会组织的发展奠定了坚实的制度保障。从 2013 年至今，我国先后出台了《国务院办公厅关于政府向社会力量购买服务的指导意见》（国办发〔2013〕96 号）、《财政部、民政部关于支持和规范社会组织承接政府购买服务的通知》（财综〔2014〕87 号）、《国务院办公厅转发财政部发展改革委人民银行关于在公共服务领域推广政府和社会资本合作模式指导意见的通知》（国办发〔2015〕42 号）、《中共中央办公厅、国务院办公厅关于改革社会组织管理制度促进社会组织健康有序发展的意见》（中办发〔2016〕46 号）等政策措施，主要从简政放权、提高政府治理效率、转变政府治理方式、培养社会组织承接政府职能与参与社会治理能力等方面推进政府与社会治理的制度创新，[①] 逐步将社会治理的任务确立为基层政府的主要职责，并注重激发社会和市场活力、加强对社会组织的培养力度，为社会组织参与社会治理能力提升提供了重要的制度支撑。

社会治理整体布局不仅着眼于宏观上的治理体制和机制层面，也放眼于微观

---

① 国务院发展研究中心公共管理与人力资源研究所课题组 . 我国社会治理的制度与实践创新 [M]. 北京：中国发展出版社，2018：12.

上的基层治理"末梢"层面。《中共中央办公厅、国务院办公厅转发民政部关于在全国推进城市社区建设的意见的通知》（中办发〔2000〕23号）的发布，是我国第一次以中央文件的形式从城市发展的角度提出了我国城市管理中社区建设的具体问题。《关于全面推进社区矫正工作的意见》（司发〔2014〕13号）从发挥社区功能，促进社会和谐稳定、推进平安中国建设的角度，加强社区层面的法治建设；2015年至2017年，中共中央、国务院相继出台了《关于加强城乡社区协商的意见》《关于加强和完善城乡社区治理的意见》等政策，明确了城乡社区协商的重要地位和作用，在社会自治和社区建设发展方面，进一步增强社会自治活力、更好地发挥社区治理在基层社会治理中的作用，开启了我国城乡社区治理的新时代。

2021年，中共中央、国务院出台了《关于加强基层治理体系和治理能力现代化建设的意见》，将基层社会治理体系和治理能力视为国家治理体系和治理能力现代化的重要基石，并进一步强化了基层社会治理的重要作用。与此同时，地方层面根据本地区实际情况，也制定出台了相关的地方性法规。在城市治理方面，《南京市城市治理条例》的发布是城市管理制度的一次飞跃，实现了从"城市管理"到"城市治理"的转变，支持与推动社会公众参与基层治理。在社区建设方面，成都市制定了全国首部以社区发展治理为主题的地方性法规《成都市社区发展治理促进条例》，其将社区治理的机制体制创新以法规的形式加以确定。长期的探索实践，从创新城乡基层社会治理体制与机制、完善社区治理与服务体系、法治体系等方面为社会整体自治能力的提升，基层社会治理法治化规范运行奠定了坚实的制度基础。

第二节　社会治理法治化的意涵与目标

法治是国家治理体系和治理能力的重要依托，也是文明世界共同的最高政治法律原则。[①] 习近平总书记曾经强调过"治理一个国家、一个社会，关键是要立规矩、讲规矩、守规矩。法律是治国理政最大最重要的规矩"。[②] 党的十九大提出到2035年要基本建成法治国家、法治政府和法治社会，党的十九届五中全会进一步

---

① 周永坤.法治概念的历史性诠释与整体性建构——兼评"分离的法治概念"[J].甘肃社会科学，2020（6）：94-95.

② 张红侠.运用法治思维防范化解重大风险[N].天津日报，2019-07-01

提出要实现国家治理体系和治理能力现代化，基本建成法治国家、法治政府和法治社会。2020 年 11 月，在北京召开的中央全面依法治国工作会议上，习近平总书记深入阐释了全面推进依法治国 11 个方面的要求，正式确立了习近平法治思想。习近平法治思想提出全面推进依法治国的战略布局是坚持依法治国、依法执政、依法行政共同推进，法治国家、法治政府、法治社会一体建设。其中，法治社会是构筑法治国家的基础。

社会治理法治化的法治思想在之后印发的《法治社会建设实施纲要（2020—2025 年）》（后文简称《实施纲要》）中得以进一步体现，这是习近平法治思想中社会治理法治化核心要义的进一步贯彻和落实。其重要的理论特征在于将建设法治国家、法治政府和法治社会视为有机整体，将国家治理体系和治理能力现代化与社会治理体系和治理能力现代化密切关联。社会治理法治化的核心目标是在法治轨道上推进社会治理、最大限度地凝聚社会共识和应对社会矛盾风险，实现统筹社会发展与安全的目标。因此，社会治理法治化即是运用法治思维和法治方式实现规则之治与良法之治。

一、社会治理法治化的意涵：规则之治与良法善治

法治作为人类现代文明的标志，是国家和社会发展到一定阶段的制度体系和社会形态的总称，其是一种平稳和谐的社会状态，也是国家治理的技术工具。区别于法制，法治包含已成立的法律获得普遍的服从，而大家所服从的法律应该本身是制定得良好的法律两重含义，[①] 即实现规则之治和良法善治；区别于人治，法治更强调依据法律治理国家事务而非基于个人的意愿和权威，强调权力制衡、法律救济和利益保障而非个人利益的维护和个人权威的树立，法律成为国家权力的实质性限制和约束。[②] 由此，法治作为全面推进依法治国和"中国之治"的内核，其实质目的在于"能够协调规制国家机构的权力，调节政府与公民的行为，各种冲突和矛盾被限定在可容忍的范围，公、私合法利益不受随意侵犯，国家政治和社会生活得以正常运转"。[③]

---

① [古希腊] 亚里士多德. 政治学 [M]. 吴寿彭, 译. 北京：商务印书馆，1983：199.

② 李桂林. 实质法治：法治的必然选择 [J]. 法学，2018（7）：72.

③ 王磊. 国家治理现代化维度下全面依法治国的价值内涵与实现路径 [J]. 浙江学刊，2020（2）：14.

社会治理法治化从普遍意义上是指实现法治逻辑之上的社会治理，即运用法治思维和法治方式，把各类社会治理要素、治理程序、治理结构纳入法治范围，在法治轨道上开展治理理论与体制制度的实践探索，坚持在法治轨道上推进国家治理体系和治理能力现代化。[①] 作为多元主体协同社会治理的治理依据，法治化旨在实现规则之治与良法善治。社会治理建立在政府、公民以及社会组织等多元治理主体协同互动的共建共治共享的治理格局框架上。社会治理法治化则要求在社会治理规则之治的制约与规范下不断满足社会公众与日俱增的法治需求[②]，解决社会共治产生的各类矛盾及风险，理顺国家、市场以及人民在社会治理过程中的关系。"法治秩序内在地与多元社会治理格局契合支撑，其通过对多元主体的确认、保护和规范实现了主体间分权与制约，确保了社会治理始终处于动态平衡的状态。"[③] 社会治理法治化还强调依法治理与权责一致。依法治理是依据社会治理相关的法律规范等硬法、依据市民公约与村规民约等软法开展治理，同时强调对权力运行的制约与规范，在保障各治理主体在职责范围内依法参与社会治理，且各治理主体基于权责一致原则对自身的治理行为承担责任。

在治理价值上，社会治理法治化的价值取向主要表现为以规则和公正为核心的法治理念，以人民为中心的治理价值导向以及追求良法善治的治理目标。其具体含义如下：规则理念意味着全社会都要遵守规章制度行事，公民以各种行为规范约束自身行为，政府依法行政与约束自身权力，公正平等理念是社会主义法治体系的基本属性，即任何人都不应享有法律特权，同时全体社会公民都能公正平等地享受到社会治理的发展成果。在以人民为中心的治理价值导向上，社会治理法治化需以人民的需求为出发点、以人民的力量推动社会治理，与人民共同建设、共同治理、共同享受成果。在法治逻辑运行下的社会治理并非是为了管教人民、治理人民，而在于坚持人民的主体地位，以人民为中心且始终为人民服务。此外，社会治理不仅依靠法律制度发挥作用，更重要的是以"良法"为前提、以"善治"

---

① 张文显. 习近平法治思想的基本精神和核心要义 [J]. 东方法学，2021（1）：5-24.

② 在立法方面，人民的立法观念逐渐转变，倾向关注立法的现实性与可操作性、参与度、民主程度；在执法方面，人民群众对于执法的需求更多表现为合法、公开、严格、参与；在司法方面，对于司法公正有了更高的要求，更多关注案件审理、法官本身以及司法体制改革；在守法方面，人民群众在加深法治意识的同时表现出法治逻辑的主动性，积极主动利用法治方式来维护自身合法利益与参与社会治理。

③ 刘雪松，宁虹超. 社会治理与社会治理法治化 [J]. 学习与探索，2015（10）：69-73.

为目标，"良法善治"作为现代法治精神的核心理念，一方面是法治逻辑的重要依据，另一方面也是新时代开展社会治理的本质要义，社会治理法治化必须以"良法善治"为基本意涵。"善治"表现为良好的治理，善治的基本要素为合法、法治、负责、透明、有效，即制定和实施良好的法律法规，使社会治理在法治轨道上运行，所做出的治理行为内含法治精神，而"良法"作为"善治"的前提条件，只有得到全社会的维护与遵守，才能实现"善治"。

社会治理法治化还意味着需要将法治与德治有效结合。社会治理中所追求得公平公正正是法律和道德的共同追求，推动法治与德治相结合既作为社会治理法治化的现实需要，又与党的十九大提出的"坚持依法治国和以德治国相结合"的时代要求相契合。将德治融入法治的立法、执法、司法、守法的四个环节之中，在法治运行下的社会治理中突出道德特征，坚持法治与德治的有效结合。一方面，要充分发挥法律制度在社会治理中的良好规范制约作用，另一方面需要提升全社会公民的道德素养，强调道德在社会治理过程中维护秩序、改善人际关系的作用，通过提升公民的责任感来促进道德自律的形成，形成对社会主义核心价值观的深切认同。

二、社会治理法治化的目标：统筹社会发展与安全

法治作为社会治理的最优模式，具有程序规范、可预期性强和权责清晰等特点。当法治成为全社会的价值追求和行为模式时，很多难题都会迎刃而解。[①] 在法治社会中，社会秩序的建立、人类生产活动和社会各项事务的开展都是依法治理，法律在社会治理中发挥基础性的调节作用。社会治理法治化的目标是用法治思维和法治方式解决社会治理的核心问题，以相对缜密的制度逻辑和相对公平的程序机制化解社会矛盾和纠纷，增强社会稳定性，统筹社会发展与安全。《"十四五"规划和纲要》中对统筹发展和安全、建设更高水平的平安中国提出明确要求、做出工作部署。

习近平总书记指出，"安全是发展的前提，发展是安全的保障"，"推动创新发展、协调发展、绿色发展、开放发展、共享发展，前提都是国家安全、社会稳定。

---

① 参见刘佳义. 推进基层社会治理法治化 [N]. 光明日报，2014-12-08（1）.

没有安全和稳定，一切都无从谈起。"① 坚持统筹发展和安全，需要增强机遇意识和忧患意识，树立底线思维并有效防范化解各类风险挑战。法治具有固根本、稳预期、利长远的作用，是平衡社会利益、弥合社会矛盾、防范与化解各类社会风险并实现社会安全与稳定、公平正义最有效的方式。在法治轨道上推进社会治理，有助于最大限度凝聚社会共识，为有效应对重大挑战、抵御重大风险、克服重大阻力和解决重大矛盾、确保社会既安定有序又充满活力提供坚强保障。

在统筹发展与安全中，发展是解决我国一切问题的基础和关键。为有效破解社会重点矛盾和问题，防范化解各类风险隐患，在平衡发展与安全中归根到底还是要靠发展。发展与法治相辅相成、相伴相生，越是创新发展，越要具备法治思维和法治方式。特别是由于经济迅速发展对社会治理带来的深刻变化，需要体现法治限制权力、保障权利的核心要义以及有法可依、有法必依、执法必严、违法必究的基本要求。一方面，需要将良好的社会治理经验和做法提炼至制度建设层面，使发展成果利于人民、服务人民；另一方面，倡导在法治框架下实现社会治理相关制度创新，制定与实际社会需求相符合的制度，将社会治理和多元解纷的制度优势转化为趋利避害、造福人民的治理效能，夯实基层社会治理基础。

三、社会治理法治化：习近平法治思想研究的新向度

党的十八大以来，以习近平同志为核心的党中央为推进国家治理与社会治理现代化的目标任务，有效预防、应对和处置社会治理法治建设领域呈现出的社会矛盾，创造性地提出了为什么要推进社会治理法治化现代化，什么是社会治理法治化现代化，如何推进社会治理法治化现代化，统筹社会发展与安全、加快建设更高水平的"平安中国"等一系列新理念、新思想和新战略，形成了习近平法治思想中关于社会治理法治的思想。这对于加快推进法治社会建设，实现中国特色社会主义现代化的目标具有重要指导意义。其核心要义包括：以党的领导和以人民为中心的社会治理法治化，法治国家、法治政府、法治社会一体建设，社会治理有法可依与社会主体参与的科学立法，政府依法行政与保障社会主体合法权益的严格执法，推进诉源治理与实现社会公平正义的公正司法，形成社会法治信仰与建设守法信用体系的全民守法。

---

① 习近平. 在省部级主要领导干部学习贯彻党的十八届五中全会精神专题研讨班上的讲话 [N]. 人民日报，2016-05-10（02）.

在 2020 年 11 月召开的中央全面依法治国工作会议上，习近平法治思想被正式提出，其不仅具有重大的理论和实践意义，且具有非常深刻的政治和法治价值，旨在回答新时代为什么实行全面依法治国、怎样实行全面依法治国等一系列重大问题。习近平法治思想提出全面推进依法治国的战略布局是坚持依法治国、依法执政、依法行政共同推进，法治国家、法治政府、法治社会一体建设，法治社会是构筑法治国家的基础。2020 年 12 月，中共中央印发了《法治社会建设实施纲要（2020—2025 年）》，提出要全面提升社会治理法治化水平，依法维护社会秩序、解决社会问题、协调利益关系、推动社会事业发展，培育全社会办事依法、遇事找法、解决问题用法、化解矛盾靠法的法治环境，促进社会充满活力又和谐有序。在《实施纲要》中，习近平法治思想中社会治理法治化的核心要义得到了进一步贯彻和落实，其本质特征与内在要求在于坚持党的领导和以人民为中心，具体来说包括以下两方面。

第一，全面推进法治社会建设绝不是要削弱党的领导，而是要加强和改善党的领导，不断提高党的领导能力，巩固党的执政地位。党的领导是我国法治最大的特色，也就是说，只有将法治放在党领导的框架范围内来讨论，我国社会治理法治化才有可能实现。《实施纲要》提出，关于构建共建共治共享的社会治理格局的首要前提是完善党委领导的社会治理体系，并要健全地方党委在本地区发挥总揽全局、协调各方领导作用的机制。党的全面领导需要贯彻到法治社会建设和社会治理法治化的全过程和各方面，并具体落实到党领导立法、保证执法、支持司法、带头守法的各个环节。

第二，习近平法治思想中关于社会治理法治化的根本特征在于坚持以人民为中心，坚持法治为了人民的利益、法治依靠人民的力量、法治保障人民的权益。[1]一方面，人民是衡量社会治理法治建设水平的最终裁判者。人民的支持度、满意度和认同度，获得感、幸福感和安全感是评价社会治理法治建设成效的最高标准。另一方面，发挥人民在推进社会治理法治化现代化进程中的积极性、主动性和创造性，无疑有助于形成社会治理共建共享、充满活力、和谐有序的坚实社会基础。[2]具体而言，以人民为中心，就是要求治理目标转向人民民主，治理主体转向多元

---

① 周佑勇. 习近平法治思想的人民立场及其根本观点方法.[J]东南学术，2021（3）：44-45.

② 徐汉明. 习近平社会治理法治思想研究[J]. 法学杂志，2017，38（10）：1-27.

社会治理主体参与，治理方式转向社会化、法治化、智能化和专业化，从而实现良法善治和公平正义的治理目标。

习近平法治思想还阐述了现代法治与新型德治相结合的治国新思路，为社会治理法治化提供了治理新思路。习近平总书记指出："法律是成文的道德，道德是内心的法律。"①社会治理需要一手抓德治，一手抓法治。一方面，道德是法律的重要基础，合乎道德的法律才能更好被公民认可和遵守，用道德强化法治精神，将社会治理的法律法规转化为全社会公民的内心自觉；另一方面，法律作为道德发挥作用的保障，借助强制力规范公民行为，使社会治理的法律法规体现更多人文关怀，实现他律与自律相结合。②

四、《法治社会建设实施纲要（2020—2025年）》重点解读

《实施纲要》的出台是以习近平同志为核心的党中央对未来法治社会建设谋划的总体思路，对于统筹和整合各方资源与力量并推进法治社会的建设有重大意义。其提出法治社会是构筑法治国家的基础，法治社会基本建成确立为到2035年基本实现社会主义现代化的重要目标之一。《实施纲要》由7个部分组成，包括总体要求、社会法治观念、社会领域制度规范、权利保护、社会治理法治化、依法治理网络空间和加强组织保障。在全篇框架中，第二部分到第六部分明确了当前法治社会建设的重点内容。

在推动全社会增强法治观念中，《实施纲要》要求从维护宪法权威、增强全民法治观念、健全普法责任制、建设社会主义法治文化四个方面开展。第一，维护宪法权威。既要宣传宪法、营造尊崇宪法、学习宪法、遵守宪法、维护宪法、运用宪法的社会氛围，又要全面落实宪法宣誓制度；既要加强对国家工作人员特别是各级领导干部的宪法教育，又要持续开展全国学生"学宪法讲宪法"活动，实现宪法宣传教育常态化。第二，加强法治宣传教育普及，增强全民法治观念。《中华人民共和国民法典》作为"社会生活的百科全书"，是新时代我国社会主义法治建设的重大成果。在开展普法宣传的过程中，西南政法大学的《民法典》

---

① 坚持依法治国和以德治国相结合 推进国家治理体系和治理能力现代化[N]. 人民日报，2016-12-11（01）.

② 张文显. 习近平法治思想研究（上）——习近平法治思想的鲜明特征[J]. 法制与社会发展，2016，22（2）：5-21.

宣讲团开创了独具特色的"西政模式"。[①]第三，健全普法责任制，将法治宣传教育与法治实践相结合。以中共中央、国务院 2017 年印发的《关于实行国家机关"谁执法谁普法"普法责任制的意见》为指引，落实国家机关的普法责任，健全普法宣传教育机制。第四，建设社会主义法治文化，弘扬社会主义法治精神。以重大纪念日、传统佳节等为契机开展群众性法治文化活动，发动各地青年普法志愿者、法治文艺团体开展特色法治文化基层行活动，加强法治文化阵地建设。

在健全社会领域制度规范中，《实施纲要》要求坚持自治、法治、德治相结合的原则。在社会领域制度规范体系中，法律制度规范占据主要地位，是其他制度规范制定实施的依据和保证；而社会规范则是约束特定群体特定行为，并且依靠社会成员的自律自觉保障实施的规则，它在整个社会领域制度规范体系中起补充作用；道德规范是依靠社会舆论、习俗和内心信念来保证实施的规则，其发挥作用依靠的是社会成员内心的道德信仰，因此要把道德规范与法律规范和社会规范结合并用。无论是基于法律制度的"硬法"，还是建构在社会道德规范上的"软法"，都需要社会成员的诚信遵守，以维护社会的价值。为此，《实施纲要》从法律制度、社会规范、道德规范和诚信建设四个方向对社会领域制度规范进行分解，最终实现以良法促进社会建设、保障社会善治。

在加强权利保护中，《实施纲要》要求坚持以人民为中心，切实保护公民的合法权益，坚持权利与义务相统一的原则，具体内容围绕健全公众参与重大公共决策机制、保障行政执法中当事人合法权益、加强人权司法保障、引导社会主体履行法定义务承担社会责任等方面展开。第一，畅通公众参与重大公共决策的渠道，采取多种形式广泛听取群众意见，落实法律顾问、公职律师在重大公共决策中发挥积极作用的制度机制以及保障多元社会主体参与政策制定权利。第二，从行政执法的行为、程序以及方式等方面建立人民群众监督评价机制，切实保障行政执法中当事人的合法权益。第三，通过加大涉民生案件查办力度，建立消费者权益保护集体诉讼制度、健全案件纠错机制和执行工作长效机制等方式加强人权司法

---

① 该宣讲团由专家学者、教学名师、青年学生共同组成，通过开展送法进机关、进乡村、进社区、进学校、进企业、进网络的"六进"行动，在各地开展报告分享，同时做到线上、线下相联动，扩大受众的辐射范围和覆盖面。针对不同的受众群体和普法对象，开展不同形式、不同主题的宣讲活动，用情景剧、小案例、院坝会、开讲座的形式让《民法典》活跃在广大人民群众的生活中。与此同时，还发放制作精美的宣传手册，打造群众"口袋里的民法典"，进一步强化普法宣传效果。

保护。第四，积极引导社会主体切实履行法定义务、承担相应的社会责任，坚持权利与义务相统一的原则。

在推进社会治理法治化中，《实施纲要》要求坚持社会治理共建共治共享的原则，培育全社会办事依法、遇事找法、解决问题用法、化解矛盾靠法的法治环境，促进社会充满活力又和谐有序。具体从社会治理的体制机制、各领域各层次、重要主体、社会安全和风险矛盾化解等方面提出实现社会治理法治化的路径。第一，完善党委领导、政府负责、民主协商、社会协同、公众参与、法治保障、科技支撑的社会治理体系以及健全地方党委在本地区发挥总揽全局、协调各方领导作用的机制，完善政府社会治理考核问责机制。第二，推进多领域、多层次开展依法治理，依法推进市域、街镇等各社会治理层级在实名登记、信用管理、产权保护、减负赋能、村务公开等各治理领域的治理创新，并为各层级各领域的社会治理创新提供配套法律支持和制度保障。第三，发挥人民团体和社会组织等重要主体在法治社会建设中的作用。第四，依法有效化解社会矛盾纠纷，统筹社会发展与安全。以新时代"枫桥经验"为蓝本，畅通和规范群众诉求表达、利益协调、权益保障通道，完善社会矛盾纠纷多元预防调处化解综合机制，通过完善平安中国建设协调机制、责任分担机制，推动扫黑除恶常态化，强化突发事件应急体系建设。在依法治理网络空间领域，网络空间是现实社会在网络上的延续，其运行也遵守现实社会的规范，因此网络空间的言行也存在边界，不能逾越法律和道德的底线。现实社会治理提倡法治化，网络空间治理同样需要法治化，为此《实施纲要》从网络空间法律制度、网络法治意识和依法安全用网三个层面提出依法治理网络空间的要求。

五、社会治理法治一体化建设：法治国家、法治政府和法治社会

将建设法治国家、法治政府和法治社会视为有机整体，将国家治理体系和治理能力现代化与社会治理体系和治理能力现代化紧密联系是习近平法治思想中社会治理法治思想的重要理论特征。从法治建设发展的规律上看，法治国家、法治政府和法治社会各有各的建设重点，但最终是要推进"一体建设"才符合法治建

设的规律。① 首先，要在理念上把法治国家、法治政府和法治社会视为整体，三者虽各有侧重但相互支撑与相辅相成，注重系统性、整体性、协同性；其次，在具体的建设路径上需明确法治国家是目标，法治政府是建设法治国家的主体，法治社会是构筑法治国家的基础，推进法治国家与法治政府建设需稳固法治社会根基，三者本质一致，目标一体，成为法治中国建设的三根支柱。②

在法治国家、法治政府、法治社会一体建设中，建设法治国家是建设法治政府的重要前提，也是建设法治社会的宏观基础，法治政府建设作为建设法治国家的重点任务和法治社会的重要保障需实现率先突破，并带动法治国家和法治社会建设，特别是要解决明晰行政权力边界、完善行政决策合法性、规范行政决策程序和行政行为守信践诺等方面的问题。法治政府在法治职权范围内行使权力，在法治轨道上开展从决策到监督的整个行为过程，表现为对政府权力的约束和对公民权利的保障，尤其是协调的政府与市场之间的关系，政府在管理市场的同时注重把握市场规律，更好发挥政府作用，使市场在资源配置中起决定性作用。

法治社会的建设需要正确把握法治社会作为治理根基与依托的核心作用，要求在突发社会风险的防范、社会矛盾纠纷的化解、社会秩序的维护、社会主体合法权益的保护、公平正义的社会环境营造等方面充分发挥法治思维和法治方式的治理效能，达到社会治理充满活力又安定有序的局面。法治社会建设的核心之一在于构建多元主体依法参与治理的社会格局，使相关法律制度能保障公民和社会组织依法行使权利，同时使法治精神深入公权力范围之外的社会领域，利用社会组织的监督作用，促进形成合理、科学、高效的规则体系以及社会公众对规则之治的理解与认同，并借助矛盾纠纷化解机制来协调社会治理主体之间的关系，维护社会多元治理秩序。

①　党的十九大指出"法治国家、法治政府、法治社会一体建设"，中央会议对"一体建设"的强调说明了中央对建设法治国家、法治政府、法治社会思路的成熟，是对法治建设吸取的经验和教训，是对法治建设认识的升级，也说明中央对"一体建设"的重视。参见马怀德. 习近平法治思想中法治政府理论的核心命题 [J]. 行政法学研究，2020（6）：22-23.

②　对于法治国家、法治政府、法治社会三者之间的关系，法治国家、法治政府与法治社会分别为法治建设在国家、政府和社会三个不同层面的各自目标预设了全面深化改革和全面推进依法治国的重要路径。习近平同志指出："三者各有侧重、相辅相成，法治国家是法治建设的目标，法治政府是建设法治国家的主体，法治社会是构筑法治国家的基础。参见袁曙宏. 坚持法治国家、法治政府、法治社会一体建设 [N]. 人民日报，2020-04-21（09）.

第三节　依法治国"新十六字方针"指引下的
社会治理法治化路径

党的十八大报告提出了依法治国基本要求的"新十六字方针",即科学立法、严格执法、公正司法和全民守法。作为习近平法治思想的重要组成内容,该"十六字"方针也是新时代中国特色社会主义法治建设的指南。"在全面推进依法治国的工作格局中,科学立法是前提条件,严格执法是关键环节,公正司法是重要任务,全民守法是基础工程。"①在习近平法治思想和依法治国"新十六字方针"背景下推进社会治理法治化,需实现社会治理有法可依与社会主体参与的科学立法,政府依法行政与保障社会主体合法权益的严格执法,推进诉源治理与实现社会公平正义的公正司法,形成社会法治信仰与建设守法信用体系的全民守法。

一、科学立法：社会治理有法可依与社会主体的立法参与

社会治理法治体系的建设意味着需实现形式法治与实质法治的统一。形式法治是指"法律之治"和"依法而治",而实质法治的内涵是指"良法善治",实现良法与善治的有机结合。由此,社会治理法治化意味着社会治理要有法可依,以科学立法构建社会治理完备精细的"良法体系"。科学立法是指制定符合法律内容、形式和价值的内在性质、特点和规律的法律。具体而言,是指在立法时应当把符合法律所规范事态的客观规律当成价值判断,从而确保法律规范严格地与其调整的事项保持高度的和谐。

无论是"实体的科学性"还是"程序的科学性",科学立法不仅要求立法成果符合科学性要求,也要求立法权归属、立法程序尊重和体现法治内在规律、社会成员的共同意志与利益诉求、市场经济的客观要求和社会的治理方向。②在社会治理的广义范畴下,科学性的立法实体要制定能够满足广大公众对美好生活的需求、促进人自身全面发展、有助于实现社会共同富裕的良法。特别是应当加快社

---

① 李林. 习近平法治思想的核心要义 [N]. 中国社会科学报, 2020–11–23（04）.

② 王勇. 社会治理法治化研究 [M]. 北京：中国法制出版社, 2019：56–57.

会治理关键领域法律规范的制定与调整，做到立法先行、立改废并举，使得社会治理的法律规范上下协调有序，将值得借鉴的改革经验及时上升为法律，将不合理的法律法规及时修改及废除。健全的社会治理法律规范是实现社会治理法治化的客观保证。[①] 需明确的是，良法中的法不仅包括国家制定和批准的"硬法"，也包括以公序良俗为核心的"软法"，如社会组织自治章程、村规民约以及市民公约等社会规范体系，二者共同构成了社会治理完备精细的"良法体系"。

其次，科学性的立法程序还须特别重视多元社会主体参与立法，其蕴含着民主立法的需要。现阶段立法过程中已有公布立法草案、向社会公众征求意见、开展全民讨论等的做法，但这种立法民主机制还欠缺程序保障和社会透明度。推进社会主体参与立法，一是通过多种途径和各种形式公开、广泛地听取立法意见，充分发挥社会组织的作用，聘请相关领域的立法专家和法律工作者，对立法所涉及的社会问题开展科学社会调研和充分的可行性论证。在具体的实践中，可尝试将一些立法项目的调研任务交给该领域的社会团体或科研机构，由它们为立法机构提供科学的、高信度和高效度的具有较强说服力的立法调研报告，为立法部门后续立法工作开展提供现实依据。二是继续完善立法听证会制度，组织如国家机关、社会组织、专家学者和公民个人等利益相关者参与。在对意见、建议进行充分论述和公开辩论的前提下，由立法起草机构对法律草案进行对应的修改。三是要充分考虑到全国各地所处的社会治理情景的差异性及多样性，尊重各地因人文情况差异导致的社会治理实践的不同，在维护宪法和法律统一性权威的前提下，允许各地方根据本地社会治理实践制定该地区的法律法规，为本地区社会治理实践创新提供法律遵循。

---

① 社会治理立法应当把握以下几个方面：一是完善社会治理主体在社会治理过程中的相关民主法律制度，确保社会治理主体在法治各个环节都能依法充分参与，借助法律制度进一步明确社会治理主体的职责义务以及相关程序；二是完善社会治理民生领域的保障制度，实现法治依靠人民、造福人民，将反映人民利益与愿望的法律制度落实到社会治理中，保护弱势群体，处理各类矛盾纠纷，防控各种社会公共危机及风险；三是进行网络治理立法，针对互联网治理的相关内容建设法律制度，维护网络的安全与绿色，打造网络与现实治理的双向治理体系。社会治理重点领域的立法包括以教育、劳动就业、收入分配等方面为代表的社会民生领域，以疫情防控为主要内容的公共卫生领域，以社会组织、城乡社区、志愿服务、社会工作为主要内容的社会治理领域等。

二、严格执法：政府依法行政与社会合法权益保障

在共建共治共享的社会治理格局中，政府在社会治理中发挥着不可替代的主导作用，政府严格执法则是实现法治社会的重要保障。2021年8月，中共中央、国务院印发了《法治政府建设实施纲要（2021—2025年）》，提出要健全行政执法工作体系，全面推进严格规范公正文明执法，完善行政执法程序，创新行政执法方式。行政机关的执法行为，关系到千千万万人民群众的切身利益。缺乏严格的依法执法和规范文明执法，社会就难以有序运转。与此同时，公民、法人的合法权益也难以得到有效维护，法治社会建设更是无从谈起。行政执法是行政机关最主要的职能，也是与人民群众联系最直接、最密切的职能。但行政权力是有边界的，必须在法律法规授权的职能范围内行使，将执法主体的资格、职权、行为内容和程序纳入法治轨道，坚持法无授权不可为。因此，严格执法是法治政府建设的主要内容。社会主体合法权益的实现需要行政权力的保障，但超越边界的行政权力无疑会对社会主体的合法权益造成侵害。党的十九大报告指出"建设法治政府，推进依法行政，严格规范公正文明执法"。只有严格推进政府依法行政，在安全生产、医疗卫生、环境保护、食品药品、征地拆迁等与社会主体权益密切相关的关键领域中，严格规范行政许可、行政处罚、行政征收、行政强制等行政行为，依法确立行政权力的边界，建立权责统一和权威高效的行政执法体系才可以有效维护社会多元主体的合法权益。

因此，作为社会治理现代法治体系的核心环节，社会治理执法体系的基本任务在于执法机构对社会治理相关法律规范的严格执行，社会治理的执法质量关系到法律的权威与社会安全，执法机构运用执法权力必须在法律授权的范围内，在行使社会治理相关权力时坚持"法定职责必须为，法无授权不可为"。一是坚持党的领导，以人民为中心，不断在社会治理实践中提升执法意识与能力；二是以完善的执法监督体系促进执法机构和人员正确行使执法权力。加强政府外部主体对行政执法行为的监督，除监察机关外，还应在人大、党组织、政协等设立行政执法监督专员，以弥补行政执法内部监督不足和纪检监察机关运动式监督的缺陷；三是建立社会治理执法评估机制，将社会治理执法工作纳入评估工作中，制定全方位的评估内容，遵循科学的评估程序，基于外部与内部评估相结合的评估方式对执法质量进行合理全面的考核，注重采纳公众以及第三方评估主体的意见。

此外，在严格执法的同时，也需充分认识到各类社会治理问题的复杂性和多

样性，由此执法部门在深化执法体制改革的同时，为贯彻"执法为民"的理念，在开展具体的执法活动过程中可依据具体的情况以教育指导为先，坚持教育与处罚相结合的方式，优先考虑采用指导、建议以及劝告等非强制性措施，将运动式刚性执法与包容式柔性执法相结合，开展精准执法、人性化执法和阳光执法等活动，让执法工作更有力度、尺度和温度，也让社会治理更有质量、品质和温度。此外，没有救济的权利不是真正的权利，为保障社会主体合法权益，需健全多元化的行政救济制度，完善行政救济相关法律如行政诉讼法、行政复议法等，以降低行政救济门槛、减少行政救济成本、畅通行政救济渠道，为合法权益受到行政机关侵害的行政相对人提供及时高效的行政救济，实质性化解行政执法争议。

三、公正司法：推进诉源治理与实现社会公平正义

司法是社会治理体系的有机组成部分，也是微观社会矛盾纠纷的灵敏显示器和社会治理状态的预警机。[①] 习近平总书记曾指出："公正是司法的生命和灵魂，是司法的本质要求和终极价值准则。"[②] 司法公正作为法的公平正义的一般理念在司法活动中的具体表现，体现为一整套被社会伦理所普遍认同的司法制度以及被司法活动参与者个别认同的司法程序。作为维护社会公平正义的最后一道防线和生命保障线，公正司法通过司法机关及其工作人员在实体和程序上严格适用法律、秉承公正原则处理案件等做法保护和救济受到侵害的社会主体的合法权利，制裁和惩罚各类违法犯罪活动，让人民群众在每一个司法案件中感受到公平正义。它所体现的制度构架和程序安排使司法活动过程和司法活动结果获得正当性和权威性，并因此发挥社会纠纷解决机制的功能。[③]

实现社会公平正义，是司法力量参与社会治理的最终目的。司法力量参与社会治理实践既可审视社会矛盾化解的有效程度和社会治理效果，也可以发现司法在社会治理实践中的制度性缺憾。因此，可通过司法领域的制度性变革以提升司法力量参与社会治理的效能：一是在尊重司法规律的基础上，依据公开、公正原则建立健全社会治理的司法体系，社会治理过程中保护公民受到侵害的权利，面

---

① 杨建军. 通过司法的社会治理 [J]. 法学论坛，2014，29（2）：15-16

② 中共中央宣传部. 习近平新时代中国特色社会主义思想三十讲 [M]. 北京：学习出版社，2018：256.

③ 姚莉. 司法公正要素分析 [J]. 法学研究，2003（5）：3；贾中海，程睿. 习近平司法公正思想的社会价值向度 [J]. 理论探讨，2020（4）：38-44.

对违法行为严惩不贷，让人民在参与社会治理的过程中感受到司法的公平公正。二是立足国情和司法规律深化司法体制改革，推动司法管理体制、诉讼制度、司法责任制改革，提高司法公信力以更好地促进司法公正。[①]如合理配置司法权、完善法院审理案件的合议庭制度、推进司法人员管理体制改革、健全司法保障制度等。三是推动司法公开，让全社会在每一起案件中感受到司法的公平公正，在提升案件审判质量的同时提升司法公信力，实现社会治理司法体系在阳光下运行。[②]

　　作为新时代"枫桥经验"的司法样板，推进诉源治理是司法力量促进社会治理法治化的内在要求，也是实现社会矛盾纠纷源头治理和多元化解的重要机制。法治化的关键在于运用法治精神和法律制度影响与约束社会主体的思维与行为模式，培养和强化规则意识，从根源上减少失序现象。诉源治理是推进社会治理法治化的具体抓手。[③]最高人民法院明确将强化诉源治理规定为近两年人民法院的年度工作要点。基层法院联合司法局通过强化对非诉讼方式化解矛盾纠纷的指导和支持、推动诉讼调解与人民调解对接等方式，充分发挥社会组织和民间调解的力量，在法治轨道上统筹各方社会资源参与社会治理。诉源治理构建了社会矛盾纠纷源头化解的预防调处体系，以高质量和低成本的方式实质性解决社会矛盾，将社会矛盾化解在基层、解决在萌芽。实践证明，开展诉源治理有助于优化司法资源配置，提升案件审判质效和进一步维护司法公信力。

四、全民守法：社会法治信仰与社会信用体系建设

　　全民守法作为社会治理法治化的重要基石和核心基础，一直以来被视为法治社会建成的最终标识和最高境界，建设法治社会的关键内容则在于社会法治信仰和社会守法信用体系的形成。在全民守法的法治社会中，法治首先意味着良法之治，只有良法本身才能得到全体民众的普遍遵从和自觉遵守，得到全体人民的拥护、认同和信仰。新时代对"全民守法"含义的把握应从更加全面和宏观的视角出发。作为社会主义法治建设的一个重要环节和建设法治社会的一项系统工程，坚持全民守法，一方面要旗帜鲜明地制止各种破坏法治的特权现象，坚守和弘扬"法律

---

①　徐汉明.习近平社会治理法治思想研究[J].法学杂志，2017，38（10）：1-27.

②　杨建军.通过司法的社会治理[J].法学论坛，2014，29（2）：15-16

③　四川省成都市中级人民法院.诉源治理：新时代"枫桥经验"的成都实践[M].北京：人民法院出版社，2019：58.

面前人人平等"的法治精神，促进社会公众有法不依法治难题的有效解决，从社会整体上提升全民守法意识和法治水准。另一方面，需认识到"全民守法"中的"全民"不只是全体公民，除公民外，政党、社团等法人组织也是"全民"的重要构成主体，同样也需守法。毋庸置疑，在全民守法中，政党、政府机关、公职人员、领导干部应带头守法。①

第一，要推动形成社会法治信仰。习近平总书记曾多次强调，法律要发挥作用，需要全社会信仰法律。②首先，信仰的力量来源于公众发自内心的信赖、尊重和认可，只有当宪法和相关法律发挥权威的力量，才能成为民众心中的信仰，从而得到所有社会生活参与者的认可和遵从，才能形成对规则意识的自觉遵守并外化于日常的行为规范中。其次，需要同时认识到信仰本身也是一种保护力量。法治信仰的形成有赖于民众充分相信运用法律、履行遵守法律的义务更能有效维护和保障自身的合法权利，并从被动的守法转为主动和积极地捍卫法治。可推进法治教育与法治实践相结合，畅通社会公众参与法治实践的渠道，鼓励其适度参与法律实务，例如参加立法听证会、担当人民陪审员等，使其通过生动的法律实务增强对法律的认同感，从而推进全民守法。③

第二，要推动建设守法信用体系。党的十九届四中全会强调要完善诚信建设长效机制，健全覆盖全社会的征信体系并加强失信惩戒。社会信用体系的规范化发展、守法诚信的社会构建有赖于不断完善信用立法，确立以人民为中心的立法理念，通过在相应权利、义务设定方面形成基本的法理与规则共识，将柔性的守信承诺、信用评估等治理工具适当转化为具有引导性、激励性和权威性的刚性约束，同时回归实质法治的基本要求而非形式合法。在中央统一立法不能立刻出台的背

① 刘作翔.关于社会治理法治化的几点思考——"新法治十六字方针"对社会治理法治化的意义[J].河北法学，2016（5）：2—8.

② 习近平.习近平眼中的"法治中国"[EB/OL].（2014–10–22）[2021–07–14].http://jhsjk.people.cn/article/25889052.

③ 社会治理守法体系通过法治教育和法治文化培养全社会的法治信仰与守法意识，引导公民遇到困难纠纷主动利用法治思维来解决，提高公民对法律的信任度，保障公民对社会治理相关法律规范的遵守与维护。从法治的角度来看，人人守法、懂法、尊法、护法是社会治理守法体系的基本表现，社会治理法治化的基本需要就是促进法治意识与人民参与社会治理相结合，每个社会公民在遵守和维护社会治理法律法规的前提下参与社会治理，成为社会治理法治化的坚实捍卫者，才能助推社会治理法治化。

景下，可分别依据合适的立法条件与时机、考虑地区的差异和不同行业的属性，赋予地方相应的社会信用立法创制权，并充分协调与其他法律之间特别是行政处罚法、个人信息保护法的关系。

2020 年底国务院办公厅出台的《关于进一步完善失信约束制度构建诚信建设长效机制的指导意见》（国办发〔2020〕49 号）中明确将"严格依法依规"列为原则之首，提出失信行为记录、严重失信主体名单认定和失信惩戒等事关个人、企业等各类主体切身利益，必须严格在法治轨道内运行。为此，各地有关部门需要进一步规范和完善失信约束制度，依法依规开展失信惩戒，同时加强信息安全和隐私保护，推动实现"诚信走遍天下，失信寸步难行"的良好局面。诚信体系建设包含政府诚信、社会诚信和个人诚信三个方面。其中，个人诚信是基础，政府诚信是准则，社会诚信是模范。总结而言，全民守法是推进全面依法治国的长期性、系统性和基础性工程。只有推动法治成为全民的思维方式和行为习惯，才能进一步夯实法治国家和法治政府的社会根基、为法治国家和法治政府的建设奠定更加坚实的社会基础。

第三章　危机应对情境下的社会治理变革之道

本章探讨危机应对中社会治理变革的相关内容。首先，介绍国内外关于危机管理、公共危机管理、应急管理等相关内涵；其次，提出现代社会风险与社会危机的法制应对；在此基础之上，研究危机应对情境下的社会治理法治化问题。其中，公共卫生危机中社会秩序控制的合法边界识别、信访维稳危机中社会矛盾冲突与纠纷法治化解困境及其应对、统筹发展和安全背景下新时代社会治安综合治理挑战，以及公共危机应急处置的网络舆情引导困境都是值得我们重点关注的议题。

第一节　现代社会风险与公共危机的法治应对

一、危机的类型划分与具体阐释

（一）危机的概念界定与类型划分

关于危机（Crisis）一词，世界范围内的学者们各抒己见，并依据不同标准给出了不同定义，迄今尚未出现一个完全统一的概念。国外学者关于危机（Crisis）的定义主要可归纳如下：根据《牛津现代高级英汉双解辞典》，Crisis 即疾病、生命、历史等的转折点[①]。1997 年版的韦伯词典将 Crisis 解释为一种极度危险且极度困难的境地。学者巴顿（Barton）对 Crisis 的解释属于广义的危机概念，是指"在社会部分输入系统中所产生的那些不利于人类发展的变化"。杰克逊（Jackson）认为Crisis 特指"灾难"[②]。赫尔曼从三个层面解释 Crisis：一是目标受到威胁，二是

---

① 牛津现代高级英汉双解辞典 [M]. 第三版 . 香港：牛津大学出版社，1984：280.

② Jackson Robert. Crisis Management and Environmentalism： A Natural Fit [J]. California Management Review，1994，36（2）：101-113.

时间反应短暂，三是与决策主体意图相违背。另有学者罗森塞尔（Rosenthal）表示，Crisis 主要是指个体、团体、社会组织与社会结构的根本利益受到威胁，基本价值观受到影响[①]。斯瑞嘉（Srimj K）与凯斯堤（Histy）在引用米特洛夫等人（Mitroff et al）关于 Crisis 的定义的基础上，重新将其阐释为对整个组织的摧毁和巨大影响。沙拉夫等人（Shaluf et al）一致认为，Crisis 类似于一种不正常的情形，这种不正常的情形将给正常环境带来某些特殊的、严重的、不可抗拒因素，若缺乏适当管理，可能会愈演愈烈，甚至出现极大风险。

国内学者有关危机（Crisis）的定义可归纳如下：高鹏程（2004）认为，危机是在特定时空、特定范围内，个人或团队组织要面对的抉择，这种抉择往往在很大程度上可对正在发生的事件或情景起着转折作用。另有国内学者认为，危机通常是在信息不充分、不对称、高度不确定性的情况下需迅速做出决策以此应对不利情况。危机应对往往具有"情景依赖性"。而所谓的"情景依赖性"通常是指危机识别与风险因素确定的过程，常被用于管理学研究中。从研究视角来看，危机情景构造实际上是危机识别和风险分析的过程，而情景重构与规划是风险识别与评估的基础。

危机分类同样受到经济、社会、历史、文化等影响，且暂未形成一个统一的、广泛被认可的分类。纽德尔（Nudell）和安托可（Antok）从五个层面界定危机，包含自然灾难、意外事故、技术事故以及因战争而触发的紧急事件[②]。国内学者黄琼瑜[③]引用台湾学者明居正的研究，将危机划分为六种主要类型，包含重大自然灾害，如地震、台风、海啸、洪水等；系列重大交通意外、重大技术意外事故，如日本福岛核泄露事故；人为诱发问题，如大罢工、示威游行、暴动、人质要挟及其他重大犯罪事件。此外，危机还包含引起国际局势动荡的国际战争或国际争端事件，如重大经济利益争端、国家之间的资源争端等。同时，还涉及如重大公共卫生事件或重大公共安全事件等。国内学者马琳在综合各方观点的基础上，提出

①　Rosenthal, Uriel, Pault Hart, Alexander Kouzmin. The Bureau Politics of Crisis Management [J]. Public Administration, 1991, 169: 211–233.

②　Nudell, Mayerand Antokol, Norman. The Hand Book for Effective Emergency and Crisis Management [M]. Lexington: Massachusetts Lexington Books, 1988: 9–14.

③　黄琼瑜. 现行疫病防治危机管理机制之研究——台湾防 SARS 经验与亚洲各地区之比较 [M]. 新竹: 中华大学, 2005: 26–27.

了危机事件的分类（详见表 3-1）[1]。

表 3-1　危机事件的分类情况

类型	引致因素	一般表现形式
自然灾难型	生态环境破坏、流行病爆发	环境污染、疾病传播、人类健康威胁
利益失衡型	经济发展不平衡、社保制度缺陷	罢工、集体示威游行
权力异化型	政府权能体系失败	暴力抗法、刑事案件
意识冲突型	意识形态领域的冲突	集体冲突、社会动荡
国际关系型	中国在世界格局中的发展	国家间局势紧张、经济制裁
技术灾难型	技术事故 / 工业事故	核辐射、核泄漏、核爆炸

马来西亚普渡大学（Purdue University）沙拉夫等人总结前人的研究成果，详细绘制了公共危机分类图（如图 3-1 所示）[2]。沙拉夫将社会危机（community crisis）划分为非工业危机、工业危机和自然危机三种类型。其中，非工业危机包含冲突性与非冲突性局面，工业危机主要是指社会—技术灾难，自然危机主要涉及自然灾难。

① 马琳．我国危机管理研究评述 [J]. 公共管理学报，2005（1）：84-90.

② Shaluf Ibrahin M，et al. A review of disaster and Crisis [J]. Disaster prevention and Management 2003，22（1）：24-32.

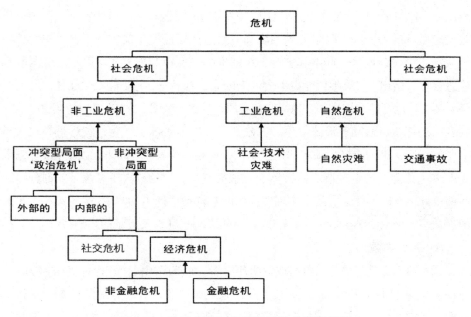

图 3-1　沙拉夫关于危机事件的分类示意图

1. 紧急事件

紧急事件（Emergency）即突发事件，二者常被频繁交替使用。英国政府于2004 年公布《国民意外事故法》（Civil Contingencies ACT，2004）[①]，将紧急事件定义为对英国国土安全造成严重破坏与威胁的战争或恐怖主义行动。加拿大国家管理发展中心于 2004 年 3 月提出紧急事件的相关定义（CCMD，2004），[②] 认为紧急事件是一种不正常情形，为了限制紧急事件造成人的生命、财产和社会环境损害所采取的超越常规程序的紧急限制措施。

2. 灾难

灾难（Disaster）作为危机的另一个替代词，常与危机交替使用。作为美国应急管理的专门机构，美国联邦应急管理局（Federal Emergency Management

---

① The NHS Emergency Planning Guidance 2005[EB/OL]. Department of Health，UK，2005：11.http://www.dh.gov.uk/asset/Root/04/12/12/36/04121236.

② Crisis and Emergency Management. A Guide for Management of the Public Service of Canada [EB/OL]. Canadian Center for Management Development，2004. http//dsppds.pwgsc. gc.ca/collection/SC94–101–2003E.

Agency，FEMA）[1] 旨在领导美国境内人民为随时可能发生的自然灾害、社会危机等灾难做好准备，同时科学有效预防和应对这些可能发生的灾难，并尽快有秩序地从灾难中得以恢复，归纳起来为舒缓、准备、回应与恢复4个阶段。美国联邦应急管理局指出，灾难不可能也不会以人的意志为转移，它可能发生在任何时间、任何地方，也可能会以飓风、地震、龙卷风、洪水、海啸、火灾、重大传染性疾病，或者以恐怖袭击活动等形式发生。古兹查可（Godschalk）认为，灾难是导致人类生命财产遭受重创或极大破坏的危险事件，一旦灾难发生，几乎无人幸免[2]。佩瑞（Perry）认为，灾难是造成社会整个大系统或社会中的较大子系统（如部分地区和部分社区）出现社会混乱和物理性损伤的非常态事件[3]。同时，决定灾难大小的因素众多，如预先警告时间是否充分、灾难的影响程度以及灾难的影响持续时间等。

3. 重大事故

由文献可知，某些公共组织或危机研究者，如英国国民医疗保健机构（NHS），往往采用重大事故（Major Incident）一词来代替紧急事件，并对危机进行描述。根据该研究，重大事故类型包含如核辐射、核泄漏、核爆炸、潮汐、洪水、海啸、重大传染性流行疾病、大规模伤亡等。

4. 风险

有学者采用风险（Risk）一词替代危机，如特瑞（Terry）将风险概述为：风险是指那些给我们带来负面影响的自然风险或社会风险事件可能发生的几率。[4] 依据特瑞的说法，风险既是挑战，也是机遇，正如"危机"包含危险、威胁、挑战与机遇。鉴于此，特瑞总结归纳出风险的三个主要特征：风险的存在具有普遍性，风险的出现具有随机性以及风险变化存在偶然性。

---

[1] 参见美国紧急管理局官方网站：http://www.fema.gov/about/om.

[2] Godschalk，David R. Disaster mitigation and Hazard Management [G]// Emergency Management Principle and Practice for Local Government. Washington，DC：International City Management Association，1991：131-160.

[3] Perry，Ronald W. Managing Disasters Response Operation [G]// Emergency Management Principle and Practice for Local Government. Washington，DC：International City Management Association，1991：210-223.

[4] Terry Francis R. The Role of Technology and Human Factors in Emergency Management [G]// A Handbook of Crisis and Emergency Management. New York：Marcel Dekker，Inc，2001：237-338.

5. 危机与相关概念之间的关系

紧急事件、灾难、重大事故和风险均可作为"危机"的替代词，但与"危机"之间存在区别（详见表 3-2）

表 3-2　危机与相关概念之间的关系

类别	主要区别
危机 / 紧急事件	1. 紧急事件不一定由危机引起，而危机往往构成紧急事件 2. 紧急事件给人的生命、财产造成损害，易产生负面影响 3. 危机可能产生负面影响与正面影响
危机 / 灾难	灾难是一种负向结果，危机可能在一定情况下转化成灾难
危机 / 重大事故	危机在一定情况下酿成重大事故
危机 / 风险	风险和危机被认为是潜在表现；危机具有双重属性，且成为风险的可能性结果

来源：作者自制。

为了更加形象生动地对危机与灾难、紧急事件、风险、重大事故之间的关系进行阐释，我们以山坡上的巨石、山脚下的房子和人为例展开说明。坡上的巨石、山下的房屋、人三者之间关系如下：当山坡上的巨石存在滚下来的可能性，并严重威胁着山下的房屋安全与人的生命安全时，就构成了风险，同时对于房屋和人而言就是危机；若巨石滚下来，房屋被毁，造成人伤亡，就成为灾难；若是巨石突然滚下，而人毫无察觉，就形成紧急事件或突发事件；若巨石下落造成大面积的房屋摧毁及人员伤亡，就酿成了重大事故。正如 2021 年 5 月 22 日的甘肃山地马拉松事件，由于受到突变降温、降雨恶劣天气的影响，造成 21 人死亡，多人受伤，酿成了一起典型的重大公共安全事故。2021 年 7 月中下旬，河南省发生特大暴雨，造成 302 人死亡，50 人失踪，[①] 造成了一起典型的重大自然灾害事故。

（二）危机管理、公共危机管理与应急管理

1. 危机管理

根据学术界与实践者们对危机管理的研究可知，当前危机管理在理论层面取得了一些成就，但实践层面仍处于探索阶段，需进一步摸索。学术界有关危机管

---

① 苑苏问，陈亚杰. 河南暴雨致 99 人遇难，荥阳市崔庙镇王宗店村 8 人因山洪遇难 [EB/OL]（2021-07-30）[2021-08-01]. http://www.chinanews.com/sh/2021/07-30/9532062.shtml.

理的研究成果也存在不足：第一，危机情景构建缺乏定性定量的整合研究；第二，暂时缺乏将定性效果量化的研究，难以对具有信息模糊、信息不确定和信息不对称等性质特点和演化规律的危机进行评判。有鉴于此，本书对危机管理的定义如下：政府及其相关部门针对紧急事件或紧急状态，采取强有力措施，应对人民生命、社会财政、社会环境等方面造成的严重威胁与损害，解决危机，促进制度革新，应对社会环境变革。

2. 公共危机管理

（1）公共危机及其影响

"公共危机"一词在国外文献中并未找到相关的专业词汇与之相对应，少数国外学者根据自身职责及其所属研究领域给出相关阐释，将公共危机视为"危机事件"。其中比较典型的是加拿大管理发展中心（CCMD，2004）的说法，认为"危机事件"是一种因不明原因对公众的适度感、传统价值观、人身财产安全以及政府的完整性提出的挑战[①]。公共危机作为危机的主要内容之一，不仅给人类生命、财产安全与社会环境造成极大的威胁与巨大损失，并且，公共危机的演变发展还会对遭受危机中的人的情感、心理、精神造成严重影响。汤普森（Thompson）指出，危机尤其是重大公共危机事件定会使人产生不同程度的恐惧感、失控感、愤怒、甚至缺乏安全感，进而引起人的不确定性和焦虑感等。公共危机中更为严重的、高致命性流行病的传播，或是地震、洪水、泥石流、海啸等重大自然灾害的影响，不是一个或几个私营组织机构可承受的，这种不良影响远远超过一个或几个私人组织的承受能力与应对能力。在此过程中，政府具有天然的、不可推卸的责任。

（2）公共危机的类型划分

第一，基于学理视角的划分。国外学者有关公共危机的类型划分做了系统性划分。Ajren Boin（1977）将危机划分为"急性危机"和"慢性危机"两类。灾难社会学研究者克兰特里（Enrico L. Quarantel Li）从公共危机情境中的主体态度角度出发，将危机划分为"一致性危机"和"分歧性危机"两种类型。其中，"一致性危机"是指受到公共危机威胁的各个主体所具有的共同利益要求，而"分歧

---

① Crisis, Emergency Management. A Guide for Management of the Public Service of Canada [EB/OL]. Canadian Center for Management Development，2004. http//dsppds.pwgsc. gc.ca/collection/SC94–101–2003E.

性危机"是指受到公共危机威胁的不同主体的不同需求。

国内学者胡宁生等人在《中国政府形象战略》（1998）一书中，对公共危机进行了明确分类：[1] 按动因性质划分为自然危机与人为危机；按影响时空划分为国际危机、国内危机、组织危机；按危机动因与影响范围划分为政治危机、经济危机、社会危机和价值危机四类；按危机处理方式，划分为和平冲突类型危机的解决方式与暴力性流血冲突方式两类。根据薛澜教授的研究，危机事件主要划分为自然灾害型、利益失衡型、权力异化型、意识冲突型和国际关系型五类。[2] 根据冲突的一般表现形式，可将危机事件细分为多个二级指标，如"利益失衡型"指标可细化为罢工、集体上访、静坐、示威游行、集会，再如权力异化型指标包含了暴力抗法、刑事案件。此外，杨琼（2003）从公共管理视角出发，将公共危机事件划分为政治性的危机事件、生产性的危机事件和自然性危机事件。[3] 刘刚（2004）根据公共危机的发生与终结速度，引用了国外学者罗森塔尔（Rosenthal）的观点，将危机划分为龙卷风型危机、腹泻型危机、长投影型危机与文火型危机四类[4]。

第二，基于方法论意义上的划分。公共危机遵循实质上的相互统一、范畴上的完备性、分类指导与层级之间差异性的原则。从危机的影响领域可知，不仅要考虑空间范围影响因素，还包括了组织的、区域的、地方的、国内、国际的公共危机划分向度，还包括社会性的、组织性的、价值性的，以及信仰危机与精神危机等。学者童星、张海波从社会风险的方法论出发[5]，研究公共危机的整体框架结构，将公共危机划分为区域差距，如贫富差距、东西差距和城乡差距等社会结构型公共危机；环境污染、自然灾难、网络危机等生态科技型公共危机；大学生失业、农民失地、房地产泡沫等体制政策型公共危机三种类别。

（3）公共危机的主要特征

一是公共危机的突发性和紧迫性特征。从古至今，按照事物发展规律，所有事件的演变及形成往往会经历从量变到质变的萌芽、成长与不断发展等阶段。公共危

① 胡宁生.中国政府形象战略[M].北京：中共中央党校出版社，1998.

② 薛澜.应尽快建立现代危机管理体系[J].领导决策信息，2002（1）：27–27.

③ 吕同舟，黄伟，杨琼.近年来国内关于公共危机管理的研究综述[J].法制与社会，2009：290–291.

④ 刘刚.危机管理[M].北京：中国经济出版社，2004：3–10.

⑤ 童星，张海波.风险灾害危机研究（第四辑）[M].北京：社会科学文献出版社，2017.

机事件特殊性集中体现在其突发性层面，如公共危机的起源、爆发、规模、程度、影响的广泛性等难以预测。公共危机事件的紧迫性，主要是指当突发公共事件发生时，即刻产生强有力的冲击力和破坏力，这种冲击力和破坏力不仅体现在对社会稳定的冲击，更体现在人类生命健康、生活生产发展等多方面的冲击。

二是公共危机事件具有复杂性和易变性特征。酿成公共危机事件的原因是复杂多样的，所产生的危害影响程度也是难以估摸的。因而，在很大程度上，公共危机事件的萌芽、形成、发展变化往往会引发连续性反应，学者们将其称之为"涟漪反应"，也正是这种"涟漪反应"给公共危机事件的处置增加了难度。

三是公共危机事件具有破坏性和危害性特征。从直接危害层面看，公共危机事件造成人员伤亡、组织消失、财产损失，自然及社会环境的破坏；从间接危害层面来看，公共危机事件影响社会大众和个体心理健康。

四是公共危机事件具有持续性和扩散性特征。公共危机事件爆发后，总会持续一段时间。从公共危机事件的表现形态可见，涵盖了潜伏期、爆发期、高潮期、缓解期、消退期五个阶段，且五个阶段并非相互独立，而是带有明显的综合性、连续性和复杂性特征。公共危机事件的影响和危害同样也具有较强扩散性。前文中提及的"涟漪反应"正是公共危机事件扩散性的典型范式。

（4）我国部分典型重大公共危机事件：2008 年至今

近年来，公共危机事件频发。自 2008 年以来，国内外发生了数起突发公共危机事件，涵盖了交通事故、重大自然灾害、重大公共卫生事件、重大公共安全事件等。2008 年正值我国应急管理体系建设的历史新起点，属于应急管理研究质量的提升阶段。根据文献研究与官方资料的整理、汇总，现就 2008 年以来我国部分重大公共危机事件进行了梳理（详见表 3-3）。

表 3-3　2008—2021 年我国部分重大公共危机事件

危机类型	事件概况	管控措施及影响
重大公共卫生事件	2009 年 4 月 25 日，卫生部首次通报甲型 H1N1 流感疫情信息。	2009 年 4 月 30 日，卫生部发布公告，将甲型 H1N1 流感纳入法定乙类传染病，采取甲类传染病的预防控制措施，将其纳入《中华人民共和国国境卫生检疫法》规定的检疫传染病管理。2009 年 6 月 11 日，世界卫生组织宣布，将全球流感大流行警戒级别由五级升至六级，即最高级。
	2016 年 3 月 18 日，山东警方披露一起特大非法经营人用疫苗案。	疫苗未经严格冷链存储运输销往 24 个省区市，疫苗含 25 种儿童、成人用二类疫苗，总值 5.7 亿元。
	2016 年 4 月 12 日，因罹患滑膜肉瘤而去世的魏则西，酿成"魏则西事件"。	"魏则西事件"捅破了百度医疗竞价排名、莆田系承包科室现象、医疗监管漏洞等诸多医疗乱象的窗户纸。
	2018 年 7 月 15 日，长春长生生物科技有限责任公司违法违规生产冻干人用狂犬病疫苗。	该事件导致撤销药品批准、对涉事人员进行处罚或追究刑事责任、处以近百亿元的罚款。
	2018 年 11 月 26 日，南方科技大学副教授科贺建奎宣布，一对名为露露和娜娜的基因编辑婴儿于 11 月在中国诞生。	这是世界上首例免疫艾滋病的基因编辑婴儿。122 位科学家联名谴责，最终出现伦理危机。
	2019 年 12 月底，湖北武汉发生不明原因肺炎传染性疾病。	之后被确定为"新型冠状病毒肺炎"。2020 年 2 月，"新型冠状病毒肺炎"开始席卷全球，至今仍然形势严峻。
重大自然灾害事故	2008 年 1 月 3 日起我国 20 个省（区、市）均不同程度受到低温、雨雪、冰冻灾害影响。	截至 2008 年 2 月 24 日，因灾死亡 129 人，失踪 4 人，紧急转移安置 166 万人，因灾直接经济损失 1516.5 亿元人民币。
	2008 年 5 月 12 日，四川汶川大地震。	截至 2008 年 9 月 18 日 12 时，共造成 69227 人死亡，374643 人受伤，17923 人失踪，是中华人民共和国成立以来破坏力最大的地震。
	2009 年 8 月 25 日，台风"莫拉克"袭击台湾。	截至 2009 年 8 月 25 日下午 6 时为止，造成全台共 461 人死亡、192 人失踪、46 人受伤。
	2009 年 4 月 14 日，青海省玉树藏族自治州玉树县发生了 7.1 级地震，震源深度 14 千米。	震中位于玉树县城附近，其后发生 1000 多次余震，导致 2220 人遇难、12135 人受伤、70 人失踪。
	2013 年 4 月 20 日四川省雅安市芦山县发生 7.0 级地震，震源深度 13 千米。	地震造成 196 人遇难，21 人失踪，13484 人受伤，200 余万人受灾。
	2019 年 3 月 30 日，四川省凉山州木里县雅砻江镇立尔村发生森林火灾。	火灾造成 31 人遇难。
	2021 年 7 月中下旬河南省发生特大暴雨。	强降雨直接造成全省 300 多万人受灾。截至 8 月 2 日，因灾死亡 302 人，失踪 50 人。

续表

危机类型	事件概况	管控措施及影响
重大公共安全事件	2008 年 3 月 14 日，不法分子在西藏拉萨市区的主要路段实施打砸抢，焚烧过往车辆，追打过路群众。	18 名无辜群众被烧死或砍死，受伤群众达 382 人，其中重伤 58 人。拉萨市直接财产损失达 24468.789 万元。
	2011 年 7 月 23 日，北京至福州的 D301 次列车在行驶至温州双屿路段时，与杭州开往福州的 D3115 次列车追尾，D301 次列车 4 节车厢从高架桥上掉落。	根据铁道部的数据，事故已经造成 39 人死亡、192 人受伤。
	2013 年 11 月 22 日，青岛市经济技术开发区（黄岛区）发生一起输油管道爆燃事故。	共造成 62 人死亡。
	2014 年 3 月 1 日，云南省昆明市昆明火车站发生一起以阿不都热依木·库尔班为首的新疆分裂势力一手策划组织的严重暴力恐怖事件。	此案共造成平民 29 人死亡、143 人受伤。
	2015 年 8 月 12 日，天津市滨海新区天津港的瑞海公司危险品仓库发生火灾爆炸事故。	造成 165 人遇难、8 人失踪、798 人受伤，304 幢建筑物、12428 辆商品汽车、7533 个集装箱受损。
	2018 年 10 月 28 日，重庆市万州区一辆公交车在万州长江二桥坠入江中。	15 人遇难。
	2019 年 3 月 21 日，江苏省盐城市响水县发生特别重大爆炸事故。	造成 78 人遇难、76 人重伤，640 人住院治疗，直接经济损失 19.86 亿元。
	2019 年 6 月 9 日，香港爆发"反修例"风波。	极端暴力分子打着"民主、自由"的幌子，冲击公共设施，暴力袭警，肆意侮辱国旗和国徽，图谋冲击"一国两制"的原则底线，破坏香港法治秩序。2020 年 5 月 28 日，十三届全国人大三次会议高票通过了《全国人民代表大会关于建立健全香港特别行政区维护国家安全的法律制度和执行机制的决定》。6 月 30 日，十三届全国人大常委会第二十次全体会议表决通过了《香港特别行政区维护国家安全法》。
	2021 年 5 月 22 日，甘肃山地马拉松事故。	受突发降温、降雨恶劣天气的影响，21 人死亡，多人受伤。

资料来源：系作者根据文献资料与相关文件资料整理而成。

（4）公共危机管理

公共危机管理聚焦于多个层面，包含公共危机信息的有效获取和危机预警阶段、公共危机的预防阶段、危机控制与回应阶段、恢复与社会秩序重建阶段、公共危机评估及后续应对机制的完善阶段。罗森塞尔和寇自明（Rosenthal & Kouzimin）认为，依据公共危机管理的发展演变规律可知，从最初的二阶段论说到后来的四阶段论说与五阶段论说，危机管理理论与实践过程是一个不断演变的过程。[①]皮克特和布劳克（Pickett & Block）解释道，之所以出现公共危机管理，其主要目的在于对危机做出协调一致的反应，其中包括预防或减少潜在威胁。当威胁产生，策略制定者们可迅速采取相关措施，以此尽快恢复社会各项工作及生活常态。[②]张成福（2003）[③]在皮克特和布劳克的研究基础上，提出了公共危机管理概念。他认为公共危机管理作为一种有组织、有计划、持续动态的管理过程，政府针对公共危机的不同阶段采取不同措施，控制公共危机扩大、发展，直至消弭危机，实现社会秩序恢复、维护社会稳定。

综上所述，根据国内外多数学者有关公共危机管理概念界定，本书认为公共危机管理是政府部门、应急管理部门等管理主体针对公共事件，实施的有组织、有计划、持续动态的管理过程，并在公共事件的不同发展阶段采取系列措施，实现社会秩序有序恢复的行动。公共危机管理旨在如何通过既定方案或成型步骤，来确保在公共危机事件发生时，积极应对与处置危机给组织带来的威胁与损害，以此恢复组织正常秩序。因而，对于公共危机管理的认识，同样应持有从简单到复杂的循序渐进的认识态度，应实施长周期管理。

（5）公共危机管理的原则

一是坚持战略先行危机管理原则。具体而言，要树立危机意识，形成危机观念。危机观念作为危机意识的整合与提升，为危机管理实践构筑思想体系。二是坚持制度保障危机管理原则。不应仅在危机发生时才想到危机管理，构建强有力的危

---

①　Rosenthal, Uriel, Pault Hart, Alexander Kouzmin. The Bureau Politics of Crisis Management[J].Public Administration, 1991, 169：211-233.

②　Pickett John H, Barbara A, Block. Day to Day Managemnet[G]// Emergency Management Principle and Practice for Local Government. Washington, DC：International City Management Association, 1991：263-288.

③　张成福.公共危机管理：全面整合模式与中国的战略选择[J].中国行政管理,2003（7）：6-11.

机预防保障制度是应对危机管理的重要措施。三是坚持预防第一的危机管理原则。"防微杜渐""居安思危""预防大于救灾"均是预防的重要体现，更是危机管理的重要环节。四是坚持全局利益的危机管理原则。危机发生后，往往出现短暂的信息不对称、局势不明朗情况，做决策时也可能出现犹豫不决、瞻前顾后的想法和行为。此时，以全局利益的危机管理为重点就是关键。五是坚持积极主动的危机管理原则。做到直面危机，及时迅速反应，查找危机根源，及时公布信息，做好危机应对部署，调动多元力量全面应对危机。六要坚持勇于担责的危机管理原则。坚持维护公众利益最大化的原则，坚持实事求是原则，采用科学方法应对危机，信息透明，不遮掩事实；做好补偿工作，既要对受灾群众进行物质补偿，还要对受灾群众的心理健康方面进行及时干预。

3. 应急管理

（1）应急管理的意涵

国外学者德拉贝克（Drabeck）与霍特默（Hotmer）指出："应急管理是一种特殊活动，应用科技、规划和管理方式来应对极端事件。这些极端事件会导致多人伤亡、财产受损，甚至扰乱社会生活秩序。"司格乐（Cigler）认为，应急管理旨在使人类生命和财产因自然灾害或人为造成的风险实施紧急处置。[①] 此外，为进一步降低灾害危险或人为因素危险对人类生命和财产所造成的威胁，公共政策决策者持续关注并积极参与公共危机管理的全过程。美国联邦应急管理署认为："应急管理就是有组织地分析、规划、决策与调配可利用的资源，做好危机的减缓、准备、响应与恢复工作。"联合国国际减灾战略指出：在重大灾害事故的准备、响应与恢复阶段，应急管理是组织应对重大事故灾害处理与责任承担方式。[②] 应急管理包括各种计划、组织和安排，整合、协调政府、志愿者与私人机构的工作，以此满足各种紧急需求。我国学者将应急管理解释为：有效预防与应对各种自然灾害、事故灾害、公共卫生事件和社会安全事件，将政府、企业、第三部门的力量组合起来而实施的减缓、准备、响应与恢复活动。

（2）应急管理的研究历程

应急管理的研究历程包含了萌芽阶段、快速发展阶段与应急管理研究提升阶

① Cigler B A. Emergency and Public Administration [G]// Michael T C, John C K. Crisis Management. Springfield, IL: Charles C. Thomas Publisher, 1998: 5-19.

② 参见美国紧急管理局官方网站：http://www.fema.gov/about/om.

段，且在各个阶段不同学者持有相应的代表性观点（详见表3-4）。

表 3-4　应急管理的研究历程、研究转向与代表性观点

应急管理的研究历程	研究转向	代表性观点
应急管理研究的萌芽阶段（20世纪70年代至2003年之前）	应急管理一般规律的综合性研究成果甚少，聚焦于灾害管理研究方面。	1. 魏加宁于1994年发表于《管理世界》的文章《危机与危机管理》，较为系统地阐述了现代危机管理的核心内容。① 2. 薛澜于2002年发表于《领导决策信息》的文章《应尽快建立现代危机管理体系》②，强调现有行政管理体系有待完善，需进一步增强激励机制。 3. 许文惠、张成福等人于1998年主编的《危机状态下的政府管理》一书强调了危机状态下政府如何有效应对与管理③。 4. 胡宁生等人于1998年主编的《中国形象战略》，系统阐释了早期突发公共事件应急管理。④
应急管理研究的快速发展阶段（2003—2007年）	2003年的"非典"推动了应急管理理论与实践发展，开始从灾害管理研究向政府全面加强和推进应急管理工作方面转向。	1. 2003年10月，党的十六届三中全会通过了《中共中央关于完善社会主义市场经济体制若干问题的决定》，强调要建立健全各种应急预警机制，提高政府应对突发公共危机事件的能力。 2. 马建珍于2003年发表的《浅析政府危机管理》，强调了政府主体应采取怎样的方式进行危机管理⑤。 3. 房宁、负杰主著的《突发事件中的公共管理："非典"之后的反思》一书，以2003年的"非典"为例，阐释公共危机事件发生之后社会各主体如何实施管理。⑥
应急管理研究的质量提升阶段（2008年至今）	以2008年的汶川大地震为转折点，我国应急管理体系研究站在了历史的新起点上。	1. 高小平、刘一弘2009年发表于《中国行政管理》的文章《我国应急管理研究述评》⑦，从理论视角探究了我国应急管理研究的脉络和走向，以推动应急管理研究水平不断提高。 2. 李华强等人2009年发表于《管理世界》的文章《突发性灾害中的公众风险感知与应急管理——以5·12汶川地震为例》⑧，构建了风险感知理论模型，为政府风险管理机制构建和应急反应策略制定提供心理和行为方面的理论与现实依据。 3. 以薛澜等为代表的应急管理学者，这一时期从"应急管理体系""政府与社会组织应急管理合作伙伴关系""应急管理中的社会动员问题""提升应急管理沟通能力"等视角进行了研究。⑨⑩⑪⑫

来源：作者根据文献资料整理而成。

注：① 魏加宁.危机与危机管理[J].管理世界，1994（6）：53-59.

② 薛澜.应尽快建立现代危机管理体系[J].领导决策信息，2002（1）：27-27.

③ 许文惠，张成福.危机状态下的政府管理[M].北京：中国人民大学出版社，1998.

④ 胡宁生.《中国形象战略[M].北京：中共中央党校出版社，1998.

⑤ 马建珍.浅析政府危机管理[J].长江论坛，2003（5）.

⑥ 房宁，负杰.突发事件中的公共管理："非典"之后的反思[M].北京：中国社会科学出版社，2005.

⑦ 高小平，刘一弘.我国应急管理研究述评（上）[J].中国行政管理，2009，（8）：19-22.

⑧ 李华强，范春梅，贾建民，等.突发性灾害中的公众风险感知与应急管理——以5·12汶川地震为例[J].管理世界，2009（6）：52-60.

⑨ 薛澜，刘冰.应急管理体系新挑战及其顶层设计[J].国家行政学院学报，2013（1）：10-14.

⑩ 陶鹏，薛澜.论我国政府与社会组织应急管理合作伙伴关系的建构[J].国家行政学院学报，2013（3）：14-18.

⑪ 薛澜，陶鹏.从自发无序到协调规制：应急管理体系中的社会动员问题——芦山抗震救灾案例研究[J].行政管理改革，2013（6）：30-34.

⑫ 薛澜，徐建华.提升应急管理风险沟通能力[J].中国应急管理，2020（4）：14-16.

（3）应急管理的原则

应急管理的原则主要涉及以下七个方面：一是预防为主，防救结合；二是以人为本，生命第一；三是依靠科学，快速反应；四是社会动员，全民参与；五是军民结合，平战结合；六是安全效益与经济效益兼顾；七是信息公开，舆论引导。

（三）危机管理、公共危机管理与应急管理的关系

整体上看，三者之间的关系可解释为：危机管理包含了公共危机管理与应急管理，公共危机管理基本排除了对家庭、组织内部的危机及其管理，应急管理侧重于应对所有危机的技巧。表3-5将从当前存在的主要问题与改革发展方向，对公共危机管理与应急管理的异同点进行对比。

表 3-5 公共危机管理与应急管理的异同点

	公共危机管理	应急管理	相同点	不同点
当前存在的主要问题	1. 全民防灾意识教育薄弱，认识不足； 2. 政府管理缺乏足够的公共危机管理意识； 3. 公共危机管理体制不健全； 4. 缺乏反应、快速处置能力有待提高； 5. 法制有待完善； 6. 信息功能相对滞后。	1. 突发事件应急管理中部门分割、条块分割现象存在，应急协调不力； 2. 突发事件的应对存在"重救轻防"倾向； 3. 政治动员能力强，社会动员能力相对较弱，网络状的应急管理体系有待形成； 4. 突发事件的应对合作性欠缺。	1. 二者都强调政府管理意识有待提高； 2. 二者都强调社会参与的重要性。	1. 公共危机管理的主要问题体现在意识、管理体制、处置能力、法制、信息功能等各个方面； 2. 应急管理的主要问题更多体现在行动实施方面。
改革发展方向	1. 加快政府职能转变，完善政府社会管理和公共服务职能； 2. 加强各级干部培训，提高公共危机意识和管理能力； 3. 完善公共危机法律体系，坚持依法管理； 4. 健全公共危机管理组织系统； 5. 深化专家咨询体系，提高公共危机决策质量； 6. 健全社会动员机制，加强公共危机国内外合作； 7. 重视公众社会心理疏导，加强公共危机教育。	1. 巩固、深化"一案三制"，增强整合性，强化各部门协调联动，形成全系统、全参与、各要素无缝隙对接的应急网络； 2. 实现应急管理的转型升级； 3. 防患于未然，强化预警。	二者都强调机构合作、全民参与的重要性。	1. 公共危机管理强调从政府责任出发进行改革与发展； 2. 应急管理从功能上强调转型。

来源：作者根据文献资料整理而成。

二、公共危机中的风险社会治理

（一）风险社会的概念及其分析视角

"风险社会"由德国社会学家乌尔里希·贝克（Ulrich Beck）首次提出。他认为风险社会主要涉及现实主义视角、文化意义视角、制度主义视角。[①]从现实主义视角看，"新风险"理论如种族歧视、贫富分化、极端主义增长等可能引发潜

---

① 乌尔里希·贝克.风险社会[J].中国学术，2000（3）.

在的社会灾难。从文化意义视角看，主要以拉什等人为代表，将风险视为一种文化现象，多数情况下，风险文化更多表现为横向水平分布的无序状态，聚焦于社会公共事务。以吉登斯等人为代表的制度主义视角，聚焦于制度意识构建、制度权威维护、制度框架完善与责任重视。三种风险社会治理的视角各有侧重点。其中，现实主义视角侧重社会风险的具体风险点与风险成因，文化意义视角侧重风险文化的作用，制度主义视角聚焦制度在风险社会中的重要作用，却忽视了制度本身的创立与实施需要人来实现。若是缺少了人的主观能动性，制度实施本身也是无意义的。

（二）风险社会的特征与基本内容

依据薛晓源、周战超（2005）的观点①，风险社会的特征主要涵盖几个方面：一是权力真空或制度真空。人在追求自身利益的同时，损害了他人利益甚至集体利益而未得到有效约束和规范，甚至阻碍社会发展。风险社会的规制与约束依靠法治规范和管理，主体须承担相应的法律责任。二是政策主体的利益博弈特征。公共政策在社会公共资源配置与社会价值分配方面具有明显的利益取向性质。而资源的有限性与稀缺性，导致政府在政策制定的过程中必须考虑到利益群体的优先秩序问题。决策程序的缺陷，决策参与主体的不平等、不全面，导致部分弱势群体的利益受损。三是政策失灵。公共政策的决策过程或决策结果偏离了政策制定者的实际目标而产生负面影响。

作为有效的治理工具，"风险治理"涵盖风险识别与分析、风险评估、风险决策、风险处置。其中，风险识别与分析旨在综合评判风险内外部的环境信息，并对风险进行评级。如英国国家风险评级中，将风险确定为非常高、高、中等、低四级；德国政府的风险识别与分析包括人、经济、环境、基础设施、非物质五个损害维度，分别占比20%。风险评估的本质在于运用系统化的思维方式，确定行动，降低风险。政府作为风险决策的重要主体，其公共决策行为直接或间接引发的风险占比越来越大。风险应对包括风险置换、风险隔离、风险延缓等方式。②同时，政府作为重要的权威主体，对于公共政策的制定和实施也会出现政策风险。如2013年湖南"凤凰古城收费事件"，2015年"重庆医改事件"。

---

① 薛晓源，周战超.全球化与风险社会[M].北京：社会科学文献出版社，2005.

② 朱正威，刘泽照，张小明.国际风险治理：理论、模态与趋势[J].中国行政管理.2014(4).

（三）公共危机与风险社会治理

1. 公共危机与风险社会

公共危机与风险社会两个概念之间存在相似性，尤其是"危机"与"风险"二者之间的相似性尤为突出。在传统文化中，并未出现"风险"一词，"危机"与"风险"一样，聚焦于对现代社会中具有公共危害性特征的事件描述。回顾中国古代哲学思想，老子针对"危机"一词其实已经有了相关的说法，"祸兮福所倚，福兮祸所伏"正是对"危机"很好的解释。在传统社会中，公共危机主要是以外部公共危机为主导。当前时期，主要以人类活动引发的公共危机占主导地位。无论是自然科学领域还是社会科学领域，作为风险社会的实践后果——风险社会的"公共危机"已经超出了传统社会的"公共危机"的概念范畴，且在国际社会有了广泛的研究和探讨。

公共危机与风险社会还存在实质性的区别，这种区别也源于"风险""危机"二者之间的差异性。具体而言，"风险"是抽象的、无形的，"危机"是具体的、有形的；"风险"侧重解释分析问题，"危机"侧重解决问题；"风险"强调事情发生的"因"，"危机"聚焦于事情发展的"果"。习近平总书记指出："危和机总是同生并存的，克服了危即是机。"[①]要学会把握"危"和"机"的辩证关系，在"危"中抓"转机"，化险为夷，转危为安。

2. 公共危机中的风险社会治理分析

风险社会作为一种社会状态，受时代发展的影响。如工业对人类居住环境和人类健康的危害，工业对自然的破坏，突发事件引发的社会危害等。当公共危机发生时，应对政策需要调整，治理制度需要重构，以更好地应对公共危机。公共危机中的风险社会治理需从三个层面划定好研究边界：一是需要划定风险社会概念的适用范围，二是分析风险社会的普遍性与特殊性、绝对性与相对性等特征，三是厘清风险与危机之间的关系。邹东升教授指出"风险治理"已经向"治理风险"转化[②]，公共危机的风险社会治理，是一种新视角，采用风险社会治理方式应对公共危机，更多地体现在公共危机管理规则的执行和管理范式的抉择层面。习近平

---

① 冲寒已觉东风暖——记习近平总书记在浙江调研疫情防控和复工复产 [EB/OL].（2020-04-02）. 中国政府网 . http://www.gov.cn/xinwen/2020-04/02/content_5498093.htm.

② 邹东升，陈昶 ."循证式"重大行政决策社会稳定风险评估建构会 [J]. 电子政务，2019（12）：1-10.

总书记指出，"学习掌握唯物辩证法的根本方法，不断增强辩证思维能力，提高驾驭复杂局面，处理复杂问题的本领"①。从"熟人社会""人情社会"到现在的"风险社会"的转变，可以说，社会风险的广泛性与普适性，甚至可用"风险社会"一词来替代现有的"社会"概念。风险社会能够很好地分析当前所处的社会结构特征，也为进一步理解现代社会发展以及发展进程中所面临的新挑战提供新的研究视角。

三、公共危机的法治化应对

（一）公共危机管理法治化的意涵阐释

1. 法治化的意涵

"法治"是一种"法律至上""法律主治"的社会状态。"法治"一词最早出现在古希腊学者亚里士多德（公元前384–公元前322）所著的《政治学》一书中："法治应包含已成立的法律获得普遍的服从，大家所服从的法律本身应是制定的良好法律。"此处，亚里士多德强调了正义的法律是实现法治的重要标志。否则，即使有法律的统治，也非实质意义上的法治。法治无论是作为一种政治理念，一种治国方略，还是作为法学的一个基本范畴，源远流长、内涵丰富。从主体上看，法治依据的是反映人民大众的法律，法治之法是政治的目的性所在。法治化是法治所要实现的一种状态和结果。法治是法律的形式特征，强调了法律的实质与价值，用于良法、善法、恶法的区分。在法治的推行层面，要求遵循法律至上、尊重及保障人权、以权利为本位、法律面前人人平等、政治权力相互制衡、司法独立等原则。法治化的实现是一项系统工程，既要坚持民主公正的立法体制，依靠高素质的职业法律人，实施灵活创新的法律运行机制，又要依靠全社会的共同监督，满足人民群众的需求。

2. 公共危机管理法治化的意涵

依据前文对法治化的解释可知，法治化是一系列动态管理的过程，既包含了规则的制定，又包含了规则的执行。法治化既是法律制度本身的法治化体现，

---

① 习近平在中共中央政治局第二十次集体学习时强调坚持运用辩证唯物主义世界观方法论，提高解决我国改革发展基本问题本领 [EB/OL]．（2015–01–24）．http://www.xinhuanet.com/politics/2015–01–24/c_1114116751.htm.

更是制度实施与执行的体现，法治化将被运用至公共危机管理的事前预防、事中应对、事后恢复等环节。公共危机作为社会的非常态现象，要求政府在依法管理范围内尽可能做好秩序恢复与稳定的准备。政府职责法治化，要求将法治作为当前政府执政的主要方式，科学理解危机管理中的政府职责问题。首先，政府部门在应对危机时，既有权依法保护公民权利，有责任积极、及时地实施各种救援活动，保障公民的生命财产权不被侵害。再者，从法律规则来看，政府在应对公共危机管理过程中，要依法照章办事，切忌随心所欲。

一般意义上讲，围绕危机所开展的系列活动称为危机管理，主要包括危机前的预测预控，危机中的处理实施，以及危机发生后的反思与恢复总结。同公共危机管理各阶段相匹配，政府的公共危机管理职责同样被划分为事前、事中、事后三个环节。其中，政府的事前职责涵盖制定公共危机事件的总体应急预案，具体规定了公共危机事件应急管理的组织指挥体系、职责要求和公共危机事件的预防、预警机制、处理程序、应急保障措施，以及公共危机的事后恢复与重建措施。依据公共危机事件的类型和具体内容，建立健全基础信息数据库，完善公共危机的监测网络，做好对公共危机事件的设施、设备、人员等资源配置。此外，还要建立公共危机预警制度，对于可预警的自然灾害、事故灾害与突发公共卫生事件，政府应给予相应级别的预警响应，宣布进入紧急状态，并报告上级政府公共危机的相关情况。事中职责如启动公共危机应急预案，收集、报告公共危机的相关信息，及时向社会发布与公众直接相关的危机事件预测信息以及分析评估结果；宣传危害减轻常识，责令应急救援队伍、人员在危机整个阶段处于待命状态，动员后备人员的应急救援与工作处置；调集公共危机救援应急物资、设备、工具，设置避难场所等设施，确保应急场所可随时投入正常使用，加强对重点单位、重点基础设施的安全保卫，维护好社会治安秩序的有序与稳定；转移、撤离或者疏散公共危机人员的妥善处置。事后职责主要涵盖停止执行公共危机应急措施，评估公共危机造成的损失，组织受害地区尽快有序恢复生产、生活、工作秩序，做好受损受灾群众的事后安置、补偿、抚恤等工作。

（二）公共危机管理法治化的基本原则

政府处理公共危机的基本原则不同于常态下的原则。第一，内容和对象层面上具有适用上的临时性和预备性特点，实施过程具有很强的行政紧急性。第二，立法目的层面，公共危机管理法治化更加强调公共危机事件中对权力的保障性、严苛性。具体而言，首先是行政应急原则。政府需要针对公共危机具体情况，在确保人民群众的根本利益不受损害的原则上，行使行政应急权，进而恢复正常的社会秩序。根据紧急情况，政府会在第一时间采取紧急行动，以确保政府有效及时应对公共危机事件。其次是人权保障原则。针对突发公共危机，要求政府坚持以人为本，保障公民权利。应对措施根据公共危机的不同类型有所差异。自然灾害类公共危机事件，要保障民众的基本生存权，充分尊重公民的正当利益诉求，维护好群众利益的合法性、正当性。如2021年7月中下旬发生在河南的特大暴雨洪灾，需要政府与社会各界联合起来抗洪救灾的同时，维护好群众的合法、正当、根本性的利益，做好后续的救援与灾后重建显得更为重要。然后是信息公开原则。作为行政程序的基本要求，在处理公共危机事件时，要让公众最大限度地了解危机真相，及时做好应对危机的准备，主动引导舆论，做好信息公开。同时，公共危机事件信息公开，公众第一时间了解精准信息，可在更大限度上得到公众的支持与理解。加之，信息公开也是政府信息透明的重要体现，信息公开加深政府与公众之间的信任程度，提高政府行政效率。习近平总书记在全国抗击新冠肺炎疫情表彰大会上讲道："在保护人民生命安全面前，我们必须不惜一切代价，我们也能够做到不惜一切代价，因为中国共产党的根本宗旨是全心全意为人民服务，我们的国家是人民当家作主的社会主义国家。"① 这也正是公共危机事件法治化思想中维护好群众的合法、正当、根本性利益的重要体现。

（三）有效发挥法治固根本稳预期利长远的保障作用

1. 法治是社会治理的基本方式

管制机构，包括定制者和执行者等都必须严格遵守法治原则。根据《牛津法律大辞典》对于"法治"原则的解释，意味着尊重个人价值和人格尊严。② 在法律制度中，法治即对立法权的限制，反对滥用行政权力的保护措施，接受法律忠告、保护绝大多数人的机会平等，保护个人和团体的正当权利与自由，法律面前人人平等。法治不仅强调政府对法律秩序的维护和执行，还强调政府本身应遵从的法律制度，以此重新制定相应规则。法治在推进社会治理方面具有明显优势，国家

---

① 习近平总书记关于"人民至上、生命至上——习近平总书记在全国抗击新冠肺炎疫情表彰大会上的重要讲话提振信心气、激励不懈奋斗"的讲话 [EB/OL].（2020–09–10）. http://www.gov.cn/xinwen/2020–09/10/content_5542357.htm.

② [英]沃克.牛津法律大辞典会 [M].李双元，等，译.北京：法律出版社，2003.

治理、社会治理必须依据法治思维和法治方式进行。只有良法才能出善治，只有良法才能保善治。一方面，法治是依法办事的行为方式。在现代法治社会中，依法办事既是社会成员普遍遵循的行动准则，也是国家机关及其工作人员所遵循的行动准则；另一方面，法治维护社会秩序的稳定。无论是作为治国方略还是行为方式，法治最终要体现在社会秩序的稳定与维护层面。

2. 法治是社会治理的重要保障

治理对法治具有依赖性，法治保障社会治理的顺畅进行，离开了法治无法实现社会治理现代化，法治本身的价值和功能也因此得以进一步明确和体现。转型时期的贫富差距矛盾，各个群体之间的利益纷争等，均需要依靠法治途径从根本上妥善解决。传统的管理模式已难以适应现代社会复杂多变的情况，因此，遵循法治化轨道，以良法促发展、保善治是必经之道。

3. 法治助推社会治理的安定有序

社会治理作为一种规则之治、有序之治，科学、公正、严肃、高效的规则，可促进复杂多变的社会得以有效治理。党的十九大报告指出："推进科学立法、民主立法、依法立法、以良法促进发展、保障善治。"[①] 新时代社会治理法治化，体现出富有特色的时代内涵与本土特色、深刻的内在理据与丰富的实践特征。既要立足于社会主义主要矛盾转化的国情、以人为本的价值追求，又要理顺现代法治体系的建立规则，以此提升社会治理法治化。

加强与完善社会治理的立法行为，旨在更加合理地调整各种社会关系，平衡各种社会利益关系，促进全社会共享改革发展成果，保障公众在充分享有权利、依法行使权利的基础上，切实履行各自应尽的法律义务，推动良好的社会秩序构建。法治的内在价值使之兼具稳定性、明确性、具体性、合理性、规范性、可预测性与可救济性等突出特征。法治确立的底线规则具有引导、规范、评价功能，可提高国家机关、公民、法人和社会组织对自身行为的预测和评价。依据法治化方式，有利于更好地实现社会治理的和谐平稳、安定有效，尽量避免"运动式治理"，保障社会治理依法、科学、有序实施。

---

① 参见习近平. 决胜全面建成小康社会夺取新时代中国特色社会主义伟大胜利——在中国共产党十九次全国代表大会上的报告 [M]. 北京：人民出版社，2017：38-39.

第二节　危机应对情境下的社会治理变革

随着社会经济的快速发展，我国正经历经济社会的双重转型，并创造了两个奇迹：世所罕见的经济快速发展奇迹与社会长期稳定奇迹。但与此同时，不同阶层之间、不同行业之间的贫富差距拉大，为经济秩序和社会稳定带来众多不确定因素，大量直接或间接矛盾不断激化。风险社会中日益复杂的、不确定的社会因素，社会生活日益复杂化、多元化，人们的需求也随之增加。政府在公共危机应对中起着核心主导作用，也正因为政府在多发危机社会中很难做到单一应对社会公共危机，因而需要多元治理主体参与治理，才能更好地应对突发公共危机事件。

一、社会背景的新变化

当前，国内外形势正在发生深刻复杂变化，我国在发展中既要看到前景，又要看到挑战。党的十九大报告中提出"中国特色社会主义进入新时代，我国社会主要矛盾已经转化为人民日益增长的美好生活需要和不平衡不充分的发展之间的矛盾"的重大判断。① 另在党的十九届五中全会远景目标规划中首次提出了"全体人民共同富裕取得更为明显的实质性进展"②。国际关系风云变幻，正处于演变中的"百年未有之大变局"，国际秩序转型，国际权力结构发生改变。全球疫情蔓延，也将国际格局重新"洗牌"。加之新技术手段发展，技术风险、网络风险、核泄漏风险等不时出现，重新引发了人们对社会新风险的关注与重视。

（一）社会利益格局调整与社会价值观念多元

改革开放前，国家集权式政体性质浓厚，社会资源由政府垄断，加之户籍制度、干部人事制度、用工制度等身份限制，人口流动相对缓慢，阶层分化不明显。改革开放后，不断深化的经济体制改革带来了社会结构的松动。伴随着改革，国家本着尽可能调动一切积极因素为社会主义现代化建设服务的原则，将经济建设作为工作重心，制定了系列新的经济政策，如允许一部分人和部分地区先富起来，先富带动后富，自此建立了社会主义市场经济体制。此外，开展所有制结构调整，确立以公有制为主体，多种经济成分并存的多元所有制结构。1978 年改革开放，

---

① 习近平在中国共产党第十九次全国代表大会上的报告 [N]. 人民日报，2017-10-28.

② 中共中央关于制定国民经济和社会发展第十四个五年规划和二〇三五年远景目标的建议 [N]. 人民日报，2020-11-04（01）.

以职业为基础的社会阶层结构分化机制，逐步取代了过去以政治身份与户口身份为基础的阶层结构，社会结构也随之显著调整。

改革开放之前，各主体间的利益关系紧密结合，社会结构分化程度很低。改革开放之后，所有制结构调整，社会利益格局随之而变化，传统的利益格局被打破，随之呈现出利益主体、利益需求、利益获取方式的多元化特征。改革开放之前，利益主体的单一性决定了社会价值观的单一性，伴随着社会经济结构的变革，社会主义价值观逐步从单一性向多元性转变。社会主义新时代主要矛盾的变化，主要是由于经过多年的艰辛奋斗，我国已经稳定解决了十几亿人的温饱问题，总体进入了社会主义小康，而不久将全面建成小康社会，届时人民美好生活需要的品质将会更高、范围将会更广。

（二）国际关系演变中的"百年未有之大变局"

党的十九大报告指出世界正处于大发展大变革大调整时期。国际关系演变中的"百年未有之大变局"，本质在于国际秩序转型，集中表现在国际权力结构的显著变化。"百年未有之大变局"还体现在当今权力转移、新兴国家崛起对主导权的分享。百年未有之大变局为中华民族伟大复兴提供了历史机遇，与此同时，伴随着"大变局"产生的失序、失范、长时间的不确定性，对于国际社会、各个国家而言，也是风险与挑战。受此次疫情冲击，全球供应链发生变化。一是供应链越来越复杂，层级越来越多；二是供应链上节点越来越多，已经逐步由单一的金字塔模式演变为复杂的网状结构，全球供应链数字化进程加快。此外，疫情的发生并在全球范围内的蔓延，不仅影响着人们的安全观、发展观、国际观、政治观，还促使国际格局的重新"洗牌"。[①]具体而言，重新"洗牌"，既对世界政治与世人观念形成一定程度的冲击，又是"西降东升"的转移，意味着世界地缘政治中心由大西洋地区进一步加快向太平洋地区转移，同时世界力量对比将出现有利于中国和平崛起的变化，国际格局与国际秩序将出现有利于亚太国家的变化，中国的国际影响力将进一步提升。

二、社会行为主体的新特征

社会结构分化，利益格局调整，逐步由"大政府、小社会"向"强政府、大

---

① 林利民. 全球战"疫"对世界格局有何影响 [J]. 人民论坛，2020（5）.

社会""有效市场、有为政府"转变，各种社会行为主体出现新发展态势，社会功能及地位发生转变，呈现新的发展特征。

（一）政府主导社会格局松动

计划经济体制下，政府集政治、经济、文化等各个方面的职能于一体，政府权力渗透到社会的各个领域。政府主导社会格局，政社呈一体化格局。在这种政社一体化格局背景下，社会其他主体几乎完全依附于政府，社会成员高度依赖于所在单位，社会人口流动存在困难，社会民众的利益表达渠道形式匮乏。在应对公共危机的发生中，主要以政府力量为核心，其他社会力量的协助参与较弱。伴随着经济政治体制的逐步深化，由政府主导社会的格局也发生了变革，政府构成社会治理中的主导作用，其他社会组织培育壮大。

（二）社区社会组织的培育壮大

改革开放后，我国各种社会组织、社会团体经历了空前发展壮大，社会、经济、政治、文化领域的各种表达渠道更加多元化，人民生活方式随之发生变革。在公共危机治理方面，通过发展、培育社会组织，发挥各类社会组织的积极性，破解公共危机社会治理难题，有助于推动全民共建、共治、共享的社会治理格局形成，促进社会和谐稳定。

党的十八大报告指出，加强社会建设，需加快形成党委领导、政府负责、社会协同、公众参与、法治保障的社会管制体制，加快形成政社分开、权责明确、依法自治的现代化社会组织体制。社会组织作为社会创新管理主体，承载政府转型，提升公共服务水平的平台，衡量社会形态的标杆，需加强和培育社会组织在社会转型中的重要角色。再者，培育社会组织需坚持"放、转、育、管"并重。具体而言，着眼"放"，改革等级制度，打破双重管理体制；着眼"转"，转移政府职能，让渡政策空间；着手"育"，加强组织培育，创造发展条件；着重"管"，规范内部管理，形成监督合力①。

社会组织是国家治理体系中的一支重要力量，是社会治理的重要参与者。在此次新冠肺炎疫情防控中，社会组织积极参与，投身疫情防控，做出积极贡献。如社会组织为疫情防控科学研究提供大量资金和资源支持，支援广大志愿者和社

---

① 潘海生，章斐龙.大力培育社会组织，积极创新社会体制[EB/OL].（2013-01-28）.http://theory.people.com.cn/n/2013/0128/c49154-20345783.html.

会工作者。目前，社会组织参与的领域主要集中在卫生、教育、养老等领域，在发展中这些社会组织面临着资金紧张、人才紧缺，造血能力差，难以开展更多样化、更深层次服务的困境。下一步，加强社会组织融入社会治理，需要进一步提升社会组织能力，加强党对社会组织的领导，支持发展社区型社会组织。同时，对社会组织发展予以更多政策、人员、资金等倾斜，不断提升社会组织服务能力，更好地发挥社会组织在社会治理中的作用。

社区作为社会的基础单元，也是社会治理中的"最后一公里"，社区治理情况关系着社会的发展状况。社区社会组织作为我国城市建设过程中的基层组织，是社区服务的衍生组织，也是社区参与社会治理实践的延伸，在社会治理实践中发挥着重要作用。2019年底以来的新冠肺炎疫情，社区社会组织在抗击疫情过程中扮演着重要角色，社区网格员、社会志愿者组织、社区居委会、业主委员会、物业保安等均在此次疫情防控中扮演着各自的重要角色。1986年，为更好配合城市经济体制改革，民政部首先提出倡导社区服务，旨在以城市居民为对象开展各种类型的福利服务与便民服务。相关规定内容如表3-6所示：

表3-6　社区社会组织社会治理中的相关规定

颁布时间	社区社会组织社会治理相关规定
1998年	1. 我国成立国家民间组织管理局管理社会组织； 2. 国务院相继出台《社会团体登记管理条例》《民办非企业单位登记管理暂行条例》，为社区社会组织的产生提供制度依据。
1999年	民政部在26个城市部分辖区开展社区建设试点。
2002年	第一家由政府成立的枢纽型社会组织——上海普陀区长寿街道民间组织服务中心成立，支持、培育和服务社会组织。
2011年	国务院办公厅印发的《社区服务体系建设规划（2011—2015）》指出每个社区需有5个以上的社区社会组织，给予人、财、物、技术等保障支持[①]。
2016年	中共中央办公厅、国务院办公厅印发的《关于改革社会组织管理制度促进社会组织健康有序发展的意见》提出大力培育发展社区社会组织[②]。
2017年	民政部印发了《关于大力培育发展社区社会组织的意见》。
2018年	我国社区社会组织数量达39.3万个，基层民政部门登记6.6万个，街道和社区管理32.7万个。
2021年	1. 加强党的基层组织建设，健全基层治理中党的领导体制； 2. 完善党建引领的社会参与制度； 3. 健全村（居）民自治机制。

资料来源：作者根据文献资料整理而成。

（三）公众参与力量逐步增强

公众作为公共危机治理的主体，既是保障公众政治参与权利的重要体现，又是提高社会治理效能的重要环节。政府在社会治理中占主导地位，治理理念层面可能在一定程度上制约公众参与的积极性、主动性和有效性。鉴于此，需充分发挥公众在公共危机社会治理中的主体作用，引导其有序参与，从而构建多元主体、相互协作的参与模式。具体而言，第一，公众参与是应对公共危机的客观要求。公共危机关系着我们每个人的切身利益，尤其是在城市地区，公共危机治理难度大，仅依靠政府这一主体应对危机，力量远远不足，这就需要其他社会组织、普通市民等多元主体的积极参与。政府应树立大局意识观，充分调动各方有利力量，充分发挥各主体优势功能，共同应对公共危机治理中的难题。第二，公众参与是政治民主化发展的客观需求。随着社会发展，公民个人的主体意识、民主意识、参与公共事务的意识不断增强。面对公共危机，公众希望能够参与治理过程，能够有表达个人诉求、维护自身利益的机会。此外，随着微信、微博、抖音等新媒体的出现，公众有了更多的诉求表达渠道，也拥有更大的话语权。"碎片化"舆论一定程度上会影响社会舆论走向，甚至产生公共危机社会治理的次生舆论场，因而公众是不可忽视的一股力量。

三、公共危机社会治理变革之道

（一）公共危机协同治理

1.公共危机协同治理的内涵

据文献研究，可借用协同理论、治理理论对危机治理进行研究。其中，协同治理理论作为一种新兴的交叉理论，是协同理论与治理理论的有机协调与融合。协同治理是一种寻找有效治理结构的过程，即协同治理理论是采用协同论的知识基础与方法论以重新检视治理理论的过程。随着公共危机参与主体多元化的变革，公共危机治理应最大限度地调动其他社会资源，拓宽社会参与渠道，发挥其他社会主体在公共危机治理中的功能作用，形成集体渡难关的局面，协调合作应对公共危机，实现社会整体危机治理模式。

鉴于此，公共危机协同治理的概念为：政府与其他社会组织多元主体协同合作，借助信息技术手段，针对潜在的或已经出现的危机，从危机的事前、事中、事后不同阶段采取系列行动，以期有效预防、处理、控制与消弭，最终实现公共利益的最大化的危机应对。具体而言，公共危机内涵可从以下几个维度理解：一是强化政府处理公共危机职能，形成以政府为主导、市场机制弥补、各种资源整合的局面；二是公共危机治理主体呈多元化特征，包含了政府部门及其他社会组织；三是危机治理权威多样性特征，公共危机的协同治理需依靠权威，而这个权威不一定是政府，其他社会危机治理主体也可以在一定条件下发挥其权威性作用；四是危机治理主体间的关系应是自愿、平等、协作，公共危机的处理需要政府与其他社会组织之间形成一种平等协作关系，构建平等对话机制；五是公共危机治理旨在及时有效处理并消除公共危机，由此建立公共危机的应急预防机制，以维护社会公共利益的最大化与社会秩序的安定。周志忍、贾海薇基于对广东省1978年以来，地方治理体制变革的相关研究分析，发现当前地方政府治理体制变革的障碍与困境所在 [①]。

2. 公共危机协同治理的必要性

第一，公共危机特征促使协同治理的必要性。公共危机自身所具有的波及范围广、涉及人员多、传播速度快等特征，决定了处置公共危机所需的人力、物力、财力等资源的相关要求。在风险社会中，公共危机的发生频率逐步上升，公共危机发生领域逐步拓宽，逐渐呈现出多元化特征。公共危机的危害性极强，日益复杂的公共危机给民众的生命财产安全带来严重损害和威胁，对社会稳定造成了严重影响，甚至阻碍社会的进步与发展。据不完全统计，我国一年因生产事故造成的财产经济损失多达2500多亿元，各种自然灾害造成的经济损失多达1500亿元、交通事故方面损失达到2000亿元，因发生传染病的经济损失高达500亿元，因公共危机造成的总额损失高达6500亿元，基本上占我国GDP的6%。全国一年发生各类突发事件500多万起，造成生命财产等多方面直接或间接损失。[②]

第二，协同治理必要性也是政府职能转变的必然要求。转变政府职能，下放政府权力，从政策方面鼓励更多社会力量参与公共事务。政府不再包管包干一切社会公共事务，而是鼓励各种社会力量的参与，提升社会多元主体的参与意识和参与能力，完善参与制度。由此可见，我国政府通过不断调整自身角色，重视各

① 贾海薇，周志忍.地方政府治理变革的困境与行政体制创新的路径——基于广东省的分析 [J].广东社会科学，2016（2）.
② 张伟东，姚建义，田野，等.我国近二十年自然灾害回顾分析 [J].中国热带医学，2009（6）：141-142.

种社会力量在应对和处理公共事务的参与作用，发挥社会力量所具备的不同专业技术优势和资源优势，提供更多平台与机遇，共同推进社会治理。此外，还需要界定清楚政府的管理权限，发挥好政府应有的责任。如在应急管理中，政府应确定正确的价值取向，激发政府的行动能力，贯彻政府的服务理念，从公共利益视角思考如何转变职能，提升政府在应对公共危机中的应变能力。

3. 公共危机协同治理主体间的关系

在政府危机治理能力与社会协同治理方面，国家治理体系和治理能力现代化依赖着强大能力的政府，政府能力位于"策略和绩效之间"，是公共危机有效治理的前提和基础。社会现实中，危机表现形态千差万别。危机是由各种内外部因素相互交织而成的尖锐矛盾，当危机因素累积到一定程度时，经诱发因素触发，突发事件引起的涟漪效应就会导致失态、失控、混乱和无序，从而产生不同的危机结果。危机管理从公共危机内部的不同组成部分、不同功能结构，从无序到有序，强调政府、企业、社会组织、非政府组织等不同主体之间的协同与协调。因而，公共危机治理打破政府这一治理主体的中心管理理念，塑造多样性、多元化的治理主体，注重层层联络、环环相扣，发挥协同效应和技术互补效应。

在政府危机治理能力与社会协同治理的路径选择方面，需要推进协调机制的常规化、制度化的完善。管理主体认真履行其公共管理职能。任何合法的社会组织均应受到政府组织庇护。采用法律制度明确危机治理中不同组织机构以及公民的权力、责任和义务，理顺权力、责任、义务之间的关系，使各主体权责分明；同时，依法设置、依法运行、依法整合多元主体力量，以达到解决公共危机目的。

2006年1月国务院发布了《国家突发公共事件总体应急预案》（以下简称《总体预案》），标志着国家以文件形式正式明确了国务院处置重大突发公共事件的工作原则、组织体系、运行机制与应急保障，也标志着公共危机治理步入了规范化、法治化与制度化的进程。之后，国务院陆续发布了其他9类突发公共事件的专项应急预案，进一步完善了总体应急预案、25项专项预案与80件部门预案联合构成的应急预案框架体系。2007年通过了《中华人民共和国突发事件应对法》，该法针对危机管理机构设置，危机管理机构各职能部门、机构组织运行程序、紧急权的授予规定、社会各阶级与公民权力、责任和义务，政府动员、紧急管制措施、公民参与、危机处理激励措施等相关问题均做出法律界定。同时，各级、各地政府部门针对公共危机事件制定了相应的紧急预防措施以及事后的补救措施。尽管从整体上看，我国危机管理在法律建设上的缺口依然存在，但先有预案，后有法案，从预案到法案的转变，可见我国政府部门应对危机的意识和机制是不断增强和成熟的。之前的各类预案更多的是停留在观念、政策和原则层面，目前是朝着常态化、可操作性的行为规范体系演进；之前对危机管理的职责、权限等方面较为缺乏，现在更多的是将责任到人，责任与权限相匹配，同时借助社会力量的监督，明确对违反相关规定的处罚。

其次，构建协同网络结构，促进社会主体发展。首先，需要进一步优化政府在应对公共危机中的主导作用，协调政府与立法部门、司法部门、其他社会组织、民众等不同主体之间的关系。政府作为网络协同治理的主体，在应对公共危机的治理过程中起着主导作用。其次，政府与企业之间的关系，可由领导与被领导逐步向积极引导企业参与公共事务过程转变，政府不仅在政策上要有所倾斜，还应引导企业自觉投身到公共危机的应对中。如新冠肺炎疫情防控初期，政府号召企业口罩供应，于是在2020年上半年，绝大多数企业毅然投身至口罩生产中，不仅为政府减轻了口罩供给压力，还为企业自身未来发展奠定了基础。此外，对于部分自身存在危机可能性的企业，如煤炭企业、化工企业等，需要在加强企业自身的安全生产建设基础之上，做好应对公共危机事件时与其他社会组织合作提供给物资、技术等方面的支持。再者，政府与社会公众之间主要体现在政府对公众的危机知识教育与培训，为社会公众应对危机发生提供帮助与保障。公共危机发生时，政府需及时发布准确信息，保证公众知情权，安抚公众心理情绪，确保社会稳定。政府与社会媒体之间旨在做好政府对媒体的引导与规范。尤其是官方媒体在公共危机发生之时，需摆正自身位置，及时精准发布官方消息，而不是让小道媒体抢占先机，散播些许非官方甚至虚假消息，扰乱民众视听，进而引起恐慌甚至骚乱。官方媒体应有责任做好政策的宣传者、传递者，做好政府与民间的纽带者。

此外，强化公共危机协同治理的资源保障。首先，健全财政应对公共危机的应急制度。财政支撑作为公共危机应急管理的重要保障，在应对公共危机中承担着重要角色。当前的财政制度体系还存在缺口，只有健全了财政应急制度，才可在公共危机发生时有底气、有实力做好支撑。其次，要做好应对公共危机的急性财政监督制度。公共危机发生时，大多情况紧急，众多日常事务的处理会相应做出些许调整，但并非意味着在公共危机紧急情况下就不再需要规则的约束。如针对应急性财政资金的管理特别需要留意在申领、使用过程中的严格审计监督，做到公共危机应急性财政资金的使用过程规范化、透明化与高效化。最后，政府作为应急管理的主要责任体，必须积极推动社会保险制度的进一步完善，与此同时，积极鼓励商业保险发展，为公众提供多元化的保险选择。商业保险作为应对危机赔偿的补充方式，可在一定程度上承担着风险分担责任。在我国，主要以基本医疗保险、社会养老保险为主，各种商业保险作为补充。农村居民的大病医疗补助保险制度逐步完善，各类商业保险作为补充方式也在应对公共危机中起着愈发重要的作用。最后，要建立应急性的物资储备与使用制度。民政部在 2008 年编制了《自然灾害应急救助物资生产商名录》，用于缓解物资储备不充足、物资储备种类不全等问题的缓解。公共危机发生，需要大量物资来支持这段特殊时期，企业、工厂恢复生产，居民恢复正常生活等，均需要应急物资储备的使用。此外，还需要进一步加强对物资使用过程的有效监督。公共危机发生时，全社会处于特殊的"战时"状态，与"平时"的物资调配使用完全不同，此时往往会出现一些不法行为。这就需要我们及时做好物资的监督和审核，增加物资调配、使用过程的透明度。同时，要求其他社会组织主动参与物资监督与审查，保证整个使用过程的物资透明化与有效性。

公共危机时期人才培养也至关重要，通过对培育为公共危机的应对做好人员储备。公共危机的应对需要进一步重视并发挥人力资源的主观能动性。作为公共危机的承受者与治理主体，想要实现公共危机中的协同治理，必须注重"人"的建设与培养。具体来讲，要进一步重视公共危机专业人才的吸纳与培养，发挥专业人才智慧，建立专家智囊团，为公共危机治理提供专业性知识与技能培训，以此提升公共危机防范意识与应对能力。

最后，需紧跟时代步伐，利用信息化、大数据，做好公共危机的信息管理与数据的匹配、落实。如疫情防控期间，利用技术手段，设置健康码，进入公共场所除了戴好口罩，做好防护，还需验明健康码与部分特殊地区的核酸检测阴性证明，方可通行。再如疫情防控期间利用信息化手段进行流调等。值得注意的是，在利用信息化、大数据手段管控疫情时，也要保护公众信息，防止个人隐私泄露。

（二）公共危机社会治理体系现代化

公共危机的社会治理体系变革现代化，须重视加强国际合作与经验交流。公共危机的发生常常超越地区范围和国家范围，如流感、埃博拉病毒、新冠肺炎疫情，都呈现出爆发时间突然、爆发速度迅猛、爆发方式散点且多聚集的特点。全球化进程加速，使得国家与国家之间的合作已经完全打破界限，多数公共问题不再是某一个地区或者某一个国家单独的责任，而是需要多个国家及地区的共同参与。

针对突发公共危机的应对与处置，既要从国际视角积极开展国家与国家之间的对话合作，实现合作共治，又要根据本国特征，全国一盘棋，完善国家与地方应对公共危机机制，勠力同心，构建新型举国体制。

（三）公共危机的基层治理机制变革

基层政府在危机治理中要扎根于基层，迅速察觉可能会引起社会不安定的因素，察觉不确定性影响因素，加强管理，协同社区组织等社会力量形成基层公共危机的治理网底。而在基层网络之中，社区作为与居民之间的最直接接触者，应对公共危机治理中发挥着不可替代的作用。从 2003 年的 SARS 到 2019 年年底爆发的新冠肺炎疫情，社区作为基层的主要载体，在公共危机事件中的各个不同阶段均发挥出重要作用。如社区网格员在疫情防控期间，对社区实施分片网格化管理，真正意义上将疫情防控的责任落实到人，并从公共危机的事前、事中、事后的各个阶段与社区居委会之间做好协调，切实化解公共危机。

（四）社会公众的危机心理干预与调试

社会公众既是公共危机的直接威胁对象，又是政府等公共组织的核心利益相关者，若在危机出现时，不能及时做好心理干预，可能会发酵，甚至升级为新的危机事件。公共危机中，社会公众主要表现出的社会心理问题包含焦虑、恐惧等负面情绪，流言、谣言广泛传播，以及非理性与反社会行为的出现。当公共危机出现时，公众自身知识的缺乏，必然会引起内心的恐慌与不安，若政府此时无法为民众提供有效精准的信息，民众将缺乏安全感。转念之，若政府部门在平时定期为民众提供如何有效应对公共危机等相关知识的指导或应对危机的培训，则能有效强化公众的危机意识、自救意识，以此降低公众内心的恐慌与不安。反过来，民众内心安稳，也会给政府部门危机处理提供更多支持。

媒体作为公共危机全过程记录的主要载体，在心理恢复中起着极为重要的影响。沃尔特·李普曼（Walter Lippmann）在《舆论学》[①]中指出，社会公众会用媒体信息环境代替客观环境，当危机爆发之后，人们会习惯地运用媒体所传达的信息认识客观环境，并采取适应环境的行动。在公众的公共危机心理恢复过程中，政府处于核心地位，发挥着主导作用，政府在提供公共产品和服务方面，责无旁贷。基于上述原则，政府在社会公众的危机心理干预与调试中必须坚持几项原则：一

---

① ［美］沃尔特·李普曼.舆论学［M］.北京：华夏出版社，1989.

是针对公共危机中受心理创伤的特殊人群，及时实施物资救济，以物资补偿促进社会公众的心理恢复，消除负面影响，帮助特殊人群走出危机。二是通过专业的心理健康管理者对危机受害者（如疫情感染者）进行心理干预，避免危机受害群体产生怨恨和被剥夺感，防止群体负面心理积累对公共危机恢复过程产生负面影响。

（五）公共危机社会治理智能化发展

应对危机的社会治理智能化，主要体现在公共危机协同治理的信息共享机制的建设与完善。公共危机治理信息管理系统显然无法离开强大的信息技术支撑。通过现代网络信息技术的发展与应用，可促进公共危机信息共享，亦可为公共危机治理的开展、处理公共危机的决策制定提供及时有效的信息资源保障。从公共危机信息管理的概念可知，公共危机信息管理旨在借用一定的信息技术手段，对公共危机信息进行收集、处理和利用，进而为公共危机的决策提供方案。公共危机信息管理体系旨在以网络信息技术为基础，有效地将通信设备、指挥调度系统与信息管理系统有机连接起来，并将各地区的危机管理部门、财务、公安消防、医院等相关部门纳入其中，同时及时吸纳各专业性的社会救援组织和志愿服务人员队伍，从而建构一个强大的信息互动平台。

公共危机的发生并非局限于某个单一区域，公共危机所产生的影响也并非局限于某个单一区域。如邹东升教授在其研究中提出了重庆提升城市行动的"五长制＋网格化"的治理模式。信息技术的发展打破了原有的信息孤岛，将原有分散的、碎片化的信息能够重组为一种有效的、积极的信息手段，打破原有的部门、地区、区域的限制，方便、快捷、有效、实时共享信息，为公共危机治理的顺利进行提供信息保障，从而完善信息公开制度。人工智能技术的发展，提高了社会治理智能化水平。在利用人工智能技术进步的同时，须注重法治保障，以技术、法律、制度等保障社会治理的完善。与此同时，在利用信息化、大数据手段解决社会治理问题的同时，应更加注重社会公众个人信息、个人隐私的保护。同时，要求弥补因客观原因造成的信息鸿沟，让人人都能在社会治理过程中分享智能化带来的成果。

第三节　危机应对情境下社会治理法治化的困境与挑战

一、突发公共卫生危机中对社会秩序控制的合法边界难题

（一）突发公共卫生危机中的预警法制

公共卫生危机作为公共危机的主要类型之一，具备公共危机的突发性、影响大等特征。《突发公共卫生事件应急条例》第二条规定："本条例所称突发公共卫生事件，是指突然发生，造成或者可能造成社会公众健康严重损害的重大传染病疫情、群体性不明原因疾病、重大食物和职业中毒，以及其他严重影响公众健康的事件。"突发公共卫生事件涉及预警信息的收集与报告、风险评估与信息规范控制所引发的新发突发传染性疾病、不明原因突发传染性疾病等。国家行政部门、国家卫生健康委员会、国家疾病预防控制中心（CDC）等部门对突发公共卫生事件履行管理职责。按照突发公共危机事件的可能危害程度、严重程度和发展态势，可将应急响应设定为Ⅰ级、Ⅱ级、Ⅲ级和Ⅳ级四个不同等级。在此指导之下，地方各级卫生健康委员会以及各级疾病预防控制中心依法依规履行各自职责。

作为立法者，在应对突发公共卫生危机中，首先需从学理层面知晓其合法边界。具体而言，在学理层面，突发公共卫生危机中的预警制度规定可做这样一个预设前提：在高风险社会中，突发公共卫生事件的风险源往往具有多样性和隐蔽性特征。政府仅依靠科技手段不能完全消除风险源，相反设置科学而健全的突发公共卫生事件预警法制可将突发公共卫生危机事件的风险爆发遏制在萌芽状态[①]。根据"冰山理论"，一起重大事故的发生往往是100起小事故的累加而爆发的。突发公共卫生危机的预警制度，既可被视为突发公共卫生危机的预防与应急准备阶段制度的逻辑延伸，也可被视为应急处置与救援阶段的制度逻辑前提。作为突发公共卫生危机立法者，须对突发公共卫生危机的早发现、早报告、早预防保持敏锐感知，实施必要的行政指导，以期有效实现突发公共卫生危机的应对处置。

---

① 从法律规定而言，虽然突发公共卫生事件主要指传染病，但它们不是同一个概念，前者除了传染病之外，还包括重大食物和职业中毒以及其他严重影响公众健康的事件。但在本书的语境中，如果不做特别说明，它们是同一个意思。

此外，在分析突发公共卫生危机对社会秩序控制的合法边界问题方面，要意识到权利与自由的关系，以及个人权利与公共秩序的关系。权利与自由是相对的，个人权利需以公共秩序的恢复为前提，公共秩序的构建也不可忽略个人权利的保障。如2020年3月疫情防控期间，"澳洲女"不守规矩被惩罚事例。该女子于2020年3月14日入境；15日未戴口罩，外出跑步；17日被拜尔公司辞退；18日被限期离境。不到一周时间，"澳籍跑步女"结束了她在中国的短暂旅程。自由与权利是相对的，个人权利不可扰乱公共秩序。又如我国新冠肺炎疫苗接种遵循"知情、同意、自愿"原则。但在近期，部分地方发布通知称未接种新冠肺炎疫苗（禁忌症者除外）不许进入超市、医院、车站等重点公共场所。这一规定违背了自愿接种疫苗的原则，也违背了平等权。

预警制度在应急法制体系中起着纽带作用，且预警制度类型划分为风险预警和损害预警。其中，风险预警即风险警报，损害预警是指突发公共卫生危机事件已经发生，此时有权主体及时报警，并采取应急措施，以期防止该起小型突发公共卫生事件演变成较大规模，甚至大规模突发公共卫生危机事件。无论是2003年的SARS，2008年的H1N1，还是2019年底的新冠肺炎疫情，为真正实现"预防这种最经济、最有效的健康策略"，健全预警法制十分必要。为有效防止下一次特殊类型突发公共卫生危机事件的发生，必须调整各有权主体在应对突发公共卫生危机事件中的法律责任，提升各主体的灵敏性、适应性与权威性。

（二）突发公共危机中的法治化原则

突发公共卫生危机的法治化原则，主要存在两种关系模式：第一，紧急状态可能在一定程度上对法治秩序存在一定程度的颠覆；第二，紧急状态情况下并未脱离整体性的法治秩序，同时提出特殊要求。从突发公共卫生危机事件的紧急处置权视角着手，在非常规状态下的法治秩序中，公民权利将被加以特殊限制，即国家公权力在紧急处置权下也将被重新配置，须依法进行规范与协调。鉴于此，应对突发公共卫生危机事件需遵循权利保障原则、权力依法行使原则、合理性原则、比例原则、效率原则与信息公开原则等法治化原则。由于突发公共卫生事件具有紧迫性、不确定性、易扩散性等特征，需对突发公共卫生危机事件给予非常规处置。因而，在一些特殊情况下，如面对新冠肺炎疫情，需要运用法治化原则应对处置，一定程度上可确保突发公共危机事件的紧急处置权运作的合法性。

具体而言，首先，法治化原则要遵循权利保障原则。在突发公共卫生危机中，法治化原则的优先秩序自然也随之发生改变。以生命健康权为例，生命权、健康权、生存权是社会公平正义的底线和直观体现。新冠肺炎疫情作为典型突发公共卫生危机事件，在其发生过程中存在严重患者与轻微患者之分、新冠肺炎感染者与其他类型感染者之分，彼时，其他类型感染者需将更多的医疗资源让渡于新冠肺炎疫情感染者。然而，生命权、健康权平等，即在保证新冠肺炎疫情感染者接受全力救治的同时，也要做好其他患者的诊治。此外，在突发公共卫生危机事件的应对中，常面临着知情权、隐私权和紧急处置权之间的冲突。大疫大灾发生时，信息公开和个人信息收集必不可少，一旦涉及个人信息，必然涉及隐私权问题。新冠肺炎患者的个人信息收集须遵循安全原则，履行相应的法律程序，规范突发公共卫生危机事件应对法治预案。权利救济渠道和方式依据制度化程序，负责权利救济的机构须依法定程序开展工作。应对突发公共卫生危机，需要考虑紧急处置权，且在"当机立断"中，从制度层面预先考虑突发公共卫生事件的权利救济问题，并加强事后救济。

其次是权力依法行使原则。"法不授权不可为，法定职责必须为"，这是权力依法行使原则的基本法理。《突发公共事件应对法》《传染病防治法》《生物安全法》等法律法规对突发公共卫生危机的紧急处置权做了相关规定。其中，《生物安全法》指称构建全过程、全链条风险防控体系。按照这些法律法规的要求，各地应对突发公共卫生危机设置相应的预案。

此外，合理性作为法治实施过程中的重要原则，关系到公权力决策和行使的科学依据、自由裁量权边界、权力行使理由等。突发公共卫生危机事件是一项综合性系统工程，需要科学决策、畅通机制与专业机构和专家共同协商解决。依据"法定职责必须为"的原则，应当明确党委、立法机关、行政机关、专业机构等不同主体在决策中的职责，从而依法确定各主体职权，激励并监督各主体用好权力、履行好职责。

效率原则中强调了在突发公共卫生危机中，要把时间效率、防控效率、医疗效率放置于优先地位。一是突发公共卫生危机事件应对机制的启动应及时、迅速、准确。根据《突发公共事件应对法》《传染病防治法》及其配套法规和规范性文件规定，对突发公共卫生危机事件启动相应应对机制。二是将包括医疗资源在内的公共资源倾斜到突发公共卫生事件的应对中。作为公权力机关，则应及时将资源配置形成具有法律效力的制度措施，保障资源的及时有效配置。三是建立健全激励机制。

最后是信息公开原则。非常态情况下的信息公开应具有及时性、准确性和全面性特征。依据《中华人民共和国政府信息公开条例》第十九条："对涉及公众利益调整、需要公众广泛知晓或者需要公众参与决策的政府信息，行政机关应当主动公开。"即要求行政机关应公布突发公共卫生危机应急预案、预警信息和应对措施，从而缩小政府部门和民众之间的信息不对称，避免信息垄断、信息堰塞，进一步遏制谣言满天飞。

二、信访维稳危机中社会矛盾冲突与纠纷法治化解

（一）社会冲突理论在信访稳定危机中的应用

社会冲突理论主要以刘易斯·科塞（Lewis Coser）等人为代表，重点探讨社会冲突的起因、形式、制约因素及其主要影响，是对结构功能主义理论的思考，强调社会的稳定与整合。中国早期信访制度的本质在于，体现主权在民的公共价值取向。信访制度作为实现公民权利表达的重要手段，采用"对接"方式规约公共权力行使，从而扩展人民利益的表达与政治参与空间，调节群众的内部矛盾。信访概念具有狭义和广义之分。其中，狭义的信访概念即"公民、法人或其他组织采用书信、走访、电话、传真、电子邮件等方式，向县级以上各级人民政府相关部门反映情况，提出建议或投诉请求，依法由相关行政机关处理的活动"。信访的广义概念将对象扩大至各级党政机关、人大、司法机关，更加具有主体多元化、表达形式灵活性、反映内容多样化的特征。

（二）信访制度的实施困境

风险社会中信访制度实施的困境主要体现在几个方面：一是定位偏离，二是功能缺失，三是责任失约。具体来讲，1951年颁布的《关于处理人民来信和接见人民工作的规定》，标志着我国信访制度正式确定。信访制度的正式确定，在很大程度上形成了党和政府密切联系群众、贯彻党的政策、群众监督党员干部的主要"接口"，也为了解民意、体察民情、解决社会矛盾、维护社会稳定等奠定了基础和保障。信访制度所具有的人民性、政治性等属性，决定了信访的意义和目的——信访并非仅作为工具层面上的"稳定安全阀"。若仅将信访视为一种稳定社会的方式，往往会造成信访工作的形式化，甚至造成信访目的的偏离。

信访制度自正式确定以来便带有浓厚的政治色彩。然而，自1982年以来，尤

其在 20 世纪 90 年代之后，信访功能逐渐趋于弱化。风险社会中采用法律方式化解纠纷、实现救济的信访活动逐步上升为信访部门的重要任务，而现实中信访功能的失衡与错位，直接导致信访权利救济功能的根基受到质疑。再者，由于信访制度存在立法层次低、相关程序性要求不规范、工作内容复杂等多种因素，规范化、法治化程度不够。鉴于此，一要牢固树立"依法信访"理念；二要通过宣传、警示教育，促进群众信访秩序的维护；三要坚持底线、坚守原则，坚决遏制缠闹访行为，解决合理诉求；四要明确要求信访工作要在各级人民政府领导之下，坚持属地管理、分级负责，即谁主管、谁负责，依法、及时、就地化解矛盾纠纷，通过疏导教育方式与其他方式相结合，降低信访风险，化解社会矛盾，保障人民合法权益。

（三）信访维稳危机困境之解

一是创新信访工作路径。运用社会矛盾指数分析方法，创新维稳危机的工作路径，对于反映社会发展中的突出问题起着显著作用。开展社会矛盾指数研究，形成社会矛盾指数、信访指数、信访法治化与社会健康指数四大评估指数，挖掘信访数据背后的规律，分析信访风险，同时预测矛盾趋势，为政府科学决策提供证据，有利于实现社会矛盾预防化解工作与量化科学研究的紧密结合。

二是运用法治思维化解社会矛盾，促进社会稳定。通过深入学习贯彻习近平总书记关于信访工作重要指示和党的十九届五中全会精神，牢记"为民解难、为党分忧"的政治责任，运用法治思维方式化解社会矛盾纠纷。结合公安队伍教育整顿，对涉法涉诉案件开展深入清查整治。要压实工作责任，对突出信访问题实施挂牌整治，完善"信访＋督察"工作机制，推动落实信访工作责任制。落实好领导包案制，同时强化属地、属事管理责任制，坚持做好分类施策，精准破解难题，降低重复信访率，进一步落实重难点案件化解。

三是依靠多元力量解决信访矛盾。习近平总书记明确指出："维权是维稳的基础，维稳的实质是维权，要求完善对维护群众切身利益具有重大作用的制度，强化法律在化解矛盾中的权威地位。"[1]首先，加强政策供给，如出台、完善、落实相关政策，批量解决重点领域的信访突出问题。其次，健全完善常态化矛盾纠

---

① 　孟建柱 . 新形势下政法工作的科学指南（深入学习贯彻习近平同志系列讲话精神）[N]. 人民日报 . 2014–01–19.

纷排查化解机制，探索创造更多依靠基层、动员群众化解矛盾纠纷的途径和办法。最后，加强组织领导，持续高位推动，加大督促力度，确保专项工作有力有效推进。

四是以人为本，分级分类分区施策，切实解决群众合法合理诉求。要进一步强化落实属地责任，完善制度机制，注重总结经验，坚持和发展新时代"枫桥经验"，努力将矛盾纠纷化解在基层和萌芽状态。信访工作要坚持"三到位一处理"的原则，即信访工作要尽可能实现对诉求合理的解决到位、对诉求无理的思想教育到位、对生活困难的帮扶救助到位、对行为违法的依法处理到位。2021 年 1 月至 6 月，全国检察机关共接收群众信访 481180 件，同比上升 12.7%，较 2019 年同期下降了 4.5%，其中重复信访 155659 件，占信访总量的 32.3%，同比减少 2.5%[①]。

三、统筹安全和发展背景下新时代社会治安综合治理挑战

（一）社会治安综合治理的概念

社会治安综合治理，是在党和政府的领导下，由权力主体机关与社会形成合力，从多视角、多层次、多方式打击违法犯罪，维护国家社会的长久治安稳定。它是我国的一项十分重要的社会政策，并将长期坚持。田小穹认为"社会治安综合治理"旨在社会公众的参与下，各级党和政府部门为了维护社会的稳定协调行动，采用各种合法手段打击破坏治安的刑事犯罪活动的一项系统工程。综上所述，社会治安综合治理被视为一项系统管理工程，需要政府部门、社会多元主体的共同参与、协调行动，并运用合法措施防止严重治安违法行为、打击刑事犯罪活动。其目的在于坚持党的领导之下，采取系列行动，严厉打击犯罪分子，扫黑除恶，保护人民群众生命财产安全，维护社会稳定、团结发展。

（二）新时代社会治安综合治理挑战

传统的社会治安综合治理层面主要存在治安案件屡创新高、矛盾纠纷居高不下等问题。具体来讲，社会治安案件的惩罚力度小、后果轻，治安案件屡创新高。加之我国城乡之间存在较大差异，相较于城市，农村受教育机会更少，引发矛盾之后未采取妥善解决措施，从而引发矛盾纠纷。随着社会的发展，一些新型社会

---

① 最高检.1 至 6 月全国检察机关共接收群众信访超 48 万件 [EB/OL].（2020-01-06）[2021-05-07]. https://www.360kuai.com/pc/90fddb378168ab59f?cota=3&kuai_so=1&tj_url=so_vip&sign=360_57c3bbd1&refer_scene=so_1.

治安问题逐步增加。如互联网犯罪率大幅增加，金融领域犯罪复杂多样，暴力恐袭影响深远。首先，互联网的发展给生活、工作带来了改善，在积极促进的同时，也出现了如网络诈骗、信息诈骗、电信诈骗等违法行为。其次，由于金融领域犯罪性质的复杂性，加之金融犯罪专业化、智能化程度高、藏匿隐蔽，难以被直接发现，给公安、国安等的工作实施制造了极大障碍。再次，暴力恐怖袭击被认为是世界公敌，一方面给受害的国家、地区带来巨大的反恐压力，同时暴力恐怖袭击还会造成群众心理恐慌与长期的心理阴影。

（三）统筹发展和安全背景下新时代社会治安综合治理路径

鉴于上述新时代社会治安综合治理中出现的一系列问题，主要从以下几方面加以缓解和应对。一是加强党的领导。进一步发挥党组织的积极作用，在处理社会治安综合治理方面的问题时，切忌"一刀切"，切忌按照理论模式套用执行，应更多深入基层、社区，通过调查、走访，了解民情、民意，充分掌握各类民事纠纷案件，提升打击力度，制订专项打击计划，为社会治安综合治理的体系健全提供更多保障。同时，要切实落实好对社会治安综合治理后的人民生活水平的调研评估，了解综合治理是否与民众的需求相结合，联系实际情况，确保社会治安综合治理的可靠性、可行性。

二是依靠人民群众的力量强化社会治安综合治理。正所谓"警力有限，民力无限"。鼓励、发动、依靠人民的力量，接受人民群众的监督和指导，深入基层、社区，采用多渠道了解民情民意。同时，给人民群众留下多渠道举报方式与信息提供方式，既要保护好人民群众的隐私，还要从人民群众处获取更多线索。如北京的"朝阳群众"被网友称为"最爱管闲事的市民"，大到刑事案件，小到黑车违法，都是他们的关注点。疫情防控期间，"朝阳群众"同"西城大妈""海淀网友"等基层组织，都真实活跃在抗疫一线，为社会治安综合治理贡献力量。

三是提升与完善法治水平。作为一项长期工作，社会治安综合治理的开展旨在严厉打击犯罪活动，确保一方平安。此外，还要进一步加强法治水平，优化治安管理制度。相比暴力执法，文明执法方式效果更好，也更符合国家可持续发展的理念，对社会的安定团结具有更好效果。如对社会失足青少年实施社会矫正方式，法治教育方式会取得事半功倍的效果。同时，针对广大人民群众积极开展普法教育，进一步提升并完善法律处罚标准、法制执行理念等在社会治安中的综合治理。随着社会的发展，治安管理制度的优化不可或缺。站在人民群众的立场和视角处理社会治安问题，通过官方渠道、媒体渠道进行宣传，依据流程进一步落实社会治理综合治理，保护好人民群众的生命财产安全，具有深刻影响。

四是构建社会治安立体防控体系。2014年中办、国办出台《关于加强社会治安防控体系建设的意见》（中办发〔2014〕69号文），要求从顶层设计绘制我国社会治安防控体系建设的宏伟蓝图。经过近几年的不断努力，在社会治安防控体系建设方面取得了长足进步，人防物防技防联防体系建设不断加强。然而，针对风险社会，依然需要运用法治思维、创新思维，重构立体化社会治安防控体系。具体而言，首先，治理强调多元协同、多方互动、共建共享。依据（中办发〔2014〕69号文）提出的加强社会重点行业、镇街和村居、机关和企事业单位、信息网络等方面的立体化防控体系构建的要求，应注重加大引导和激发各种社会组织和公众的积极主动参与。其次，要运用法治思维规范社会治安防控体系重构。运用法治思维，发挥法治的引导、规范作用，依法推动社会治理、化解社会矛盾、维护社会稳定。然后，提高立法的地方化、科学化与民主化水平。做好公检司法、行政部门等跨部门协作，深化司法体制改革，加强法律知识的宣传、教育，以创新思维完善社会治安防控体系重构。再者，以效率促治理，利用现有资源，打破条块分割，运用信息化、大数据、云计算等方式，提升立体防控体系水平；此外，拉动基层和群众的社会治理参与积极性、主动性和创造性，法理与情理资源相互融合，共同促进、增强社会综合治理能力。最后，加快天网工程、农村雪亮工程建设，多关注农村老年人、留守儿童安全问题，严厉打击非法集资、电信诈骗。

四、公共危机应急处置的网络舆情引导

（一）网络舆情的意涵

"舆情"一词在唐朝早有出现，用于诠释当时的民情民意[①]。唐朝诗人李中曾用"格论思名士，舆情渴直臣"阐释了独到的见解多源于社会有识之士，而普通老百姓的诉求则通过敢于直谏的贤臣向上传达。为更清晰地理解"舆情"与"网络舆情"的意涵，现将"舆论""舆情"进行辨析。"舆论"指社会民众参与社会生活过程中所产生的一种社会政治态度，它集合了公众的意见。"舆情"更多

---

① 王来华,林竹,毕宏音.对舆情、民意和舆论三概念异同的初步辨析[J].新视野,2004(5）:64-66.

指群体性的意识、思想、意见和要求的综合表现。现代社会，互联网新兴技术飞速发展，"网络舆情"一词广泛被运用，称对社会某一事件的网络关注和舆论热议。

随着众多学者对"网络舆情"的研究深入，网络舆情的意涵也有了深层次的理解，指称在社会发展进程中，在一定的社会空间范畴内，网络围绕着社会事件的发生、发展和演变，作为社会舆情在网络空间的延续和映射，社会公众对于公共问题的认识，对管理主体应对社会事件方式所产生和持有的社会政治态度、个人价值观。网络舆情也是社会公众有关各类社会现象和社会问题所表达的信念、态度、意见和情绪的综合反应。

（二）公共危机网络舆情风险的特点

公共危机引发的网络舆情风险，一方面是因为公共危机本身的不确定性、复杂性、动态性引发的社会关系的变化导致了舆论生态失衡，另一方面在于公共危机事件的传播性质本身与时代特征相关。具体来看，一是公共危机舆情传播具有突发性。互联网载体极具开放性、交互性、虚拟性等特征，在信息纷繁复杂的网络时代中，舆情的导火索中存在不可预判性，难以控制。加之，公共危机信息发布时间与发布方式加速舆情发展，会在较短时间内将舆情发酵至热点。二是公共危机舆情走向的多变性特征。在全媒体时代，多元化的信息传播方式缩短了社会网络之间距离，信息传播速度迅猛，甚至出现媒体、网民的叠加传播，不断增加舆情内外变量。三是公共危机舆情传播的变异性。公共危机网络舆情传播具有主体多元化、隐匿性、信息传播的门槛低等特征，在一定程度上导致公共危机网络信息的权威性、可靠性和真实性大打折扣。而各舆论主体为了满足不同信息客体的需求，存在负面消息传播的现象，导致信息传播失真、失准、失范甚至失态。

（三）网络舆情政府治理责任法律依据

习近平总书记结合当前的国际局势与国内发展状况，提出了契合国际国内新形势、新情况、新问题的"总体国家安全观"，以积极应对中国面临的各项风险。加之，政府在网络舆情引导工作中处于主导地位，近年来，有关政府网络舆情治理方面的法律制度规定得以确立。

表 3-7　网络舆情政府治理主体责任的法律依据

颁布时间	法律名称	主要内容
1989 年 2 月通过 2004 年 8 月修订 2013 年 6 月修订 2020 年 10 月修订	《中华人民共和国传染病防治法》	国务院卫生行政部门应及时向国务院其他有关部门和各省、自治区、直辖市人民政府卫生行政部门通报全国传染病疫情以及监测、预警的相关信息。毗邻的以及相关的地方人民政府卫生行政部门，应当及时互相通报本行政区域的传染病疫情以及监测、预警的相关信息。县级以上人民政府有关部门发现传染病疫情时，应当及时向同级人民政府卫生行政部门通报。中国人民解放军卫生主管部门发现传染病疫情时，应当向国务院卫生行政部门通报。
2006 年 2 月	《国家突发公共卫生事件应急预案》	县级以上人民政府要组织有关部门利用广播、影视、报刊、互联网、手册等多种形式对社会公众广泛开展突发公共卫生事件应急知识的普及教育，宣传卫生科普知识，指导群众以科学的行为和方式对待突发公共卫生事件。
2007 年 4 月	《中华人民共和国政府信息公开条例》	各级人民政府及县级以上人民政府部门应当建立健全本行政机关的政府信息公开工作制度，并制定机构负责本行政机关信息公开的日常工作。行政机关应当及时、准确公开政府信息。行政机关发现影响或者可能影响社会稳定、扰乱社会管理秩序的虚假或者不完整信息的，应当在其职责范围内发布准确的信息予以澄清。
2007 年 4 月；2019 年 4 月修订	《中华人民共和国政府信息公开条例》	第五条："行政机关公开政府信息，应当坚持以公开为常态、不公开为例外，遵循公正、公平、合法、便民的原则。"第六条："行政机关应当及时、准确地公开政府信息。行政机关发现影响或者可能影响社会稳定、扰乱社会和经济管理秩序的虚假或者不完整信息的，应当发布准确的政府信息予以澄清。"
2015 年 7 月	《国家安全法》	第二十五条强调政府应"加强网络管理，防范、制止和依法惩治网络攻击、网络入侵、网络窃密、散布违法有害信息等网络违法犯罪行为，维护国家网络空间主权、安全和发展利益"。
2016 年 11 月	《网络安全法》	第五十条："国家网信部门和有关部门依法履行网络信息安全监督管理职责，发现法律、行政法规禁止发布或者传输的信息的，应当要求网络运营者停止传输，采取消除等处置措施，保存有关记录；对来源于中华人民共和国境外的上述信息，应当通知有关机构采取技术措施和其他必要措施阻断传播。"

资料来源：作者根据文献资料整理而成。

第四章　危机应对情境下社会治理法治化的攻关重点

公共危机是自然性、社会性和制度性因素发挥单一或综合作用而导致的压迫人类自由生存空间、破坏社会秩序、威胁公共安全和制度规范的公共事件，一般涉及自然灾害、公共卫生和公共安全等领域的突发事件与公共危机。在现代风险社会背景下，危机是风险的派生种类，风险本身并非危机，但具有一定的转化性，风险应对不力则很可能会产生危机。风险治理与危机应对是社会治理的核心内容，也是社会和谐稳定的重要基石。将风险治理与危机应对纳入法治化轨道，以法治思维和法治方式治理危机是社会治理中成功应对各类风险与危机的重要机制。危机应对情境下社会治理法治化的攻关重点是需完善公共危机应对中的社会治理体系建设，构建起多元主体协同共治的社会治理体系。此外，还可从危机全周期视角和政府纵向权力结构出发，依托现代信息技术创新危机治理机制，最终实现社会风险和公共危机的良性之治。

首先，面对复杂的风险与危机，依靠单一主体力量已无法满足危机治理的需求，为此需吸纳多元治理主体以构建危机应对的多元社会治理体系，在党的全面领导和政府负责下，社会组织和公众协同参与危机治理，构建共建共治共享的危机治理格局。其次，危机管理作为社会治理体系的重要组成部分，针对特定环节的治理方式在处置复杂的危机问题中具有一定的局限性，因此可从危机全周期管理视角出发，实现监测预警、发生预控、应对处置、恢复重建各环节的全流程、精细化危机治理，构建完整的危机管理链条和完备的韧性危机治理体系。再次，我国政府纵向间权力关系结构对社会治理体系的建构具有重大影响，风险危机的交织叠加使市域、街道与乡镇、社区与乡村等各治理层级需要开展协同分工，将复杂交织的风险危机化整为零，搭建起危机应对的纵向社会治理体系。此外，当代社会既是风险社会也处于信息化时代，社会治理借助其完备的资源要素和治理网络，通过搭建和运用智能化的治理平台和工具可有效探索风险社会治理和信息技术的深度融合，构建起社会风险治理的信息化体系。同时，应注意到智能技术嵌入社会治理所面临的诸多风险，需进一步强化风险防范与依法规制。

第一节　完善公共危机应对的社会治理体系建设

由于各类突发事件、公共危机对社会秩序和公众生活构成了严重威胁和影响，单纯依靠党委与政府自身的治理已无法完全适应风险社会中公共危机治理的需求，还需调动社会组织、公民等多元社会主体参与危机治理的积极性、主动性和创造性，并通过社会治理多元主体的共同行动以增强整个社会系统对各类危机与风险的反应、协调和处置等应急能力。在现代高风险社会中，创新社会治理体系与治理能力，形成公共危机应对中共建共治共享的社会治理体系与有序的社会治理格局是新时代危机管理的新需求。党的十九届四中全会通过的《决定》中提出完善党委领导、政府负责、民主协商、社会协同、公众参与、法治保障、科技支撑的社会治理体系，建设人人有责、人人尽责、人人享有的社会治理共同体。社会治理法治化体系具体包括党委领导社会治理法治建设、政府依法行政和推进社会治理法治化、社会组织自治和参与协同共治和公众有序依法参与社会治理等。

将公共危机治理纳入社会治理视域，构建具有中国特色的突发重大公共危机社会治理法治化体系可进一步调动党委、政府、社会和公众等各方力量，形成规范有序的社会治理格局，最终推进高效能、法治化的公共危机社会治理体系的建设。在具体的公共危机应对情境下，本节围绕将党对应急管理工作的领导纳入法治轨道、政府行政应急措施的运行及其法律控制、紧急状态下行政比例原则的运用、社会动员开展与社会冲突化解的法治路径和公民权利的限制、保障与救济等主题开展讨论。

一、党的全面领导与依法执政：党对应急管理工作的领导纳入法治轨道

党委领导是社会治理体系的核心构成要素，也是应对公共危机和开展应急管理的核心领导力量，特别是在面对突发事件时，党的全面领导具有强大的统筹协调力、社会动员力和组织保障力。我国宪法确定了中国共产党的领导地位。中国共产党的领导是中国特色社会主义最本质的特征，也是全面推进依法治国、加快

建设社会主义法治国家最根本的保证。在一般情形下，党的领导是一种宏观层面的整体把握，即主要通过制定大政方针，提出立法建议，推荐重要干部，开展思想宣传等方式发挥党组织和党员的作用，坚持依法执政。[①] 具体而言，作为党治国理政的基本方式，依法执政注重发挥法治在国家治理和社会治理中的重要作用，使党的主张通过法定程序成为国家意志，使党组织推荐的人选通过法定程序成为国家政权机关的领导人，通过民主集中制原则维护党和国家权威，并支持国家权力机关、行政机关、审判机关、检察机关、监察机关依照宪法和法律协调一致开展工作。本质上，依法执政就是要求党不断推进国家政治、经济、文化、社会生活的制度化、规范化，以法治理念、法治体制和法治程序领导人民有效治理国家。[②] 在应急管理工作中，党的全面领导与依法执政体现在党对应急法治体系的领导以及党对应急管理领导体制与机制的法治化。

（一）党领导应急法治体系建设与完善

如前文所述，就本质而言，党的领导主要是在宏观层面"把方向、谋大局、定政策、促改革"的整体把握，而非微观层面对所有事物的"包揽"。[③] 习近平总书记在中央全面依法治国委员会第一次会议上强调："推进党的领导制度化、法治化，既是加强党的领导的应有之义，也是法治建设的重要任务。"[④] 在应急法治中，坚持党的集中统一领导并融入相关法治体系中，能够实现党对重大突发事件应对的统一指挥、统一协调和统一调度，从而体现党的全面领导下，集中力量办大事这一制度在突发事件和公共危机关头具有的重要价值和巨大的优越性。由此，强化党的全面领导和依法执政是战胜公共危机的根本保障，也进一步彰显了我国国家治理的制度优势，具有深刻的历史和现实必然性。

在应急管理中，为了预防和控制重大安全风险、维护社会稳定，党的领导主要体现在领导国家和社会力量控制与消除因危机引发的社会危害，且在事关总体布局和重大制度安排相关法律法规的立法中确立"党的领导原则"，包括统筹部

[①] 李君如. 从"全面领导"看中国共产党领导力 [N]. 北京日报，2018-08-20.

[②] 包含党对立法工作的领导，支持和保证国家行政机关依法行使职权，加强和改进对政法工作的领导等。

[③] 付高生. 新中国 70 年党政关系的演进历程与基本经验 [J]. 中共宁波市委党校学报，2019（6）.

[④] 习近平. 加强党对全面依法治国的领导 [J]. 求是，2019（4）.

署涉及应急体制机制、应急处置措施与相关法律责任，以及具体针对不同种类突发应急工作的相关法律法规。① 关于党的领导融入应急法律体系的具体模式，主要存在抽象性的宣示条款规定和宣示条款附加规定党的领导体制机制条款两种模式。而在应急管理中，更应采用宣示条款附加党领导体制机制的条款模式，即除在法律总则部分抽象规定"党的领导原则"外，还应增加一个体制机制条款，对党的领导机构的职权做出概括性规定。②

（二）党对应急管理领导的体制与机制法治化

党在领导开展具体的应急管理工作时，依法执政体现在推进党对应急管理领导的体制与机制的法治化。首先，在领导体制中，党的领导组织在应急管理和危机治理中发挥着举足轻重的作用。公共危机或突发事件发生后，依据相关法律规范，通常由党委主要负责人担任应急委或安全委员会主任，设立党委公共安全应急管理委员会以统领应急管理和应急处置工作，协调安全生产、公共卫生应急、社会治安等专项决策议事协调机构，并迅速建立统一调动、上下协同、运行高效的应急指挥体系。以 2020 年年初爆发的新冠肺炎疫情为例，在疫情爆发初期，党中央印发《关于加强党的领导、为打赢疫情防控阻击战提供坚强政治保证的通知》等规范性文件，充分发挥党总揽全局、协调各方的领导核心作用。在具体行动中，

---

① 作为一项系统工程，应急管理法治体系既包括《突发事件应对法》《传染病防治法》等法律，也包括《突发公共卫生事件应急条例》《安全生产事故应急条例》等行政法规，还包括地方性法规和司法解释等，形成了种类多样、层级丰富的规范体系。其中，《突发事件应对法》是我国目前突发事件应急领域的主干性、基础性法律，关系我国应急工作的整体布局，因此，有必要抽象确认"党的领导原则"，这也是坚持党对应急工作领导的本质特征。而《传染病防治法》等主要针对某个种类突发事件应急工作的性质和特点，进行分类布局谋划，具有较强的基础性、主干性，因而有必要写入"党的领导原则"。

② 基于此，为了强化党对应急工作的领导，需要及时总结和固化突发事件应对的实践经验，在修订《突发事件应对法》时增设两个条款，明确规定"坚持中国共产党对国家应急工作的领导，建立集中统一、高效权威的中央应急领导体制"，以及"中央应急管理工作委员会负责国家应急工作的决策和议事协调，研究制定、指导实施国家应急战略和有关重大方针政策，统筹协调国家应急重大事项和重要工作，建立军地联动长效机制；必要时，中央可以派出工作组指导应急工作。地方各级党委在党中央的统一部署下，建立本地区的应急领导机构"。参见欧爱民，向嘉晨.应急领域强化党的领导的法治路径——以党规与国法的统筹推进为视角 [J].学习与实践，2020（9）：28.

为应对新冠肺炎疫情，中共中央政治局常务委员会召开会议，成立了疫情工作领导小组，指导地方政府有序开展疫情防控工作。有学者指出，党的领导在公共卫生应急法治中具有决定性作用。[①] 在疫情防控期间，如派驻中央指导组、地方服从中央统一领导、党政机关合署防控等模式都是党的全面领导在依法防控工作中的重要体现。

其次，党依法推进应急管理领导的法治化体现在对违法防控事件的惩处和对政治素质低下、危机治理能力缺乏等失职领导干部的依法问责上，这也是党管干部的重要机制。在新冠肺炎疫情防控期间，大量公职人员因疫情防控不力而被政治问责、法律问责与岗位责问。在危机治理中被依法问责的领导干部主要表现为临阵脱逃、擅自离岗和责任不落实等不作为行为，应急防控行动迟缓、应急措施落实不严不实、应急处置不力等慢作为行为，违法采取应急措施如违法扣押防疫口罩、违反应急防控统一指挥调度、擅自改变上级防控相关制度等乱作为行为，应急措施流于形式、防控工作造假等假作为行为等。除依法问责机制外，党对应急机制领导法治化还体现在依法领导决策指挥机制、社会动员机制、联防联控机制[②]、组织保障机制等。以依法领导决策指挥机制为例，在突发事件发生后，党依法开展统筹协调与应急指挥的工作，并在必要时成立跨地区、跨部门、跨层级的应急处置临时党委指挥机构。同时，在危机发生后，党领导的组织能吸取风险挑战和突发事件的经验教训，查找工作和体制机制上的漏洞，及时予以制度化的完善。[③]

二、政府负责与依法行政：行政应急措施与行政比例原则运用

在社会治理体系中，政府是核心治理主体，而政府负责与依法行政则是社会

---

① 孟鸿志. 以习近平法治思想推进公共卫生应急法治体系建设 [J]. 南京社会科学，2021（03）：3.

② 在危机发生后，各级党委和党组织充分发挥广大党员和干部的先锋模范作用，不仅在危机第一时间介入处置，通过社会动员整合社会与公众的力量，充分调动各类应急资源参与危机治理，创造性地将市场与社群力量整合到防控治理的组织结构中，将"群防群治"组织形式纳入法治轨道。一方面，发挥基层党组织在基层应急指挥系统、应急救援中的主心骨作用，另一方面，发挥乡镇（街道）、村（社区）党组织属地管理作用，必要时在危机状况下设立临时党支部，整合各方力量下沉到基层，带领各方应急队伍和基层群众开展应急处置工作。

③ 李雪峰. 坚持党对应急管理工作的全面领导 [J]. 中国应急管理报，2020（12）.

治理体系法治化重要的组成部分。在危机应对情境下，政府是行政应急措施的法定主体。依据《突发事件应对法》第七条规定，县级人民政府对本行政区域内突发事件的应对工作负责。突发事件发生后，发生地县级人民政府应当立即采取措施控制事态发展，组织开展应急救援和处置工作，并立即向上一级人民政府报告，必要时可以越级上报。第九条规定，国务院和县级以上地方各级人民政府是突发事件应对工作的行政领导机关，其办事机构及具体职责由国务院规定。由这些法律规定可知，国务院和县级以上地方人民政府是行政应急措施的法定主体。

在 2020 年新冠肺炎疫情爆发期间，政府为在最短时间内化解危机、维护社会秩序，通常会采用诸如"封城、封路、强制隔离、停止公共交通运营、强制征收、责令停产停业"等限制公民、法人或其他组织权益的相关行政应急措施，行政权力的行使范围延伸至诸多私权领域。对此，公众往往保持了较高的服务义务和容忍限度。如何确保行政应急措施既能有效应对突发公共危机、维护社会秩序和保护公共利益，又能最大化地保护公民、法人或其他组织的合法权益是危机应对情境下社会治理法治化中政府依法行政的重要研究主题。本小节以应急征用措施为例，阐述行政应急措施的运行及其相关法律控制、行政应急措施的可诉性和紧急状态下行政比例原则的运用。

（一）应急征用权限的运行及其法律控制

公共危机应对情境下的应急管理是常态行政的例外状况，由于存在基于特殊而紧迫的公共利益需求，法律过程性控制程度降低，法律结果导向明显。应急征用是指在突发事件中，政府基于公共利益的需要对公民、法人或其他组织的财产权、知识产权等暂时取得占有和使用的权利并在事后予以返还或给予补偿的行为。[①] 作为危机与应急特定情形下的行政征用，应急征用可强制性地取得行政相对人的财产使用权。2011 年 6 月通过的《中华人民共和国行政强制法》第三条第一项规定："发生或者即将发生自然灾害、事故灾难、公共卫生事件或者社会安全事件等突发事件，行政机关采取应急措施或者临时措施，依照有关法律、行政法规的规定执行。"在我国现有的法律体系中，"突发事件"是应急征用权行使的法定情形。《突发事件应对法》明确了应急征用行为的启动时机和权限依据，该法第十二条规定有关人民政府及其部门为应对突发事件，可以征用单位和个人的财产。

---

① 林鸿潮，刘文浩 . 紧急征用有原则有限制 [J]. 中国应急管理，2020（4）.

在 2020 年新冠肺炎疫情防控中，中央和地方政府为应对公共卫生危机，调动了大量的人力和物力，临时征用了大批物资。但现行法中相关法律依据的模糊和缺失，使得实践运行中就应急征用权限的主体、范围内容等引发了相关的制度实施争议，甚至产生了应急征用权的合法性危机。本小节围绕应急征用权限的法定主体、征用范围与程序开展相关探讨。

1. 应急征用权限的法定主体

应急征用权限的法定主体是探讨在法律上应急征用权的配置问题，这也是应急法治的逻辑起点。《突发事件应对法》第七条和第十二条规定，县级以上"有关人民政府及其部门"是应急征用权限的法定主体。但在细化的第五十二条规定中，应急征用的主体为"县级以上地方人民政府"。由此，相关部门是否能成为应急征用的主体是理论和实务的争议话题，即对"县级以上地方人民政府"应做扩大解释还是缩限解释。一类主张"部门排除说"，即认为应急征用并非某个政府部门可实现，应将部门排除在应急征用主体之外，需依靠政府统一指挥和调度，由此"人民政府"才是应急征用主体，主要的理由是同位阶的法律规范中特别法优于一般法，特殊规定优于一般规定。[①] 具体而言，作为第四章中特殊规定的第五十二条的适用优于总则条款中第十二条的一般规定。

另一类对"部门排除说"提出反对意见，认为《突发事件应对法》第五十二条并不能成为缩限"县级以上地方人民政府"的缘由。因为其与第十二条规定的事项不一致，无法适用特殊规定优于一般规定的原则。《突发事件应对法》第五十二条仅适用于"应急处置和救援"的特殊规定，但第十二条作为总则的部分是适用于突发事件全过程，包括"预防与准备""检测与预警"等不同阶段。由此，仅在"应急处置和救援主体"排除地方政府的职能部门并非意味着可在应急全过程排除职能部门。基于上述讨论，本书认为，应急征用法定主体中"县级以上地方人民政府"可以《突发事件应对法》的第十二条获得征用授权，同时依据部分特殊应急场景的需求，由专门法授权的应急职能部门也可以成为应急征用的法定主体。

2. 应急征用的行使范围

在征用范围上，《突发事件应对法》第十二条和第五十二条规定了应急征用是针对单位和个人的财权"使用权"，可以是"设备、设施、场地、交通工具和

---

① 张亮.应急征用权限及其运行的法律控制 [J]. 政治与法律，2020（11）：79.

其他物资"等有形的动产或不动产，但对于特殊财产是否纳入征用范围并未有明确规定，如口罩等消耗性产品、过境物资、国有资产等。可以明确的是，依据现有法律规定，县级以上的政府有权征用不涉及人身自由的财产性权益，包括劳务、生产、服务等内容，涉及劳动力征用的需通过组织内的人事动员或通过签订协议的方式来实现，但不可涉及人身自由限制的强制事项。那么针对特殊性财产是否可纳入征用范围存在较多争议。一是针对口罩等消耗性物资，由于消耗品一经使用便注定销毁，其不属于可作为限制使用权的对象，①由此可否将其纳入征用范围？需注意的是，征用消耗品并未改变财产的所有权属性，消耗品在事实状态上被使用和在法律状态上被征用是不同的，征用消耗品依旧只是征用使用权而并非改变所有权，且对其权利保障的救济机制仍可通过"损毁、灭失"的征用补偿机制实现。因此，笔者认为口罩等消耗性产品可纳入征用范围。

针对过境物资的探讨需要反思应急征用的使用区域。2020年2月，大理市违法扣押征用途经大理的外省市防疫口罩，其中涉及的政府跨省征用合法性问题也引发了实务和理论界的广泛探讨。②《突发事件应对法》第七条规定了"属地管辖原则"，《传染病防治法》第四十五条规定国务院有权在全国范围内跨区域调拨和征用物资，地方政府只能在本行政区域内行使征用权。对于过境物资，现行法律并无明确规定地方政府是否有权限征用，用何种标准可判断过境物资是否可纳入征用对象？一类观点认为应以权利人属地为标准判断征用的适用区域，那么征用过境物资则被视为跨区域征用行为，只能由国务院来实施征用，因此疫情防控期间部分地方政府征用过境物资显然属于越权违法行为。另一类观点认为"过境物资"在"过境"这个时间节点上恰好位于地方政府的行政管辖区域范围内，而法律并未明确禁止地方政府能否征用，应以被征用财产所在地而非财产权利人的

---

① "限制强度说"认为，我国法律将征用理解为"对使用权的临时限制"，如果对使用权的限制时间超过通常意义上的"临时"界限，或对使用权的限制强度过大，最终侵蚀财产的所有权，即对财产所有权构成实质意义上的剥夺。从法律效果来看，这就构成我国法意义上的征收。参见刘连泰.疫情防治中的征用问题：以甲市征用乙市口罩案为例[J].财经法学，2020(3).

② 2020年2月6日下午，云南省委宣传部消息称，针对大理市征用疫情防控物资予以通报批评，责令立即返还被征用的物资。在此之前，包括重庆在内的多地以红头文件形式向大理市致函，要求对后者查扣的口罩等防疫物资予以放行。大理市应对疫情工作指挥部发布消息称，对于前期暂扣口罩一事致歉，并声称已兑付征用补偿款，同时与重庆方面达成共识，将对暂扣口罩予以全部放行退还。

住所属地作为征用权行使区域的判断标准，由此认为本行政区域内的过境物资可成为征用对象。两类相反的观点均值得进一步商榷，但现有学界研究者多数将地方政府征用过境物资视为越权的违法行为。

3. 应急征用的行使程序

对于应急征用的程序性规范，《突发事件应对法》第十二条的相关规定缺乏基本法定程序，无法抵御在征用的过程中可能发生的权利侵害和权力滥用的风险。由此，需进一步对最基本的程序性要求做补充规定。应急征用实施的基本法理程序规定包括征用审批、决定送达、清单登记、财产返还和补偿等环节。首先，征用审批作为内部行政行为是应急征用程序合法性的必要前提，其次，决定送达也是应急行政机关的基本程序义务。尽管在危机或突发情境下，应急征用主体常无法在征用实施前送达书面决定，但这并不意味着该环节是不必要的，相反即便事前无法送达相对人也应在公示环节事后及时补送相关决定，且决定的内容应包含征用事由、职权依据、救济权利等。此外，对征用内容以清单形式登记、制作和保存是征用行为合法的程序保障，也是作为被征用对象的补偿依据。最后，在财产返还和补偿环节，依据《突发事件应对法》的相关规定，行政相对人主张的请求权既包括对财产主张的原物返还请求权，也包括对被使用、折旧或产生其他损失的补偿请求权。而无论是财产的返还还是补偿都是征用主体应履行的法定义务，在程序上的体现是由征用主体主动通知行政相对人来申领补偿。

（二）行政应急措施的可诉性分析

对于以应急征收为代表的行政应急措施是否属于可诉的行政行为，目前最高人民法院尚未出台相关司法解释。但在一些地方司法实践中部分法院将行政应急性原则视为判断行政应急措施不具有可诉性的理论依据，认为行政应急措施是不可诉行政行为而不将其纳入行政诉讼的受案范围。[1]那么应急性原则能否作为应急措施而不具有可诉性的理据呢？作为一项具有行政法学理上的原则，应急性原则在现有的应急法律中并未得到明确宣告。最早在行政法基本原则中得到确认是在罗豪才教授1988年主编的《行政法论》和1996年主编的《行政法学》中，其认

---

[1]　2019年11月18日，浙江省高级人民法院做出（2019）浙行终1427号行政裁定书，明确"为维护社会稳定，被上诉人（宁波市奉化区人民政府，原审被告）对上诉人（浙江兴润置业投资有限公司，原审原告）采取特定的应对处置行为及工作举措，不属于行政诉讼受案范围，依法应不予受理，已经受理的，应裁定驳回起诉"。

为应急性原则是合法性原则的例外，即行政机关可在特殊的紧急情况下，出于国家安全、社会秩序或公共利益的需要，采取没有法律依据的或与法律相抵触的应急措施，该行政行为被视为有效行政行为。[1]该观点在行政法实务和司法实践中产生了广泛的影响，部分法院沿用该观点认为应急性原则不受行政合法性原则的约束，由此法院无法作为行政行为合法性审查的主体。

在新时代治理体系治理能力现代化的背景下，应急性原则与行政合法性原则之间的关系是否有所改变？部分学者如戚建刚认为新时代应急性原则将无法再被视为应急措施具有不可诉性的理据。[2]21世纪以来，应急性原则在行政法理论中特别是在权威教科书中均未被列为行政合法性原则的例外，同样在实务中应急性原则也未被列入依法行政的基本原则中。伴随以《突发事件应对法》为基础的行政应急法律体系的建设和完善，我国已形成了涵盖自然灾害、事故灾害、公共卫生事件和社会安全事件等不同领域的上百部法律规范体系。[3] 由此，行政机关在突发事件中采取的应急措施也需要遵守相关法律规范，这也体现了行政合法性原则中关于"法"的新内涵即合法性原则也应约束行政应急活动。在突发事件和危机应对情境下，地方人大也会制定相应的地方性法规授予与规范地方政府临时性的应急行政措施的权限，从而确保危机治理依法有序展开。[4] 总结而言，应急性原则将不再是行政合法性原则的例外，其不仅需要依据应急法律规范履行职责、受到行政合法性原则约束，也需遵循相应的行政比例原则。

因此，应急性原则不能作为判断应急措施不具有可诉性的学理依据，但这也

---

① 参见罗豪才. 行政法论 [M]. 北京：光明日报出版社，1988：32-35；赵颖. 对行政应急性原则研究的回顾与展望 [J]. 行政法学研究，2005（4）：6.

② 戚建刚. 应急措施的行政法探讨 [J]. 人民检察，2020（9）：55.

③ 比较重要的行政应急法律规范有：《国防法》《兵役法》《人民防空法》《防洪法》《传染病防治法》《破坏性地震应急条例》《地质灾害防治条例》《危险化学品安全管理条例》《突发公共卫生事件应急条例》《核电厂核事故应急条例》《草原防火条例》等。

④ 以浙江省应对此次新冠肺炎疫情为例，2020年2月7日，浙江省第十三届人大常委会第十八次会议表决通过《浙江省人民代表大会常务委员会关于依法全力做好当前新型冠状病毒感染肺炎疫情防控工作的决定》（以下简称《决定》）。《决定》授权县级以上政府规定临时性应急行政管理措施的权力。县级以上政府可以在不与宪法、法律、行政法规相抵触，不与本省地方性法规基本原则相违背的前提下，在医疗卫生、防疫管理、隔离观察、道口管理、交通运输、社区管理、市场管理、场所管理、生产经营、劳动保障、市容环境、野生动物管理等方面，规定临时性应急行政管理措施。

并不意味着所有的应急措施都属于可诉行政行为并接受法院的司法审查。那么属于可诉行政行为的应急措施的范围如何考量？依据我国行政法关于可诉行政行为的一般法理，应从行政行为的法律属性出发判断行政行为是否属于可诉行政行为，从类型化的思维方式着手，在多种应急行政措施中，依据效力是否具有普遍性可以将应急措施分为具有普遍约束力的应急措施和不具有普遍约束力的应急措施。《行政诉讼法》第十三条规定，针对不特定公民、法人或其他组织颁布的可反复适用的应急法规、规章和规范性文件等具有普遍约束力的应急措施具有不可诉性，不属于法院行政诉讼的受案范围。为应对突发事件行政机关（实践中通常是市级层面以下的地方政府）针对特定的公民、法人或组织做出的可影响其特定权利和义务的行政决定或命令等不具有普遍约束力的应急措施，可运用排除法判断其是否属于可诉行政行为，即若其不属于《行政诉讼法》第十三条所规定的四种不可诉行政行为类型，则属于可诉行政行为。

（三）紧急状态下行政比例原则的运用

紧急状态通常是指已发生或迫在眉睫的公共危机应对情境下一国国内的社会状态，紧急状态下部分地区的社会秩序受到严重威胁和破坏。与常规状态相比，紧急状态具有突发性、破坏性和快速变化性，国家安全和公共秩序面临较大的危险，对国家治理体系和治理能力也带来巨大的挑战。一般而言，紧急状态下需要适用特殊的法律规制，行政机关需采取特别的措施以实现对公共利益的保障，甚至中止某些公民权利的行使。[①]这些严格的管控措施在基层执行过程中往往会带来一定的负面影响并引发广大的社会争议。部分措施涉嫌侵犯公民基本人权，甚至有滥用之嫌。本质而言，争议还是围绕紧急状态下公权力和私权利的边界和关系问题展开，即关涉紧急状态中公权力行使边界和私权利限缩的幅度问题。[②]在紧急状态

---

①　紧急状态下有必要突破常规体制、悬置法律执行，而个人利益只能被暂时置于一边。世界上许多国家都在宪法中确立了紧急状态制度，明确规定在紧急状态下可以中止某些公民权利。例如，西班牙宪法（1978年）第55条第1款规定，在依法宣布紧急状态时，中止宪法规定的人身自由、住宅不受侵犯、通信秘密受保障、自由选择住所和迁徙、和平集会与游行示威自由等方面的权利。参见孟涛.紧急权力法及其理论的演变[J].法学研究，2012（1）；周佑勇.紧急状态下的人权限制与保障[J].法学杂志，2004（4）.

②　赵宏.疫情防控下个人的权利限缩与边界[J].比较法研究，2020（2）；王奇才.应对突发公共卫生事件的法治原则与法理思维[J].法制与社会发展，2020（3）.

下学界认为行政机关采取应急措施应当遵循比例原则，这在立法中已有所体现，如《突发事件应对法》第十一条规定："有关人民政府及其部门采取的应对突发事件的措施，应当与突发事件可能造成的社会危害的性质、程度和范围相适应；有多种措施可供选择的，应当选择有利于最大限度地保护公民、法人和其他组织权益的措施。"那么，比例原则是否以及如何成为紧急状态或突发事件应对中审查行政应急措施的有效基准呢？

通常认为，起源于德国的比例原则主要由适当性、必要性和均衡性三个子原则构成。在常态行政下，三个子原则分别从"目标导向""后果考量"和"法益均衡"三个角度着手，采取"目的—手段—后果"的分析模式。具体而言，适当性要求政府采取的手段应有助于目标的实现，必要性是指在所有满足目标所需的手段中应选择对公民权利侵害最小的手段，均衡性原则要求在采取手段所实现的"目标"与手段所造成的"后果"之间进行综合权衡并合乎比例原则。可以看出，人权保障是比例原则的逻辑起点，而权力限制则是比例原则的核心功能。在紧急状态下，由于目标的特殊性、手段的紧迫性和法益权衡的复杂与困难性，比例原则的适用范围与强度遇到了一定的挑战。但不可否认的是，在紧急状态下，比例原则的适用具有正当性。虽然紧急状态是一种特殊的法治状态，但现代法治的核心精神如权力限制、人权保障等依旧是紧急法治状态需要坚持的治理理念。"只要坚持法治，则无论在平时，还是在紧急状态时，都需要对具体的个人抱着必要的戒心。"[①]在面临权力行使的范围扩张、主体集中以及程序简化的非常态情境下，比例原则因具有限制权力运行、保护人权的功能使得其在紧急状态下的适用具有正当性，让紧急状态下的人权克减能保持一个相对合理的界限。[②]

在具体的适用中，还需要把握和厘清比例原则的适用规则。作为一个不确定的法律概念，对紧急状态的划分存在差异。在具体的适用和审查时，部分学者提出可依据危险和紧迫程度对紧急状态做适当区分并构建比例原则的阶层式适用强度。首先，将紧急状态划分为一般紧急状态、特殊紧急状态以及战争状态三种，[③]在不同的状态下，"公共利益"面临的紧迫程度、严重程度均有所不同。其次，将审查强

---

① 谢晖.论紧急状态中的国家治理 [J].法律科学，2020（5）.
② 陈聪.紧急状态下人权克减的法律规制 [J].北方法学，2009（6）.
③ 常璇，杨成梁."紧急状态""战争状态"概念及辨析 [J].当代法学，2005（2）：132.

度划分为"全阶式适用""截取式适用""抽象式适用"三种类型。[①] 由此，对于战争等紧急状态，严格的比例原则无法适用，可适用"抽象式"比例原则，总体秉持相对消极和保守的立场以及最为宽松的审查强度，即除非公私法益出现明显失衡，否则将不被视为违反比例原则。此外，对于特殊紧急状态（或被称为特别紧急状态）下可适用"截取式"比例原则。特殊紧急状态通常是国家处于严重危机和公共安全动乱、暴乱等状态，虽不及战争状态的危急和重大，但社会状况仍十分严峻。在特殊紧急状态下，通常适用的法律依据是《戒严法》，而对戒严措施进行"截取式"比例原则审查时保留了原比例原则中"三阶结构"中的"必要性原则"的核心审查，即只要确保其可基本满足对公民权利的"最小侵害"原则即可。

最后一类是在一般的紧急状态下，公共利益并非面临迫切的危险状态，比例原则适用"全阶式"。如2020年年初的新冠肺炎疫情引发的公共卫生危机的紧急状态就属于一般紧急状态，适用的主要法律包括《突发事件应对法》《传染病防治法》等。"全阶式适用"即意味着适用原比例原则的"三阶结构"，将"目标—手段的可实现性""最小侵害标准"等原则用于判断行政机关采取的应急防治措施是否在必要的限度内，防治措施对个人利益所造成的侵犯与所追求的公共利益是否相称。[②] 需要注意的是，紧急状态下的"目标"需准确、站位高远并以整体目标为重，最小侵害标准应依据其所实现的目标做调整，而不应被过分精确地强调一致性。

三、社会协同法治进路：危机应对中社会动员与社会组织协同治理

社会治理体系中的"社会协同"机制是国家治理现代化的必然要求，具体是指在社会治理体系中，政府、社会组织及公众等社会治理子系统相互配合、相互协作，实现社会治理系统中各种要素的有机整合，在结果上实现稀缺资源的最优利用、最佳配置与公共利益的最大化。社会协同治理机制的建设离不开法治保障机制，其不仅要求社会治理多元主体能强化法治意识和法治思维，依照法律程序在法律规定的范围内行使权利、承担义务，推动多元治理主体各负其责，特别是社会组织等主体在法律规定范围内协同参与社会治理。在应急管理中以政府为单一中心的传统治理模式暴露出的政府官员专业能力不足等问题已无法适应新时代

---

① 蒋红珍. 比例原则位阶秩序的司法适用 [J]. 法学研究，2020（4）.

② 参见梅扬. 比例原则的适用范围与限度 [J]. 法学研究，2020，42（2）：70.

危机治理的需求，现代社会公共风险的特征决定了需要系统整合各种应急资源，动员社会各方力量合作推进社会协同治理。[①]2021 年 8 月，中共中央、国务院印发了《法治政府建设实施纲要（2021—2025 年）》，提出要引导、规范基层组织和社会力量参与突发事件应对。由此，危机情景下新时代的社会治理应转向政府与社会多元主体协同、积极互动、联防联控的治理模式。本节关注公共危机中的社会动员机制与社会组织参与危机治理的法治路径。

（一）公共危机中的依法社会动员

通常而言，公共危机中的社会动员是指社会动员主体通过有目的性地发动、组织、号召和整合等形式，引导动员对象有意识地参与危机治理的过程，[②]社会动员对调动社会资源实质性化解公共危机和提升危机治理能力至关重要。《突发事件应对法》第六条规定，国家建立有效的社会动员机制，增强公共安全和防范风险的意识，提高全社会的避险救助能力。第二十六条规定县级以上人民政府应当整合应急资源，建立或者确定综合性应急救援队伍。在公共危机治理中，政府原有的常态运行机制被打破，国家进入一个快速运转和秩序紧张的状态。在资源相对短缺的背景下，国家通常会通过紧急动员、参与式动员等不同社会动员方式组织各类政治与社会力量，整合人力、物力和财力等资源，凝聚社会各方共识并激发社会成员的整体潜能，从而形成应对危机的举国体制和统一力量，最终有效化解公共危机。在抗击新冠肺炎疫情过程中，我国的应急管理展现出了超强的社会动员水平：全国各地派出医疗队伍驰援湖北，社会各界捐赠大量物资支持抗疫一线以及各类社会团体和群团组织积极参与各种抗疫活动等。

需要特别注意的是，社会动员在公共危机治理中是一把"双刃剑"，其无疑需维持在一定的限度范围内。如前文提及，若尺度把握恰当，社会动员能有效提取和高效分配社会资源，从而有效化解公共危机；若超出一定的尺度范围，则会对社会秩序构成破坏性影响，使得危机治理应激过度从而加剧危机的演化与蔓延。社会动员不足主要表现在对风险预警的动员意识较弱、动员方式单一、对防范不

---

① 代海军. 突发事件的治理逻辑及法治路径——以新冠肺炎疫情防控为视角 [J]. 行政法学研究，2021（2）：60.

② 孙晓晖. 风险社会视域下的应急处置与动员研究（1978—2011）[M]. 广州：广东人民出版社，2018.

确定性危机与有效配置资源的动员能力较弱、动员后协同能力不足等方面。[1]而公共危机中的过度动员一般表现为政府过度动员行政力量或参与危机治理的社会主体行为失去控制，甚至一度超出法律制度范畴或违反法律规范和制度理性，造成了超常规、非法和失控的社会治理状况。在危机应对情景下，动员主体往往着眼于短期应急行为而难以顾及后续长远效应，容易造成动员过度的现象，并最终对公共危机治理产生负面效应，侵害社会主体的合法权益。过度动员和社会应激行为形成的原因主要包括社会组织自身建设和治理体系不完善、现代应急管理依法治理的制度不健全、政府信息公布不及时不准确或不相关等。

那么理论和实践中应如何合理把握社会动员的尺度，充分发挥社会潜能实现可持续发展又能不过度损耗社会资源，从而实现社会充满活力又安定有序？遵循适度性原则，推动社会动员的规范化与法治化是解决社会动员两难问题、实现公共危机治理能力现代化的重要路径。以应对新冠肺炎疫情危机为例，习近平指出："疫情防控越是到最吃劲的时候，越要坚持依法防控，在法治轨道上统筹推进各项防控工作。"[2]法治是国家治理体系和治理能力的重要依托，公共危机治理中的依法动员，是指运用法治思维和法治制度开展社会动员，确保危机治理中各类动员活动在法治轨道上运行，并最大限度地发挥社会动员对公共危机的治理效能。

作为具有稳定性和实现危机治理能力现代化的动员方式，如前文提及，依法动员首先需遵循适度性原则，树立法治观念、夯实制度理性并遵循法律规范基础。在充分发挥社会动员的效能时，需要同时把握法律制度的底线思维，不能以牺牲法律规范为代价而紧急动员。其次，可将应急法制体系的制度优势转化为社会动员的功能优势，这也是提高社会动员法治化水平的关键环节。我国从 2003 年"非典"爆发至今，已形成了较为完善的"一案三制"的应急法制体系，但就社会动员的制度建设目前无论是功能与结构还是尺度与边界等方面均存在不足，由此依法动员仍需在强化应急法制体系的建设基础上进一步发挥功能优势。此外，注重面向基层群众社会动员法治思维的机制建设也是提升社会动员法治化的关键内容。在社会动员中，培养基层群众的法治思维、法纪理念与制度素养是实现依法社会

---

[1]　孙晓晖.公共危机治理中社会动员的功能边界和优化策略 [J]. 武汉大学学报（哲学社会科学版），2020（3）：26.

[2]　习近平.全面提高依法防控依法治理能力为疫情防控提供有力法治保障[N].人民日报，2020-02-06.

动员的基础前提，也是实现"自下而上"依法治理的有效保障。

（二）社会组织依法参与危机治理

社会组织是社会协同治理的核心主体之一。改革开放以来，随着政府与社会关系的调整，社会组织尤其是以专业性、公益性、自主性为特征的社会组织逐步获得了自主生长和发展的空间。专业化的社会组织较好地弥合了"政府失灵"与"市场失灵"问题，成为国家治理体系中不可或缺的力量。部分社会组织将目光投向政府职能无力触及的盲角，在养老助残、慈善救济、灾害救援、环境保护等领域发挥重要作用。党的十九届四中全会《决定》中提出"发挥群团组织、社会组织作用，发挥行业协会商会自律功能，实现政府治理和社会调节、居民自治良性互动，夯实基层社会治理基础。"《"十四五"规划和纲要》中再次强调要发挥群团组织和社会组织在社会治理中的作用。一般而言，社会组织可分为事业单位、在民政部登记的法人社会组织和在基层备案的社区社会组织三类。此外，还存在社会成员以共同目的自主发起和自我构建的新型社会组织，具有自主运行、自筹资金、自我管理、自觉履行职责等特点。[①]

在危机治理中，公共危机的突发性、危害性、时间紧迫性等特点要求政府行为必须迅速和高效做出回应，传统单一的由政府包揽的公共危机应对模式无法满足多元的社会治理需求，因此需推动政府与社会组织在公共危机治理中的协同治理。作为公众和各类社会力量参与危机治理的重要载体，含自组织在内的社会组织具有灵活性，其凝聚了拥有相同价值倾向和利益偏好的群体，能在最短时间内整合社会各类资源优势搭建起联结政府和公众之间的良好沟通平台，灵活回应危机治理中不同人群、不同层次的服务需求，特别是针对弱势群体的利益诉求，有效提供多样化的公共产品和公共服务以弥补政府救助的空白。[②] 同时，需要注意的是，在危机治理中，社会组织并不能取代政府职责或相关职能，而是在"政府失

① 简敏.行动与担当——和谐社会治理中的青年自组织[M].北京：中国社会科学出版社，2018：6.

② 宋锦洲，刘军，阮柏荣.公共危机中政府与社会组织的协同治理研究——以复杂适应系统理论为视角[J].北华大学学报（社会科学版），2012，13（2）：135–138；Osay.Sagaraj. Ishiwatarim. Mobilizing and coordinating expert teams nongovernmental organizations，nonprofit organizations and volunteers[J]. World bank other operational studies，2012（2–5）：361–371.

灵"时，以公益精神、有效的应急资源整合和较强的行动力等优势进行有效弥补，[①]成为政府公共危机协同治理的合作伙伴。[②]

为充分发挥社会组织参与危机治理的制度优势与治理效能，实践中需进一步规范社会组织依法参与危机治理行为。一方面应从立法上细化社会组织参与危机治理的具体机制，另一方面应严厉打击社会组织非法参与危机治理的行为。《突发事件应对法》在"总则"中规定了"公民、法人和其他组织有义务参与突发事件应对工作"，第三十四条规定国家鼓励公民、法人和其他组织为人民政府应对突发事件工作提供物资、资金、技术支持和捐赠。但在具体的实践中，可发现法律规定缺乏对社会参与主体合法权益维护的措施。由此，在立法上应明确社会组织参与危机治理的合法渠道、享受的合法权益以及相应的侵权救济；2021年3月至4月，民政部等部门印发了《关于铲除非法社会组织滋生土壤净化社会组织生态空间的通知》和《关于进一步加强社会组织管理严格规范社会组织行为的通知》，提出要加强全国性社会组织管理且严格规范全国性社会组织行为，打击整治非法社会组织工作。实践中，对社会组织参与危机治理的违法违规行为如疫情防控期间违法收集个人信息、违法吸收公众捐款等行为也需要进行精准打击和整治。

四、公民依法有序参与：危机应对情境下的公民权利限制、保障与救济

社会治理归根结底是为公民服务，公民参与则是社会治理体系的核心构成要素。特别是在处置突发事件与公共危机、维护社会公共安全的过程中，公民作为重要参与主体发挥着无可替代的基础性作用。在应对新冠肺炎疫情危机中，习近平总书记明确指出，"打赢疫情防控这场人民战争，必须紧紧依靠人民群众"[③]。公共危机法治作为非常态法治，是关于突发公共事件引起的公共紧急状态下如何处理国家权力之间、国家权力与公民权利之间、公民权利之间的各种社会关系的法律规范体系和治理机制。

---

① Dastalj. Lessons of cooperation between government and non-governmental organizations in emergency management in the Czech Republic[J]. Disasters，2015（3）：203-221.

② 参见刘严萍，何继新. 突发事件情境中政府与社会组织应急协同研究综述 [J]. 河南理工大学学报（社会科学版），2018，19（4）：34-41.

③ 李荐国：奋力夺取疫情防控人民战争胜利 [N]. 人民日报，2020-03-10（09）.

推进公共危机治理现代化意味着将实现从秩序中心主义转向权利本位主义，前者以维护社会稳定和实现社会秩序为治理价值目标，后者则以构建公民权利保护为中心的法治化治理体系和保障公民权利实现公平正义为治理价值取向。危机治理中公民权利的类型、内容和功能都在发生变化，呈现出多样化的权利诉求。如前文提及，在突发事件应对中，缓解行政权的扩张与公民自由权克减之间的紧张关系，需要恪守比例原则，包括目的的正当性、手段的正当性、手段的必要性以及狭义的比例原则。① 但比例原则说到底属于国家自由裁量权的范畴。② 控制自由裁量权，最有效的办法就是为权力的行使划定边界，并通过赋予公民知情权、批评权、参与权和监督权等各项具体权利以及程序上的权利对其加以限制，对公民受到侵害的权利予以救济。

（一）公共危机治理中公民权利探析

公民作为社会治理共同体中的重要主体所享有的权利问题需得到应有关注。所有关于公民参与的理论构想或各类涉及公民法律角色的政策，都需对公民权利问题加以深入和系统的分析，这也为其他多元治理主体建立了相应的行为规范。③ 公民权利被定义和被保护的程度在一定程度上也决定了危机治理公民参与治理的成功与否，只有厘定公民在公共危机治理中的权利才能推进实质意义上的公民参与。公共危机的应对需要政府行使紧急权力，公民也需承担服从和协助义务，同时需让渡部分权利以服务于公共利益的实现和危机目标的消除。但公民在公共危机治理中仍需确保某些权利不被克减或侵害。本节在分析时主要围绕公共危机治理中公民权利"是什么""有什么"和"依据什么"的分析思路展开。

公共危机治理中的公民权利是指公民在公共危机治理中所享有的某种主张或者资格。在危机应对的社会治理体系中，公共危机治理中的公民权利是公民面向其他治理主体的主张或资格，是贯穿于整个危机治理全过程包括危机监测与预警、危机发生和预控、危机应对与防控以及危机恢复与重建的权利。由此，对公民权利保护制度和相关责任制度的设计应顾及每一个环节中公民权利受到侵害的可能性，从而为形成全过程的责任制度、无缝隙的权利保护制度奠定基础。公共危机治理中公民权利具有双重属性，不可被界定为单纯的公权利或私权利，其所增进

---

① 刘权. 目的正当性与比例原则的重构 [J]. 中国法学，2014（4）.

② 梅扬. 比例原则的适用范围与限度 [J]. 法学研究，2020（2）.

③ 参见戚建刚. 食品安全社会共治中的公民权利之新探 [J]. 当代法学，2017（6）.

的法益不仅体现为私人利益，也体现为公共利益。由此，在学理上，可以将公民权利分为公权利和私权利。[①]

在探讨公民权利"有什么"的问题上，可依据不同的标准对权利的类型进行分类。为展现公民权利的多样性，笔者摒弃传统行政法学界以实体权利和程序权利两分法来描述相对人权利[②]，而是采用学者拉斐尔（D.D.Raphael）提出的行动权利和接受权利的分类标准来分析公共危机治理中公民权利类型[③]。行动权利作为对其他治理主体主动作为的权利，是指在公共危机治理中公民以某种方式表达意愿和采取行动的权利，在规范层面主要包括参与权、知情权、表达权和申请权等；接受权利是在公共危机治理中公民以特定的方式被其他治理主体对待的权利，主要有告知权、获得理由权、获得奖励权、获得救济权等。

在行动权利中，参与权是指公民依法参与公共危机治理的权利，有学者也将知情权、参与资格享有权、表达权和获得反馈权视为参与权的构成权能。[④]传统的危机管理模式具有政府主导的单方行为惯性，存在政府对公民参与权的漠视和排斥。[⑤]在公共危机发生后，公民若具有良好的安全意识和危机应对能力，具有依法参与危机治理的权利便能在一定程度上降低公共危机带来的社会损害。虽然在《国务院关于全面加强应急管理工作的意见》中规定了公民参与应急管理与危机治理的权利、参与的程序和承担的责任，但对"公民如何有序参与危机管理与救援"的问题并未做出详细说明；《突发公共事件应对法》中也只简单提及公民有义务协助、配合或参加应急处置工作。现有相关法律与规范中，政府可通过进一步增强制度刚性，详细规定公众参与的模式和程序，并推进政府与公民参与的双向互动与信息反馈机制，通过"自上而下"善政模式走向"上下互动"善治模式来保障公民的参与权。

---

①　分类的依据主要是根据公民权利所对应的义务主体是否行使公共行政权力特别是国家行政权力，公民权利的目的指向是否属于公共利益，以及公民权利的依据是否属于公法，特别是行政法依据。

②　详细参见王锡锌.行政过程中相对人程序性权利研究[J].中国法学，2001（4）.

③　行动权利是指特定主体以某种方式做某事权利；接受权利是指特定主体被以某种方式对待的权利。

④　章楚加.重大环境行政决策中的公众参与权利实现路径——基于权能分析视角[J].理论月刊，2021（5）：82-90.

⑤　王慧.论公民参与下的政府危机管理[J].辽宁行政学院学报，2013，15（7）：10-11.

知情权是指公民有权查阅和知情公共危机治理主体收集的有关危机发展现状和未来趋势等风险信息的权利，本质上表现为公民对风险信息的普遍利益诉求和依法获得信息的权利。知情权所面向的主体主要是危机处置的政府责任部门，也可以是参与危机治理的企业、新闻媒体等。有学者提出公民知情权在风险治理中呈现出一种综合性信息权利的特征，包含民主参与、社会秩序、权利保障等多重权利属性和功能，且权利保障的性质愈加突出，主要原因是知情权的内涵和外延逐步拓展为兼具自由、社会权和生命权性质的知情权。① 知情权覆盖公共危机治理全过程，是实现公民其他权利如参与权、评论权、监督权等权利的前提条件和基石，由此在公民权利谱系中具有基础性地位。现有关于危机治理相关法律中需进一步扩大公民知情权的范围，对不能知情的事项加以列举并进一步详细明确行使知情权的方式、时间等问题。②

表达权是指公共危机应对预案、制度和措施在推行过程中，具有正当目的或理由的公民表达相关的建议或意见的权利。具有正当目的或理由可指与自身有直接利害关系或出于其他合法合理目的，对政府出台相应的相关法规、制度或措施，面向企业、社会组织等其他危机治理参与主体表达相应的意见。相关法律规范需规定公民行使表达权的对象和范围、产生的法律效果等；申请权是基于正当的目的或理由，公民就公共危机治理过程向其他主体提出请求的权利，这是一种以公权利为主导的权利。行使申请权主要的目的是参与公共危机治理活动，维护自身合法权利，监督其他主体行为。申请权是公民实现深度参与公共危机治理的重要手段。针对申请权，不同危机治理环节和不同治理主体，相关法律规范需明确申

---

① 参见自朱芒. 开放型政府的法律理念和实践（上）——日本信息公开制度 [J]. 环球法律评论，2002（3）：292；张衡，丁波涛. 公众信息获取权的法理基础——基于知情权的研究 [J]. 图书情报知识，2009（5）：97；周佑勇，朱峰. 风险治理现代化中的公民知情权保障 [J]. 比较法研究，2020（3）：102.

② 为强化公民知情权在法律体系中的基础保障地位，在根本路径选择上应把知情权作为公民的一项基本权利明确纳入宪法权利体系中。依据现有的《宪法》文本规定，知情权并未被明确确认，需要进一步做相关的宪法解释。虽然我国现行《宪法》并没有在宪法文本上明确确认公民的知情权，其可能的宪法规范为《宪法》第二条、第三十三条、第三十五条以及第四十一条，然此种关于公民知情权的宪法地位确立有依赖于宪法解释技术而存在，往往需要把公民知情权先解释为"人权范畴"或"知情权是其他公民权利的基础"，进而将知情权提升为宪法基本权利，以实现其在宪法中的正当性或基础性地位。

请权的具体条件、方式等内容。

在接收权利类型方面，告知权是指公民在公共危机治理主体制定或做出危机应对的政策、措施和决定前，有得到告知相关内容、理由、依据，以及何时、以何种方式参与治理的资格。公民告知权面向的主体包括政府部门、相关企业、社会组织和新闻媒体等。理论上，所有重要的、需要公民参与和评论的事项，公民都有权获得特定治理主体的告知，相关法律法规也需要明确告知权的期限和方式。紧急状态下相关期限和告知方式均可灵活调整，如紧急状态下以口头形式或简要通知形式等。

获得理由权是指在公共危机治理中，当治理主体做出不利于公民合法权益的决定时，除有法律特别规定外，公民有获得相应决定合法或合理依据的资格，其存在的前提是公民的合法权益受到其他治理主体的侵害。合法或合理的依据主要是指客观事实、法律规范依据、政策考量、公共利益等内容。在公共危机治理中，公民相对于政府、企业、社会组织等多元治理主体而言是弱势主体，一方面，授予公民获得理由权，可制约其他治理主体滥用权力的行为，推动公民与其他治理主体开展合作，另一方面也为后续公民获得救济提供了审查理由。为确保获得理由权得到保障，相关法律法规还需要规定治理主体不说明理由的法律后果，如在未说明理由情况下，对公民做出的相应不利决定属于可撤销的行政行为或相关人员需受到行政处分。

获得奖励权是指公民在为公共危机治理做出一定贡献的情况下，有获得物质或精神奖励的权利，这是一种对公民的正面激励。公民参与危机治理很大程度上是出于维护公共利益的需要，相应的奖励激励可给予公民持续不断行使行动权利的动力。《突发事件应对法》第六十一条规定，公民参加应急救援工作或者协助维护社会秩序期间，其在本单位的工资待遇和福利不变；表现突出、成绩显著的，由县级以上人民政府给予表彰或者奖励。现有的法律对"表现突出和成绩显著"并没有详细的规定，可进一步规定公民获得奖励的具体情形，通过列举兜底的方式加以规定；同时，需要明确公民获得奖励权的具体内容和保障途径。

获得救济权是指在公共危机中公民合法权益遭受侵害时，政府在法律允许范围内采取一定的补救措施以消除侵害，使得公民获得相应的救济（补偿、赔偿或享有行政复议与诉讼权），以维护公民的合法权益。特别是在应急征用中，当公民个人的财产等被征用后，享有获得救济或相应补偿的权利。《中华人民共和国突发事件应对法》第十二条和《中华人民共和国传染病防治法》第四十五条第二款均规定了政府进行应急征用对相对人的权利保障，除返还被征用的财产外，如财产被征用或者征用后毁损、灭失的，应当给予补偿。虽然法律规定相对人有权获得补偿和救济权，但大部分省市尚未对补偿范围、补偿方式、补偿标准、补偿程序等事项做出细化规定，这也为实际操作带来一定困难，建议各地进一步明确相关操作细则并在法条中明确被征用主体享有申请行政复议或行政诉讼的救济权。

在公民权利具体的依据方面，可从我国《宪法》中寻求权利基础。通常而言，在权利学说中，从人权角度可为公民参与公共危机治理提供规范性理据，但将其作为公民权利的依据则缺乏解释力。《宪法》为公共危机治理中公民权利提供了根本性的规范依据，如《宪法》第二条第三款规定，人民依照法律规定，通过各种途径和形式，管理国家事务，管理经济和文化事业，管理社会事务。"国家事务、经济事业和社会事务"包括了公共危机治理工作，公民通过行使权利的方式参与公共危机治理的实质是公民参与上述事务的一种途径。《宪法》第二十七条第二款规定，一切国家机关和国家工作人员必须依靠人民的支持，经常保持同人民的密切联系，倾听人民的意见和建议，接受人民的监督。在这里，"倾听人民的意见和建议，接受人民的监督"也为公共危机中的公民权利提供了依据。

（二）公共危机应对情境下公民权利限制与保障

在公共危机的非常规状态下，政府需要使用紧急权力以应对突发危机。而公众则需承担服从与协助义务，并让渡部分权利以消弭危机和实现公共利益。由此，国家紧急权运行的必然结果是伴随着权力的集中与扩张，公民权利受到一定程度的限制与减损。但在公共危机情境中，公民权利受到限制与减损并不意味着政府的权力溢过全部权利边界，如江必新所言，"如何在控制局面和依法办事之间做到两全其美，在最快、最有效地消除紧急状态与最大可能或最大限度地保护公民基本权利之间保持适度的平衡，既是衡量一个国家是否真正兑现法治的试金石，也是衡量一个政府是否具有高超的治理水平的检测器"[①]。由此，探讨公共危机应对情境下公民权利的限制、保障与救济是重要议题。

如前文提及，当遭遇紧急状态或危机状态时，公民的部分权利会受到某种必要的限制。鉴于紧急状态的突发性、复杂性、暂时性和可能造成的后果严重性，

---

① 江必新. 急状态与行政法治 [J]. 法学研究，2004（2）：3.

为控制和消除突发危机，恢复正常的生产生活秩序以及法律秩序，政府采取应急措施通常被视为基于保护公共利益的目的，且与公民个人权利保护相比被置于优先的地位，那么公民的个人权利必然会受到不同程度的限制。如新冠肺炎疫情防控期间，为最大限度降低病毒感染和传播的风险而制定的"居家隔离"规定，无疑在一定程度上限制了公民的人身自由权利。优先保护社会公共利益，兼顾个人权利的保护与救济是对危机状态中公民权利保障的基本原则，也体现在相关的立法考量中。如何最大限度地保障非常态状态下的公民权利、明确最低限度人权[①] 和明确克减与限制的要求是许多国家制定和实施应急法制的基本目标。公民的何种权利受到多大程度的限制？最低限度的人权有哪些？学者们对该问题存在争论，尚无一致看法。但是一般认为生命权或生存权、不受奴役或苦役、受到公正审判、法律面前人人平等等是最低限度的人权。

而对于公民克减的权利，应该也有相关的前提条件和限制要求，需满足权利克减的目的正当性、程序正当性、内容合法性、程度相当性和对克减人权最低限度保障。对于目的正当性，通常而言只有出于公共利益、公共秩序或公共安全等目的才能以法定的程序实现权利的克减，而具体克减内容则必须依据相关的法律规定，同时注重比例原则即克减公民的权利与基本自由需与危机所采取的措施程度相当，并且如生命权等最低限度人权是被纳入人权保留的范围内。而当危机解除时，需及时解除对人权的克减与限制，并通过法定程序尽快恢复和救济在危机中受到合法或非法损害的相关人权。此外，还必须十分慎重地规定公权力可以进入私权利的条件、范围、限度、方式和程序，确保公权力在公共危机状态下对私权利造成的损害降到最低程度。

在对公民权利的保障上，现有的《突发事件应对法》强调对政府权力的规范，但对如何应对公民权利的关键问题上，相关条款的规定过于简单、松散且涵盖不全面，目前仅有三个原则性条款提到了公民的权利和权益，[②] 这不仅缺乏对公民权利的足够重视，在立法精神上也忽视了突发事件与公民权利的内在关联。从法理

---

①　最低限度的人权是相对于在一定条件下可以被限制或中止的权利而言的，是无论在任何情况下都不能克减的权利。

②　除了《突发事件应对法》第一条和第十一条提到的"保护人民生命财产安全"和"有多种措施可供选择的，应当选择有利于最大程度地保护公民、法人和其他组织权益的措施"，以及第十二条所规定的"财产被征用或者征用后毁损、灭失，应当给予补偿"这三处与权利或权益有直接或间接关联的条款外，整部法律再无任何与公民权利有关的表述。

学的角度来讨论，在紧急状态或突发事件的理论构建和制度设计中，存在基于目标的构建模式和基于权利的构建模式。现有的法律构建模式遵循了基于目标的理论方案，即立法思路是当发生突发事件时，政府应如何快速有效化解危机，实现最大化的行政效能。此时，对于权利的保护并非核心考量的目标，甚至可能是附带性的。而另一种在基于权利的构建模式中，立法思路对紧急状态或突发事件的规范必须考虑到普通民众的诉求，换言之对权利保护而言，紧急状态或突发事件并非一种绝对的取消条件。

无论是何种构建模式，必须思考的是紧急状态与权利保护之间是否总是相互对立的，政府在紧急状态或突发事件中应如何在原则上对待公民的权利问题，现有的《突发事件应对法》中是否有必要设置限制权利的基本原则。首先，紧急状态与权利保护之间并非总是相互对立的，紧急状态并非总是排挤权利保护的生存空间。在我国现有的法律体系框架中，《突发事件应对法》作为宪法的下位法，无论从立法还是从法律解释上看，都应与宪法保持相互融贯的关系。宪法中强调了对权利的保护，而这一立法精神也应在《突发事件应对法》中得到体现，我国宪法并没有将权利保护置于绝对的排他性地位，由此，紧急状态下与对权利的保护并非总是相互对立和排挤的。

其次，在紧急状态或突发事件中，《突发事件应对法》需认真对待公民的基本权利，且政府的限权原则①可选择动态的权利限制模式而并非静态的权力清单。传统权力清单的模式在紧急状态或突发事件情境下具有明显缺陷，由于危机的突发性或紧急性，过于详细的规定可能会阻碍信息的获取和相关应急措施的执行效率。而动态的权利限制则依据紧急状态的不同情境、突发事件的不同危机程度采取不同的权利限制范围与措施。如在紧急状态的第一阶段，可采取"一揽子"权利限制措施，但伴随着紧急状态的延续和危机程度的降低，被限制的权利类型从恢复最不能限制的极少数权利开始逐步减少。②动态的权利限制模式的存在前提是预设了可限制权利与绝对保留权利的分类，其最终的目的是保护那些最为核心和不可限制的权利类型。

---

① 之所以采用"限权原则"而非"权利保护原则"主要是由于现有的《突发事件应对法》中的立法精神与价值取向均预设了政府在突发事件应对中的主导地位和推动作用，而"限权原则"的表述能更好地体现和符合政府的主体地位和基于政府主导的视角。

② 张帆. 论紧急状态下限权原则的建构思路与价值基础 [J]. 政治与法律，2020（1）：120–124.

第二节　危机全周期管理视域下的社会治理法治化

在现代高风险社会，各类突发自然灾害、事故灾难、公共卫生事件和社会安全事件等危机对人类的生存发展和财产安全都构成了严重的挑战。应对突发事件的应急管理，既要履行防范化解重大风险、及时处置各类事故灾害的职责，也要实现保护人民群众生命财产安全、维护社会秩序稳定的目标。无论是突发事件的应急管理还是常态化的风险治理，全周期管理模式的运用有助于构建完整的管理链，实现从源头到末梢的全流程精细化管理，从全过程、全要素、全场景的角度形成系统、协调、完备的韧性治理体系。

简而言之，全周期管理旨在改变"头痛医头""脚痛医脚"的危机治理方式，以事前预警、事中控制、事后反馈的闭环管理流程实现全周期管理。① 突发事件发生前重在危机监测与预警，科学研判和评估风险治理隐患，主动疏导风险隐患点，做到防微杜渐；在突发事件与危机发生时，应快速做出应对预控与部署方案，以最有效的机制执行危机预案，从而实现缓解与控制危机的目标，实现危机的应对与处置；在突发事件发生后开展风险闭环管理，不仅做好事后的统筹工作，还要开展社会秩序和公众生活生产的恢复与重建工作。

基于危机全周期管理视域，在危机监测与预警阶段，构建风险信息的发布机制与完善公民知情权法律保障体系是关键内容；在危机发生与预控阶段，社会治理地方性法规中的危机预控制度是危机应对情境下社会治理的重要议题；而在危机应对与处置阶段，不仅需要发挥跨部门、跨区域的政府间协调联动作用，还需要进一步整合政府、企业和社会组织等多元主体的力量，由此社会治理中的社会共治视角需得到进一步关注；在最后的危机恢复与重建阶段，由于危机对社会公众的心理状况造成了剧烈的冲击，着力推进社会心理服务体系朝着规范化方向发展对培育灾后积极的社会心态、疏导负面社会心理和情绪、凝聚社会共识、实现灾后社会安全与秩序稳定有重要作用。本节旨在围绕上述核心内容开展详细阐述。

---

① 有学者提出"全周期管理"涉及系统要素、系统周期、利益相关者、信息传导、系统管控五个维度。在"全周期管理"中实现对发展实际的精准研判，形成对各级机构的有效层级化管理和有效监督，在政府上下级之间形成有序无缝衔接。详细参考郭兆晖. 树立"全周期管理"意识，着力完善城市治理体系 [N/OL].（2020−5−20）[2021−01−02].http://theory.gmw.cn/2020−05/20/content_33843682.html；张蔚然，黄钰钦. 以"全周期管理"为钥，习近平为城市治理固本强基 [N/OL].（2020−03−12）[2021−01−05]. https://www.chinanews.com/gn/2020/03−12/9123058.html.

一、危机监测与预警：风险信息的发布机制与公民知情权保障

无论是对风险信息的日常监测、对突发事件的动态监测或是对衍生和次生危机事件的持续监测，都属于信息监测的主要内容。突发事件本身具有很强的时效性和不确定性，危机监测旨在提前发现突发事件的征兆，预测和评估突发事件及其演变规律，从而实现突发事件应急管理的关口前移。通过危机监测可获得突发事件潜在风险的相关信息，在对危机的严重程度和进展状况有一定把控的基础上，对危机发生的时间、地点、原因、影响范围、危害性、演变方向做出具体的分析、判断和评估，并基于此发布危机预警和触发危机响应，将风险评估的结果告知有关部门和公众，为政府开展前置性的危机应对或实时的应急处置，为社会公众采取相应的危机应对措施以减少和降低损失奠定基础。由此，在危机预警和监测阶段，构建科学完善、运行有效的信息公开和发布制度以及公民知情权法律保障机制是新时代危机治理的重要议题。

（一）危机监测与风险信息管理系统

危机监测是以危机事件的性质和种类为出发点，搜集、核对以及分析监测目标的动态分布，细致观察、捕捉和预测危机事件的诱因和危机爆发的预兆，并及时上报和反馈相关信息。在危机监测环节，风险信息是重要抓手，也是不可或缺的重要资源。由此，建立突发事件的信息系统，收集、加工、传递和发布风险信息是开展危机监测的重要基础工作。[①] 一般来说，开展危机监测和风险信息收集的主体是人民政府和专业机构，同时企事业单位和社会公众也是群测群防群治体系的重要组成部分。

毋庸置疑，危机监测需根据突发事件监测相关的法律规范开展监测工作。目前，我国突发事件信息系统主要由政府应急管理信息系统、专业部门危机管理信息系统、辅助信息系统等构成。《突发事件应对法》规定县级以上地方各级人民政府建立或确立统一的突发事件信息管理系统，汇集、存储、分析和传输有关突发事件的信息，并与上级和下级人民政府及有关部门、专业机构和监测网点的突发事件信息系统实现互联互通，加强跨部门、跨地区的信息交流与情报合作。应急管理部 2018 年印发《应急管理信息化发展战略规划框架（2018—2022 年）》，规划构筑应急管理信息化发展"四横四纵"总体架构，形成全域覆盖的感知网络、

---

① 唐钧. 应急管理与风险管理 [M]. 北京：应急管理出版社，2021：56—57.

天地一体的应急通信网络，以及大数据支撑体系、智慧协同业务应用体系、安全可靠的运行保障体系和严谨全面的标准规范体系，统一完备的信息化工作机制和创新多元的科技力量汇集机制。该战略规划进一步推动了应急信息管理的规范化发展。

在突发事件信息的收集过程中，一般政府及其有关部门、专业机构通过设置自身的监测网点等方式开展全面、真实和多渠道的信息收集。《突发事件应对法》规定县级以上人民政府及其有关部门、专业机构应当通过多种途径收集突发事件信息。由于突发事件具有的不确定性、复杂性和难以预测性，除政府和相关机构主动收集信息外，基层各单位和相关机构也应建立信息报告制度，及时进行风险信息的收集和报告。除此之外，公民、法人和其他组织也应履行主动报告风险信息的义务。[①] 在突发事件信息研判分析和加工处理的过程中，需要及时加工、调查和评估种类繁多、杂乱无章的风险信息，并由此形成和判断危机发生原因、潜在的危害程度、可能产生的风险和危机影响的范围、处理危机所需具备的资源和各类解决方案。为确保风险信息决策的准确性和科学性，可充分吸收公众和专家对风险决策信息的参与、交流和专业性判断。[②]

（二）危机预警与突发事件信息的发布

危机预警是指应急管理主管部门根据危机监测、报警或其他信息在统一的分析评估后，预测危机爆发的可能性、爆发后的发展趋向等，向相关部门和社会公众发布有关危机爆发的提醒或警报，以开展随后的应急响应、危机预控与应对等措施。特别是对于社会公众发布的预警信息，可用于提醒公众或社会组织重视危机，在危机发生之前开展相关的风险防范、自救互助、紧急逃生等危机预防措施。精准、科学地开展危机监测是有效预警的前提，而有效的预警则发挥了信息监测的最大

---

① 在突发事件信息的报告中，主要有不同主体之间横向的信息传递和交流、自下而上的纵向信息上报两种主要渠道。前者主要是跨部门、跨地区或是地方人民政府部门之间的信息交流与共享，包括同级人民政府及其有关部门、不同区域政府及其有关部门、不同专业机构、监测网点之间的信息交换等。后者的信息上报主要是各级人民政府及其有关部门向上级人民政府及其有关部门报告突发事件的信息，专业机构和监测网点或是获得信息的公民、法人及其他组织向所在地人民政府及其有关主管部门报告突发事件信息，报告的内容包括突发事件的时间、地点、信息来源、起因和过程、可能造成的潜在后果等要素。

② 张成福，陈占锋，谢一帆. 风险社会与风险治理 [J]. 教学与研究，2009（5）：7.

效用，即把相关信息及时传递至有关部门和社会公众。

在突发事件的信息发布中，通常由法定的行政机关依照法定的程序主动向广大的社会公众以便于其知晓的形式定期或不定期发布有关突发事件的公共信息（涉及国家秘密、商业秘密和个人隐私的信息除外）。《突发事件应对法》第四十四条规定，定时向社会发布与公众有关的突发事件预测信息和分析评估结果，并对相关信息的报道工作进行管理。突发事件信息发布是应急管理的必需环节和信息公开的重要策略，依据《突发事件应对法》和《国家突发公共事件总体应急预案》等相关法律规范，相关人民政府需在事件发生的第一时间向社会公布有关突发事件发展态势和应对处置的重要信息。在信息公开的相关规定中也要求政府部门加强对突发事件、公共安全、重大疫情等应急状态下信息的公开，特别需要快速及时公开重大突发事件信息，最迟在 24 小时内举行新闻发布会，在 48 小时内回应政务舆情信息。在信息发布和公开中，基本原则涵盖分级分类和口径一致，即危机信息发布主体的层级和部门要以突发事件的类型和等级为依据确定，如国务院及其相关部门在牵涉重大政策、重要决策部署的危机事件信息发布中是第一责任主体，县级以上地方人民政府及其部门则在涉及地方危机事件信息发布中按照属地管理、分级负责以及谁主管谁负责的原则发布信息。

（三）基于完善风险信息公开与发布制度的公民知情权保障

由于突发事件具有紧急性、巨大破坏性和难以预测性，其往往会对公众造成一定程度的身体摧残和心理破坏。对突发事件的信息公开和发布是保障公民知情权的重要途径，也能发挥制止谣言传播、缓解公众恐慌情绪、正确引导舆论、维护政府公信力和强化社会监督的作用。在公共危机应对情境中，公民的知情权保障是危机治理现代化的逻辑起点，也是公民维护自身生命健康权的重要权利基础。以 2020 年新冠肺炎疫情危机为例，若地方政府对风险信息披露不及时，或者为了避免社会恐慌而压制公民对信息的认知和判断，甚至阻断和封锁消息，那么公民的知情权保障将无从谈起，社会恐慌会进一步加剧，公民的生命健康安全将受到严重威胁。由此，回应公民对风险信息逐步增加的社会需求和权利意识，将公民的知情权保障纳入法治轨道，构建科学完善、运行有效的信息公开、发布制度和公民知情权法律保障机制是新时代危机治理的重要议题。信息公开与发布是政府的法定职责，《突发公共卫生事件应急条例》《传染病防治法》作为突发事件和传染病疫情信息的公开与发布制度的重要依据，对信息公开和发布提出了"及时、准确、全面"的要求,《中华人民共和国政府信息公开条例》(以下简称《政府信息公开条例》)和《中华人民共和国生物安全法》(以下简称《生物安全法》)以及《中华人民共和国网络安全法》(以下简称《网络安全法》)也分别从突发公共事件、生物安全、网络安全等维度规范政府信息公开与发布。①但在实践运行中,由于风险信息本身具有高度的不确定性和变化性,信息公开制度存在发布权限的高度集中、发布主体不清②、发布空间的单向性等问题,阻碍了公民风险信息知情权的实现。

在信息发布权限方面,《突发事件应对法》第四十三条和四十四条规定县级以上的地方各级人民政府拥有预警信息发布、突发事件预测信息发布的权限。但对于传染病、疫情等相关危机信息,依据《传染病防治法》《突发公共卫生事件应急条例》以及《卫生部法定传染病疫情和突发公共卫生事件信息发布方案》等法律规范,"国务院和卫生行政主管部门"拥有高度集中的信息发布权限,并仅将省级层面的卫生行政部门作为授权疫情信息发布的主体;在信息发布空间维度,现有制度提供的大多是纯行政性的单向信息流动渠道、告知型的信息发布思维模式,而非构建双向的交流互动、信息沟通与合作的空间如多级行政主体之间的信息分工与交流互动或社会公众与专家的交流机制,由此造成信息发布主体和信息获取主体一定程度的信息不对称问题。

为推动公民知情权保障和法治秩序的构建,需完善风险信息公开与发布制度。

---

① 《政府信息公开条例》第二十条规定政府应当对突发公共事件的应急预案、预警信息及应对情况的政府信息进行主动公开。《网络安全法》第五十一条规定国家建立网络安全监测预警和信息通报制度。《生物安全法》第十四条和十七条规定国家建立生物安全风险监测预警制度和生物安全信息发布制度,由国家生物安全工作协调机制成员单位和国务院有关部门、县级以上地方人民政府及其有关部门根据职责权限发布。

② 由于不同类别的突发事件有各自规范的部门法,时常会与《突发事件应对法》相冲突,从而造成突发事件发布主体不清等问题。以 2020 年 2 月暴发的新冠肺炎疫情危机为例,《传染病防治法》第三十八条第二款规定:"国务院卫生行政部门定期公布全国传染病疫情信息。省、自治区、直辖市人民政府卫生行政部门定期公布本行政区域的传染病疫情信息。"第三款规定:"传染病暴发、流行时,国务院卫生行政部门负责向社会公布传染病疫情信息,并可以授权省、自治区、直辖市人民政府卫生行政部门向社会公布本行政区域的传染病疫情信息。" 作为传染病疫情信息公布的授权条款,该法第三十八条引发的相关争议焦点集中于在无授权的前提下,地方卫生行政机关是否负有公布疫情信息的义务。详细参见朱芒. 传染病疫情信息公布的义务主体分析 [J]. 行政法研究,2020(3):48–57.

一是完善覆盖风险全周期的信息发布和公开机制，特别是在预警信息方面需构建精准高效的风险预警信息发布标准体系和框架。[①]二是构建风险信息发布的公众、专家等多元主体间的互动机制。新时代对知情权的保障已不只局限于信息的公开，还包括建立含信息搜集、交流、互动和沟通的信息整体治理机制。[②]具体而言，需积极调动公众和专家参与风险信息的发布与预警，通过拓宽政府与公众、专家之间的信息沟通渠道增强风险信息来源的广泛性、信息质量的安全性与准确性。三是充分借助人工智能、大数据等现代信息技术提升政府对风险信息的收集、整合和发布能力以及公众对风险信息的提取与分析能力，使信息技术成为公民知情权实现的重要推动力量。现代化信息技术被广泛运用于风险信息的收集、整合、分析、监测与预警等阶段。从公民知情权的权能角度来看，现代信息技术虽然自身并不能构成权利的组成部分，但其对信息公开的推动作用却能在一定程度上间接增强公众对权利的实现能力。如周佑勇等学者指出："这种技术运用贯穿于公民知情权保障的整个过程，既能增强权利主体知悉、获取、接受来自公权力机关所掌握与其自身利益相关信息资源的能力，也能增强权利主体对信息资源占有、使用甚至收益的能力。"[③]

二、危机发生与预控：地方性法规中的危机预防预控先手棋

危机发生与预控是指以危机监测和预警信息为依据，对可能发生的危机事件进行预先的控制和防范，实现防止危机爆发或降低危机爆发后的危害后果的目标。具体而言，危机发生与预控是指在监测到危机预兆和危机信号并进行确认后，或者在危机已经爆发但还未产生严重危害时，迅速采取应对措施对危机进行及时、有效的干预和控制，尽量以较小代价化解危机，抑或防止危机演变升级，避免危机扩大以造成更广范围、更大规模的人员伤亡和财产损失。避免危机大规模发生和阻止危机蔓延升级行之有效的手段之一便是构建危机的运控机制，公共危机的

---

① 在信息发布主体上，除了具有风险信息发布权限的行政机关和国务院联防联控机制召开每日新闻发布会外，各省市乃至行政区县也应主动承担信息发布职责；在信息发布内容上，不仅应包括各类较为翔实的风险信息本身，还应包括风险治理的防控信息、服务信息以及专业解读信息等。

② 刘恒. 论风险规制中的知情权 [J]. 暨南学报（哲学社会科学版），2013（5）：10.

③ 周佑勇，朱峰. 风险治理现代化中的公民知情权保障 [J]. 比较法研究，2020（3）：110.

管理能否成功，在很大程度上取决于是否建立了较为完善的应急预控机制。

（一）危机预控与应急预案

与危机管理的其他环节相比，危机预控具有前瞻性、主动性、紧迫性和快速性等基本特征。如前文提及，开展危机预控工作的目的和作用主要有以下两点：一是监测到危机预兆并预测危机将要发生、发生的可能性增加或危机已在其他地区发生时，及时进行干预和控制，将其消灭在萌芽阶段以阻止其爆发；二是针对危机已经不可避免要爆发的状况，迅速采取应对措施缓和危机，防止危机扩大蔓延和演化升级对公众的生命安全和财产造成严重影响。危机预控的决策属于非程序性决策或者应急决策，决策机关需要在危机将要发生、决策时间和决策信息资源极为有限的情境下，迅速选定危机预控的决策方案以化解危机。

危机预控相关决策和执行机制的有效运行依赖于完善的突发事件应急预案，为突发事件处理措施的工作任务制定全面、具体的实施流程。[1] 应急预案作为一种事前的应急准备有助于应急人员根据预案内容识别潜在的危机隐患与突发公共事件的种类，了解事件发生的原因与明确应急措施的程序、步骤等内容，应急预案使突发事件的预控工作有章可循，不仅有利于对突发事件做出及时的反应和处置，避免突发事件的危害扩大化，也能恢复危机发生后的秩序和修复损失。所以，关于应急预案的法律地位，人民政府及其职能部门根据应急管理法律法规编制并贯彻实施的应急预案属于行政规范性文件。在我国传统的"一案三制"体系中，应急预案扮演着与应急法制、体制、机制并驾齐驱的重要角色，但由于存在制度不完备、可操作性不强、"中看不中用"等问题，实践中应急预案更多地沦为一种"摆设"。[2] 在新冠肺炎疫情的防控过程中，预案制度并未发挥其应有的制度效能。

《突发事件应对法》第十七条规范了不同主体对不同类型预案的编制责任，明确了总体应急预案、专项应急预案、部门应急预案和地方政府应急预案等不同类别应急预案的制定主体。以专项应急法律规范《传染病防治法》《突发公共卫生事件应急条例》为例，其仅赋予政府编制应急预案以法律效力，其他类型的预

---

[1]　于飞.《中华人民共和国突发事件应对法》释义 [M].北京：法律出版社，2007：33.

[2]　代海军.突发事件的治理逻辑及法治路径——以新冠肺炎疫情防控为视角 [J].行政法学研究，2021（02）：57.

案并无相对应的法律效力和法律依据,这也为实践的具体开展带来困境。① 此外,部分类型的应急预案的制定过于简单,在编制依据与修订、预案演练与公布、预案的执行与监督、不同预案之间的衔接与统一等方面均缺乏详细的规定。再者,应急预案相应的时间和等级选择也应作为改进要点。以 2021 年 7 月中下旬河南强降雨灾害为例,应在强降雨引发的城市内涝、决堤等危机爆发前或爆发后,坚决即时启动最高等级响应,完善极端天气等危机第一时间响应机制和最高等级响应制度。2021 年 8 月,中共中央、国务院印发了《法治政府建设实施纲要(2021—2025 年)》,提出要健全国家应急预案体系,完善国家突发公共事件总体和专项应急预案,以及与之相衔接配套的各级各类突发事件应急预案。在完善应急预案制度和增强可操作性方面,需要进一步明确预案的适用情形与法律属性、编制依据与修订程序、核心内容与公布方式、预案的演练与监督等内容。

(二)社会治理地方性法规中的危机预控

危机应对情境下的社会治理主要是突发事件状态下与社会治理相关的应急处置,同时本书对该主题的广义探讨也将常态下的风险治理涵盖在内。除前文多次提及的《突发事件应对法》作为我国目前突发事件应急领域的主干性和基础性法律以及《传染病防治法》等特定领域法律规范了不同类型的应急预案,在社会治理的相关地方性法规中也针对突发事件、社会风险等情境制定了相应的危机预控制度。以南京与成都为例,2021 年 3 月,南京市人大常委会颁布了《南京市社会治理促进条例》(以下简称《南京促进条例》)。作为全国首部以促进市域社会治理为主题的地方性法规,《南京促进条例》在社会治理与公共安全领域建立了安全生产风险隐患举报制度,旨在实现公共安全保障的源头预防与治理。具体而言,《南京促进条例》进一步规范了南京市在安全生产领域举报奖励的具体做法,在南京市政务办"12345"现场设立 12350 专席,统一受理举报人反映的安全生产非法违法、事故隐患以及谎报、瞒报生产安全事故的行为。在接到举报信息后,各版块相关负责人会指定专人负责受理并形成闭环处置流程。

2020 年 12 月,《成都市社区发展治理促进条例》(以下简称为《成都促进条例》)正式实施,这是全国首部以社区发展治理为主题的地方性法规,成都市将近年来

---

① 如机场、火车站编制的传染病预防、控制预案,其法律效力如何,是否可以作为行政应急处置的依据,比如进行临时控制、限制人员出入等,时至今日仍尚不明确。参见林鸿潮. 论应急预案的性质和效力——以国家和省级预案为考察对象 [J]. 法学家,2009(2):22-30,156.

持续不断探索的基层社会治理优化的经验高度浓缩，且进一步上升为系统权威的地方性法规，使得城市基层社区治理有法可依、有章可循。《成都促进条例》第二十五条提出该市围绕居民生产、生活安全加强源头治理和系统治理，并以综合治理机制维护社区安全稳定、排除风险隐患和建设平安和谐社区，做好社区安全稳定问题和风险隐患的分级排查、呼叫响应与协同整治。当突发事件发生时，社区居（村）民委员会应当按照当地人民政府的决定、命令，进行宣传动员，组织居民开展防治、救助活动，协助维护社会秩序。出现重大传染病疫情时，所在社区居（村）民委员会还应当充分发挥疫情防控的一线作用，启动社区应急救助志愿服务机制，发动应急救助志愿者团队，协助做好社区疫情防控宣传教育和健康提示，落实相关防控措施，及时收集、登记、核实、报送相关信息，推动形成联防联控、群防群治的防控合力和人民防线。

三、危机应对与处置：危机社会共治的制度逻辑与法治保障

危机应对与处置是指为了迅速控制和减轻危机产生的危害，危机治理主体在危机爆发后根据对应级别的危机处置预案，召集应急所需队伍与社会力量，调动相关物资和设备，开展专业的应急处置措施以消除或降低突发事件的危害和影响的过程。由于突发事件具有涉及范围广、社会影响大等特点，相应的应对与处置需要做好多个维度的协调联动工作，不仅需要发挥跨部门、跨区域的政府间协调联动作用，还需要进一步整合政府、企业和社会组织等多元主体的力量。《突发事件应对法》规定，县级以上各级地方人民政府是突发事件应对与处置过程中履行统一领导职责的责任主体。

尽管法律赋予政府采取应急处置措施的权力和使其成为应急处置的责任主体，但各级政府并非唯一主体，危机应对与处置需要社会主体的积极参与和共同协作，社会组织和公民也应在应急处置中履行相关责任与义务。在公共危机应对与处置的实践中，涌现了大量值得关注和发挥重要作用的社会共治行为。以此次新冠肺炎疫情危机为例，在党中央的集中统一领导下，从医疗物资的分配调度到政府、企业、社会组织的协同合作，全国上下形成了联防联控、群防群治的应对机制，多元社会治理主体积极参与疫情防控。在探讨危机应对与处置法治化的主题中，社会治理中的社会共治视角需得到进一步关注。法学学者普遍认为，在危机应对与处置中，公共危机的社会共治可以从逻辑上有效缓释紧急状态"集权"

引发的制度困境。①

（一）社会共治在危机应对和处置中的制度功能

社会共治制度在公共危机的应对与处置中具有重要的制度功能。由于公共危机治理的系统复杂性以及治理资源供给的即时短缺性，紧急状态下当供给与需求匹配失衡时，政府需全力开展应急动员、组织、调配人力、物力和财力并整合与协调社会资源，②与社会多元主体形成风险共治与责任共担的治理机制，从而达成新的资源供需平衡。公共危机下的社会共治可实现政府之外社会主体的广泛参与，推动社会主体由治理客体转为治理主体，并能够有效降低危机状态下政府风险治理的高成本。可以说，公共危机与社会共治之间存在内生性的制度功能匹配与契合。

中国"社会共治"的话语产生既深受西方治理理论的影响，也蕴含中国传统政治哲学的"共治"智慧，近十年来伴随着中央的政策变迁而被赋予丰富的内涵。党的十八届三中全会做出了推进国家治理体系和治理能力现代化的重大战略部署，此后多元主体共同治理渐次成为中国地方社会治理实践创新中最为活跃的治理模式，诸如多中心治理、多元治理、合作治理、协同治理、合作伙伴关系等术语和概念层出不穷。社会共治理论目前还处于构建当中，公共管理学者尝试对其进行定义，如王名将其界定为"多元社会主体在共享社会权力的基础上共同治理公共事务，通过协商民主等手段发起集体行动以实现共同利益的过程"③。也有学者如唐清利提出社会共治不同于协商民主，既强调党政主导，又强调社会参与，其本质是要解决公权与私权合作治理社会问题。④

萨拉蒙（Salamon）在构建"新治理"理论时提出，治理要想区别于传统的统治，就必须重视多方治理主体的合作共治，以此体现各类主体的广泛协作关系。⑤新冠肺炎疫情发生以来，社会治理主体自发、有序、积极参与公共危机的协同治

---

① 刘乃梁.公共危机的社会共治:制度逻辑与法治进路 [J].江西财经大学学报,2020（6）:120.

② 罗依平,汤资岚."急时行政"背景下强化政社共治机制研究 [J].学术探索,2020（9）:46.

③ 王名,李健.社会共治制度初探 [J].行政论坛,2014,21（5）:68–69.

④ 唐清利.公权与私权共治的法律机制 [J].中国社会科学,2016（11）:112.

⑤ Salamon LM, Elliott O. The Tools of Government Action: A Guide to the New Governance[M]. Oxford: Oxford University Press, 2002.

理。在协同治理中，政府始终处于法定的应急主导地位，一方面政府对社会主体的不规范行为及时予以调整与问责，另一方面鼓励和支持社会主体参与应急治理和公共服务供给，并适时出台政策指引和引导治理主体有效应对危机治理。需要指出的是，提倡和推进共治的观念并不意味着政府职能的缩减和政府责任的减少，也绝非倡导政府"甩包袱"，其目的在于倡导政府、社会组织和公众等多元主体在党的全面统一领导下协同参与社会治理实践，从而激发出利好社会治理的各种要素的潜力。[①]由此本节中的社会共治是指政府主导下的社会协同，并实现对社会资源的合理挖掘与统筹。在突发公共危机的应对与处置中，制度实践体现在社会团体参与救助（包括其提供的志愿服务与开展的慈善活动）、社会组织区域自治、市场主体风险共担等典型事例中。

（二）社会共治的制度核心：应急限权与共治赋权的平衡

在应急法治中，行政权具有优先性，即在应急状态下，与立法、司法等其他国家权力和公民法定权利相比，行政权力的行使具有优先性、强制性以及权威性。《突发事件应对法》第四条规定了"分类管理、分级负责、属地管理"的应急管理体制，赋予了不同危机级别下不同层级政府对所辖行政区域内突发事件处置的不同权限。在非常态下，行政权力的实体强化、程序简化以及社会主体权利某种程度的克减都是突发事件应急的必然之举。但与此同时也引发了公权与私权的冲突现象，公民克减的权利也一度成为制度牺牲品。2020年年初新冠肺炎疫情肆虐时，各地政府普遍采取高压的防控政策，出台了"足不出户，否则一律予以治安拘留"等过于简单、严苛的管控和处罚措施，突破了《传染病防治法》《突发事件应对法》《突发公共卫生事件应急条例》等现有法律规范所设定的紧急状态下的防控措施，部分行政指导甚至上升为行政强制，使得行政应急权力被滥用，且个人在应急状态下所履行的义务也被无限度扩张。[②]明确行政应急权力的边界和限度是应急的关键性问题。

在行政应急的基本法治理念中，"共同治理"是用于弥合公共危机下公权与

---

① 参见夏锦文.坚持走中国特色社会主义社会治理之路[N].新华日报，2017-11-01（11）.

② 赵宏在疫情防控期间曾发表多篇文章，对各地出现的管控权限、隐私侵犯、权利收缩、信息公开等问题进行了法理层面的批判和反思。详细可参考赵宏.疫情防控下个人的权利限缩与边界[J].比较法研究，2020（2）：11-24；赵宏.数据抗疫中患者的信息披露与隐私保护[EB/OL].[2021-08-01]. https://www.163.com/dy/article/F7F43G6S0518KCLG.html.

私权紧张冲突、释缓紧急状态下行政权集中和强制所引发的制度困境的有效制度逻辑和原则要求。为消除政府中心主义或社会中心主义带来的治理失效，社会共治是提升社会治理效能、降低制度运行成本的有效治理模式。① 由此可知，危机应对与处置并非意味着政府孤军奋斗。在新冠肺炎疫情防控过程中展现出的实践经验也证明，政府与社会多元主体如社会组织、企业群体等开展协同合作与共同治理如动员社会工作者或专业志愿者开展应急事件的处置工作等，能更好地实现危机应对的目标。《突发事件应对法》第六条规定，国家建立有效的社会动员机制，增强全民的公共安全和防范风险的意识，提高全社会的避险救助能力。该法第二十六条第二款、第三款规定："县级以上人民政府及其有关部门可以建立由成年志愿者组成的应急救援队伍。单位应当建立由本单位职工组成的专职或者兼职应急救援队伍。县级以上人民政府应当加强专业应急救援队伍与非专业应急救援队伍的合作，联合培训、联合演练，提高合成应急、协同应急的能力。"《传染病防治法》也明确"支持和鼓励单位和个人参与传染病防治工作"，并将居民委员会、村民委员会等基层社会组织纳入疾病防控体系。

通过上述相关法律规定可知，紧急状态下实现社会共治的前提是政府需要将自身的权力逐渐向其他主体让渡并实现"赋权"，即在法律允许的范围内，依法向各个参与主体授予相应解决问题的权力，并根据实现目标的差异授予不同的权力。政府主导下多元主体的合作治理，其核心要义在于共享裁量权，如何共享裁量权决定着政府治理的有效性、合法性与治理难度。② 实现政府治理权能的分化转移是危机治理"社会共治"维度的核心问题，即实现包括政府、社会组织、企业、公众在内的多元主体共同治理社会公共事务，构建政府、社会、市场多元主体的合作治理架构。合作、协调、伙伴关系、互利共赢是共治的基本精髓。③

在多元治理主体通过多种机制相互融合的过程中，多元主体之间的权力、资源和责任的行使是实现共治的制度保障。根据哈贝马斯的公共领域理论，社会共

---

① 参考 Jan Kooiman, Governance and Governability: Using, Complexity, Dynamics and Diversity [M]. London: Sage Publications, 1993: 252; 夏锦文. 共建共治共享的社会治理格局：理论构建与实践探索 [J]. 江苏社会科学, 2018（3）: 56.

② 约翰·多纳休，理查德·泽克豪泽. 合作：激变时代的合作治理 [M]. 徐维，译. 北京：中国政法大学出版社, 2015: 51.

③ 石佑启，杨治坤. 中国政府治理的法治路径 [J]. 中国社会科学, 2018（1）: 69; 唐清利. 公权与私权共治的法律机制 [J]. 中国社会科学, 2016（11）: 111-115.

治范式建构了一个以公民在参与中行使代表权、政府与社会在协商与决策中能达成共识、赋权上能实现合作为边界的公共领域，其中，公民控制、集体行动和共治构成的公共领域是社会共治的理想状态。[①]在公共危机应对情境下，行政应急限权与社会共治的赋权需形成一种有效的平衡，这也是公共危机治理的核心问题。

（三）危机应对的制度逻辑与权责一致的法治保障

政府应急管理体系与社会共治体系并非相互平行的治理体系，而是相互交叉、基于问题导向的制度联结。[②]在这样的制度联结中，社会共治体系的制度逻辑与公共危机的衍变逻辑以及政府应急管理体系密不可分，推动社会共治体系与公共危机管理体系相融合是社会共治未来的发展目标。从公共危机发生过程的维度出发，社会共治实践更多地发生在危机的应对和处置阶段。从事中规范来看，仍需健全社会共治主体的行为指引，通过"良法善治"强调对公共危机响应行为的引导和规范，依托现行应急管理的体制、机制和法制，明确社会共治主体参与公共危机的具体通道。需要注意的是，引导和规范的政策指引应基于各地共治的实践，将宏观指引与区域探索相结合，特别是在公共危机中，需要依据突发事件的区域性特点开展具体应急行为。公共危机应对的紧急性也是对规则产生有效性的制度需求。

社会共治体系的制度逻辑还需遵循权责一致的重要原则。为避免公共危机中的社会共治陷入失序状态和自由主义的误区，避免赋权中的责任供给不足而导致共治主体的法治意识缺乏，社会共治的制度展开应当坚持赋权与责任对等的原则，实现权责一致。简而言之，在法治框架下，政府向社会主体赋权使其拥有参与应急治理权力的同时也应明确其与行为相对应的法律责任。在公共危机的社会共治的制度逻辑中，权责一致的原则既要求政府在应急治理中明确自身定位，制定前瞻性的行动框架，也需要社会主体在强化自身管理的同时，承担和分享公共责任。[③]

---

①　哈贝马斯对"公共性"概念的分析，可参见〔德〕哈贝马斯.公共领域的结构转型 [M].曹卫东，译.上海：学林出版社，1999；〔德〕哈贝马斯.在事实与规范之间——关于法律和民主法治国的商谈理论 [M].童世骏，译.北京：生活·读书·新知三联书店，2011.

②　刘乃梁.公共危机的社会共治：制度逻辑与法治进路 [J].江西财经大学学报，2020（6）：122.

③　孔繁斌.公共性的再生产——多中心治理的合作机制建构 [M].南京：江苏人民出版社，2008：14.

首先，与常态化的社会共治相比，公共危机中的社会共治缺乏必要的制度试错、容错空间。由此从风险防控的角度而言，社会共治的有序开展更需要依靠事前的法治予以规范，其仍离不开"良法善治"的法治保障。善治是一种有效的治理，是政府与公民之间积极而富有成效的合作治理，法治强调善良规则之治，要求政府和社会都要做到有法可依和有法必依，且所依之法是"良法"。特别是需要在危机爆发前依托"良法"指引社会多元主体积极有效地参与危机治理实践。在完善相关应急法制和机制建设中，明确社会共治的法律赋权从"宣示性"功效转为"实质性"赋权。虽然目前主要应急法律规范均认可公民与社会组织在突发事件应急中的重要作用，但现有法律缺乏对公民与社会组织参与社会应急的权力与权利、义务与责任的具体性规定。由此，需要将社会主体参与危机治理的规定丰富为权责一致、运行规范的社会共治法律制度体系。

其次，社会多元主体"合作性安排往往涉及超越公私有别的责任分担与相互的责任性"，[①] 在分享权力的同时也带来责任的模糊化，产生相互推诿责任、责任转嫁、责任认定困难的潜在风险。而法治任务则是要减少权力交叉，以实现权力及其对应的责任明晰化，并在法律层面对责任范围、认定与划分、追责机制等方面进行制度再造。在高层次责任划分上，公共危机中政府应当承担一种担保责任，确保危机治理目标实现；在低层次责任上，政府和社会治理主体应当基于法律规定的具体职责或合约产生的义务，承担各自的责任。逐步明确责任范围和类别、担责主体和形式、追责主体和程序、追责执行与保障等，建立规范化的责任追究制度和系统的责任法律体系，既要防止法外追责，也要防止政府责任遁于法外。[②]

四、危机恢复与重建：社会心理服务体系的规范化建设

当公共危机形势得到基本控制时，危机治理工作就步入了下一阶段——危机恢复与重建。危机恢复是指在公共危机局势已被基本控制，以政府为主的治理主体为了保证人民的生产生活、满足危机受众的紧急需求而采取的所有恢复社会正常秩序和运行状态的措施总和，其中主要包括社会安全秩序恢复、生活生产恢复和废墟及废弃物处置等。危机重建是在危机恢复阶段后，通过有规划和分批次地

---

① 朱迪·弗里曼. 合作治理与新行政法 [M]. 毕洪海，陈标冲，译. 北京：商务印书馆，2010：46.

② 石佑启，杨治坤. 中国政府治理的法治路径 [J]. 中国社会科学，2018（1）：88.

对被危机破坏的生产环境、生活环境以及社会环境进行恢复与重建，使其复原到甚至优于危机爆发前的情景。除了恢复与重建社会秩序、生存环境等显性环境外，还需要特别重视恢复社会心理等隐性环境，提供心理危机救助和社会心理服务。

在重大公共危机发生后，社会公众的心理状况也遭遇了剧烈的冲击。危机不仅影响个体的身心健康，也会影响公众对政府的信任、经济信心、社会心态、消费行为等社会心理行为。特别是在危机恢复与社会重建阶段，社会心理服务体系规范化建设的推进和完善对培育灾后积极的社会心态、疏导负面社会心理和情绪、凝聚社会共识、实现灾后社会安全与秩序稳定有着重要作用。作为社会治理体系的核心构成之一，社会心理服务体系是社会治理良性心理基础的重要来源，而良性的心理基础是社会治理有效推进的稳定器，也是社会和谐稳定的重要前提。

（一）社会治理视域下的社会心理服务体系

2017 年 10 月召开的党的十九大第一次正式提出"社会心理服务体系建设"，将社会心理服务纳入社会治理体系中。党的十九大报告提出要"加强社会心理服务体系建设，培育自尊自信、理性平和、积极向上的社会心态"[①]。党的十九届四中全会强调，"健全社会心理服务体系和危机干预机制，完善社会矛盾纠纷多元预防调处化解综合机制"。作为社会治理四大体系之一，社会心理服务体系具有自身特殊的内涵与机制，其既包括微观层面的个体心理社会服务，也包含宏观层面的社会群体服务。[②] 按需求刚性程度由强到弱，社会心理服务可分为精神障碍患者的诊疗、心理行为问题人群的心理咨询、普通人群的心理健康知识普及和心理辅导等，既包括突发事件等非常态状态下对个体的心理危机干预和更为长期的心理援助，也包括常态生活中对个体的心理咨询、对普通人群的心理健康教育和心理学知识普及，以及更宏观层面的社会心理疏导和社会心态塑造。[③]

作为社会治理体系的重要构成，社会心理服务体系的建设是新时代社会治理

---

① 社会心态是指在一定时期内社会多数成员受到社会环境和文化环境的影响而表现出来的普遍一致的心理特点和行为模式。

② 在危机管理中，社会心理服务可通过社会心理组织对突发性个体心理危机与群体危机进行及时的应急干预。参见卢俊，陈宇舟.社会心理服务体系建设：理论意义与实践路径 [J]. 红旗文稿，2019（24）：31.

③ 陈雪峰，傅小兰.抗击疫情凸显社会心理服务体系建设刻不容缓 [J]. 中国科学院院刊，2020，35（3）：258.

创新的重要内容和手段，其目的在于培育和涵养社会心态以增强群众的幸福感、获得感和安全感。有学者提出，"社会心理服务体系不应该仅仅是心理健康服务体系，更是一种社会治理体系，侧重解决全社会面临的普遍性、群体性的社会心理问题，通过共同梦想、共同理想、共同目标凝聚民心以实现中华民族伟大复兴的中国梦，培育和引导积极社会心态"①。从概念外延来看，社会心理服务体系具体涵摄社会心理监测系统、社会心理引导系统、社会心理支持系统、社会心理健康服务系统和社会心理危机应急系统五个子系统。

（二）危机恢复与重建中的社会心理服务体系

突发事件与公共危机往往会演变为具有多重性质的复合事件，并引发后续的衍生危机与次生灾害。各类突发事件及其后续衍生危机在给社会带来物质损害的同时，也对公众个体和社会群体的社会心理造成了不同程度的冲击与破坏。在突发事件发生后，原本环境的确定性和可预测性遭遇一定程度的破坏，正常的生产生活秩序被打乱，人们失去了对原有秩序生活的控制感，这种不确定性的增加也会让人们产生焦虑、消极、悲观的情绪，而这种情绪甚至会进一步演化和升级，乃至产生更极端的愤怒、绝望和恐慌。在危机恢复与重建阶段，民众的心理反应主要分为两类：一类是受到生物本能影响的各类情绪和生理的生物性应激反应，另一类是社会性心理和行为的应激反应。其中，社会性应激反应若未能得到有效处理将会引发民众的负面衍生行为，如价值衰落、国家信任、官民冲突、反社会行为、集群倾向等，直接威胁国家稳定与民生问题。② 由此，危机恢复与重建阶段应更关注非稳态人群的心理疏导。

以新冠肺炎疫情公共卫生危机为例，此类事件往往伴随心理应激状态的出现，社会公众易产生害怕、焦虑、恐惧、愤怒等负面情绪，继而引发一系列"涟漪效应"，甚至可能导致不可预计的灾难性后果。③ 新冠肺炎疫情发生以来，习近平总书记多次强调心理疏导、人文关怀的重要性。习近平总书记在湖北和北京等地考察疫

---

① 辛自强.社会心理服务体系建设的定位与思路 [J].心理技术与应用，2018，6（5）：259.

② 许燕.社会治理：社会心理与心理健康双路径服务的殊途同归 [J].兰州大学学报，2020（2）：3.

③ 参见谢晓非，郑蕊.风险沟通与公众理性 [J].心理科学进展，2003，11（4）：375-381.

情防控工作时,多次要求加强心理疏导和心理干预,尤其是要加强对患者及其家属、病亡者家属的心理疏导工作。[①] 国务院于 2020 年 1 月底 2 月初下发《新型冠状病毒感染的肺炎疫情紧急心理危机干预的指导原则的通知》《关于设立应对疫情心理援助热线的通知》《关于印发新型冠状病毒肺炎疫情防控期间心理援助热线工作指南的通知》等文件,指导各地有序开展疫情期间社会心理服务工作。

危机恢复与重建阶段的社会心理服务体系建设首先需了解公众在突发事件或危机事件后对社会秩序恢复与社会稳定的基本心理需求,要在危机爆发应急预案响应机制启动的同时,开展相应等级的危机社会心态评估、社会心理预警以及社会心理干预工作。在危机恢复与重建阶段,要以构建应急心理服务体系作为社会心理服务体系建设的重点,主要内容包含为直接或间接被危机波及的社会群体提供相应的心理健康服务,以及及时关注和监测外围公众的社会心态,及时疏导社会群体的心理健康问题,实施精准的分类分级干预措施。构建应急心理服务体系的核心目标旨在防止公众大规模负面情绪感染,有效阻止由于群体盲从产生的哄抢物品、听信偏方、传播小道消息等不良从众行为蔓延,避免扰乱社会秩序的行为发生,[②] 并实现社会心理平衡和安全感的恢复,提高公众对政府开展突发事件善后处理的配合度以及提高应急管理的效率。

(三)应急心理服务体系规范化建设

应急心理服务体系是社会心理服务体系的重要组成部分。2018 年,国家卫生健康委和中央政法委等 10 部门启动社会心理服务体系建设试点工作,同时印发《全国社会心理服务体系建设试点工作方案》,提出要"将心理健康服务融入社会治理体系、精神文明建设,融入平安中国、健康中国建设",探索常态化社会心理服务工作机制和体制。突发事件和公共危机对应急心理服务体系的规范化建设也提出了迫切的需求。在经历 2003 年"非典"疫情、2008 年汶川地震等重大突发事件后,我国在应急心理服务体系建设方面积累了一定的有效经验。2012 年国家减灾委员会出台的《关于加强自然灾害社会心理援助工作的指导意见》在及时恰当开展自然灾害社会心理援助工作和探索适合中国国情的社会心理援助工作方面做出了确切要求。2018 年新修改的《中华人民共和国精神卫生法》进一步规范了

---

① 习近平.在湖北省考察新冠肺炎疫情防控工作时的讲话 [J].当代党员,2020(7):3.

② 林悦.危机治理情境下社会心理建设问题研究 [J].中共郑州市委党校学报,2020(3):71.

突发事件爆发后依据预案开展心理援助工作的具体要求。

2020 年新冠肺炎疫情爆发，凸显出我国应急心理服务体系建设的诸多不足。尽管社会心理服务体系正逐步规范化，但目前我国仍缺乏规范化、标准化和制度化的应急心理服务体系。首先，我国突发事件的应急管理法律法规如《突发事件应对法》《突发公共卫生事件应急条例》《突发事件应急预案管理办法》等中尚无相关的社会或应急心理服务保障机制的规定，只在应急预案中提到个体层面的心理援助。《中华人民共和国精神卫生法》明确指出，各级人民政府和县级以上人民政府有关部门制定的突发事件应急预案应当包括心理援助的内容；《国家突发公共事件总体应急预案》中提到要对突发公共事件中的伤亡人员、应急处置工作人员等提供心理及司法援助，但关于突发事件心理服务体系工作人员的岗位职责、工作内容以及对突发事件心理危机应急响应的启动与解除条件、应对措施等都未做出详细规定。以此次新冠肺炎疫情为例，虽然国家卫生健康委发布了多部疫情心理服务指导性意见，专业机构和社会组织也相继出台了多项专业与伦理规范，但由于文件层级较低且并不具备强制性，实践开展的效果存在较大差异。此外，应急心理服务存在供需不对称、实施效果难评估等问题。

在危机恢复与社会重建阶段，亟待完善和推进社会心理服务体系，特别是应急社会心理服务体系规范化建设并且通过将应急心理服务保障体系纳入应急管理体系中逐步完善应急管理法律规范体系。首先，需将应急心理服务纳入应急管理法律规范中，着重考虑在危机重建阶段的计划中增加个人层面的长期心理援助和群体层面的社会心理服务内容，将心理服务工作的目标、内容、流程和评价体系制度化与法治化，纳入突发事件应急处理法律规范建设。其次，在应急管理法律规范修订过程中，应明确应急管理心理服务的主管部门与响应机制，明确突发事件监测预警、危机应对与处置、事后恢复与重建中个体层面和社会层面的心理服务工作机制。[①] 如考虑在应急管理部下设立应急心理服务领导和管理小组，或可在省级应急管理厅下设立应急心理服务中心，由这些主管部门牵头负责制定公共危机应急心理服务总体规划、设立分级心理应急响应机制及预案，并制定各级心理服务工作实施标准和相应工作保障机制。再者，增设应急心理服务预案与公共危机应急预案也是各层级政府的工作方向，就应急心理服务体系设计、部门联动、

---

① 陈雪峰，张琴，张乐祺. 美国应急管理社会心理服务体系及启示 [J]. 科技导报，2020，38（4）：83.

人员配备等问题做出具体部署,并在实施层面匹配相应的人力、物力和财力资源,细化经费及日常演练的具体方案。在具体的机制运行中,进一步完善社会矛盾冲突的心理疏导和危机干预机制,对多发易发的矛盾冲突和危机进行及时疏导和有效干预,做到早发现、早预防、早处置。[①] 最后,推进社会心理支持系统建设也应成为应急心理服务体系建设重点,尤其是针对危机治理中的特定群体如失独失孤人群,具体而言可整合政府支持系统、社会支持系统和人际关系支持系统的资源力量,构建社会心理支持的服务网络,并推进运行机制规范化,为因危机遭受身体伤害和心理创伤的社会公众提供优势互补、功能齐全的链条式社会心理支持保障。

第三节 危机与风险应对情景下纵向社会治理法治化推进

政府作为一个多层级的治理体系,其纵向的权力关系与结构无疑会对社会治理产生相应的影响。"中国的纵向间政府关系呈现出显著的自上而下治理特征纵向间政府结构是一种压力型体制"。[②] 在市域社会治理中,存在市、县(区)、乡镇(街道)三类政府之间的纵向治理架构以及最基层的村(社区)治理单元。在公共危机和各类社会风险要素叠加的背景下,社会治理中的一些突出矛盾和重大风险往往在市域产生汇聚,如何将其化解在市域、不再外溢扩散,已成为市域社会治理亟待高度重视和着力解决的重大现实问题。运用法治思维和法治方式防范与化解市域社会矛盾风险具有重要作用。在街道与乡镇层面,公共安全事故这一类型的突发事件与危机往往源自各类潜在社会风险的交织蔓延和集中爆发。源自北京平谷的"街乡吹哨、部门报到"的创新执法机制是一种应对公共危机与风险治理的有效治理模式,并在全国范围内得到广泛的推广;在最基层的治理单元社区与乡村层面,识别各类社区隐患与风险、强化对社区特殊人群的管理与依法打击乡村恶势力等是危机与风险情境下推进社区与乡村治理法治化、构建韧性社区与韧性乡村的重要内容。本节旨在深入探讨上述议题。

---

① 周鹏宇,王翠芳.在社会治理创新中加强社会心理服务体系建设 [J]. 中共山西省委党校学报,2019,42(6):88.

② 汪锦军.纵向政府权力结构与社会治理:中国"政府与社会"关系的一个分析路径 [J]. 浙江社会科学,2014(9):130.

一、市域社会治理法治化：统筹推进市域重大矛盾风险法治化解

在社会利益关系日趋复杂、社会阶层结构分化、社会矛盾风险交织叠加的背景下，整体社会稳定形势与安全发展还不容乐观，矛盾风险防范中既有存量问题又面临增量风险。一是既已存在的问题尚未处理完成，如民生领域依旧存在不少短板，征地拆迁、企业改革发展过程中部分新旧难题未得到妥善解决，公共安全领域还有不少隐患和风险点，流动人口社会融入和服务管理存在不少困难，社会治安依旧存在盲点和薄弱环节。二是社会矛盾风险存在扩大蔓延甚至升级的可能，城市化的迅猛发展以及人们对民主、法治、公平、正义、安全、环境的愈发强烈需求都增加了社会矛盾和社会风险发生的可能性。针对在市域层面产生和汇集的重大矛盾风险，如何将其化解在市域、不再外溢扩散，如何避免风险进一步演化为公共危机，业已成为亟须高度重视和勠力解决的重要议题。

《"十四五"规划和纲要》中提出加强和创新市域社会治理，推进市域社会治理现代化；统筹发展和安全，建设更高水平的平安中国。"市域社会治理现代化"既是社会治理现代化的切入点和突破口，也是稳步推进地方平安工作的重要抓手。2020年2月，中央政法委制定了《全国市域社会治理现代化试点工作指引》，明确了实现市域社会治理现代化的重点任务和要求，提出市域社会治理现代化的工作布局之一是防范化解社会矛盾风险，特别是在市域层面化解重大矛盾风险，其核心任务是提升市域风险防控与群众服务水平。[①] 在2021年1月9日中央政法委工作会议上，陈一新进一步做出指示，要求"健全源头防控治理、多元排查化解、社会稳定风险评估等工作机制，努力把重大矛盾隐患解决在市域"[②]。防范与化解市域社会矛盾风险的创新手段主要体现在发挥政治引领、法治保障、德治教化、

---

① 有较多学者都对"市域社会治理"做了相关概念界定。通常而言，"市域社会治理是指在设区的城市区域范围内社会治理主体（党委、政府、群团组织、经济组织、社会组织、自治组织、公民）在形成合作性关系的基础上，运用一定的社会控制手段（党建、法律、道德、心理、科技、民规民约）化解市域社会矛盾、解决市域社会问题，以达到促进市域社会和谐稳定的目的的一种枢纽性基层社会治理"。参见陈成文，陈静，陈建平.市域社会治理现代化：理论构建与实践路径 [J].江苏社会科学，2020（1）：44.

② 马守玉.如何推进扫黑除恶长效机制建设？这个会议给出答案 [EB/OL].（2021-01-10）[2021-08-11].http://www.chinapeace.gov.cn/chinapeace/c100007/2021-01/10/content_12436552.shtml.

自治强基和智治支撑作用上。

虽然市域社会治理是一种采用包括法律、道德、科技、经济社会等诸多手段的综合治理，但强化法治保障、坚持依法治理，运用法治思维和法治方式防范与化解市域社会矛盾风险具有重要作用，特别是在完善重大决策社会稳定风险评估机制、社会矛盾排查预警机制方面，运用法治手段将维护社会稳定的关口前移，通过源头治理控制增量、专项治理减少存量。法治是社会治理现代化中体现社会进步的重要标志，需要充分发挥法治固根本、稳预期、利长远的作用，将市域社会治理纳入法治化轨道。目前，"法不够用""法不好用""有法不用""执法不严"等问题仍分布在社会治理法治化各环节，统筹推进市域重大矛盾风险法治化解，可充分利用设区市的立法权与执法权，在实践中强化系统性立法思维助推市域社会立法工作开展。同时，以重大决策社会稳定风险评估制度推动重大行政决策科学化、民主化和法治化，从而降低重大决策的风险和不利后果，避免一切可能由社会稳定风险演变升级成的群体性事件和社会危机。再者，在化解重大疑难矛盾纠纷中应发挥人民调解、行政调解以及司法调解的合力，实现三者优势互补和功能衔接。

（一）充分利用设区市的立法权为市域重大矛盾风险化解提供制度依据

推进市域重大矛盾风险法治化解首先需确保有法可依，坚持良法善治，推动制度体系更加科学，行政执法更加规范，公民权利更受保障。2015 年，《中华人民共和国立法法》修正后将地方立法权大幅度扩充到所有设区市，这也使得市域社会治理概念具备了基本的法律制度基础。市域社会治理主要涉及的是基层地方事务，具有很强的地域性。设区市获得地方立法权后，市级层面拥有了包括地方性法规、地方政府规章和规范性文件这三层制度建设路径，制度建设格局在立法权的有力支撑下得以放大，制度建设空间得以同步拓展。基于推进国家治理体系和治理能力现代化建设的时代背景，怎样"依法有效行使设区的市地方立法权力"[①]和地方制度建设资源优势，针对应急管理、公共安全等本地社会治理领域具体问题制定科学规范、有效运行的地方性法规并探索富有地方特色的创制性立法，为市域重大矛盾风险法治化解提供更多制度成果成为推进市域社会治理法治化中亟

---

① 公丕祥.认真对待区域法治发展 [N].新华日报，2016-04-29（18）.

待回应的现实课题。

2020年10月，中央政法委主持召开全国市域社会治理现代化试点工作第一次交流会，陈一新提出要充分利用"设区的市具有相对完备的立法和行政司法权限，制定地方性法规规章，具有更大更灵活的自主创新探索政策法律空间"[①]。在风险社会背景下，从立法层面自主探索地方性的矛盾风险防控机制可在制度供给上变被动立法为主动立法，变"部门立法"为"开门立法"，有效避免或最小化社会风险，以立法引领社会治理。根据市域社会治理现代化建设的内在属性和对市域重大矛盾风险化解的制度需求，设区市立法可重点从以下几方面开展：

一是确立"包容性"的立法思维，构建"开放性"的社会治理风险防控化解规范体系。"风险社会中的立法应当是一种具有开放性和包容性的框架立法，以开放的方式和包容的价值面对新生的具有不确定性的社会事务或社会状态，以此来应对偶然性给法律带来的不确定性冲击。"[②]在规避风险的具体预防性措施上，注重对风险发生前的预测引导和风险发生时的处理控制而非风险过后的恢复重建；在相关规定内容上，注重地方性法规、规章、规范性文件之间的衔接，通过部分法规规章的开放性，增强应对风险的灵活性和稳定性；在立法机制上，有效的风险防控与化解需要吸纳社会各方参与其中，构建具有社会大众自觉自愿参与和对风险防控工作心理认同的共同体。[③]

二是确立"系统性"的立法思维，构建"集约化"的市域社会治理立法规范体系。社会治理体系和治理能力现代化的重要机制是系统治理。首先，要以系统性和整体性的谋划推进市域社会治理立法工作，整合、统筹、合理分配制度建设资源，共同发挥地方性法规、规章和规范性文件在推进市域重大矛盾风险法治化解中的制度建设合力，实施立法"组合拳"。其次，善于精准运用授权条款等开放性的立法技术，建立地方立法与外界制度规范相衔接的开放端口，在地方性法规或政府规章中授权政府或相关主管部门通过制定规章和规范性文件的方式，细化执行性措施。通过实施地方立法权的适度分离，在实现为自身"松绑"的同时，可以

---

① 陈言.陈一新：着眼把重大矛盾风险化解在市域，打造社会治理的"前线指挥部"[EB/OL].（2020-10-22）[2021-08-11].http://www.chinapeace.gov.cn/chinapeace/c100007/2020-10/22/content_12406293.shtml.

② 杨春福.风险社会的法理解读[J].法制与社会发展，2011，17（6）：112.

③ 参见文军.新型冠状病毒肺炎疫情的暴发及共同体防控——基于风险社会学视角的考察[J].武汉大学学报（哲学社会科学版），2020，73（3）：5-14.

集约、集中有限的立法资源，更加聚焦于市域社会治理中的关于重大矛盾风险法治化解的立法事项规范，从而有利于增强市域社会治理立法中的统筹规划功能。

三是确立"可操作性"的立法思维，构建"落地化"的社会治理立法实施体系。法律的生命和权威都在于实施。可操作性事关市域社会治理地方立法的实施效果与地方立法权的权威性。若制度设计创新上存在"先天不足"，其注定在实施中会陷入层层困境。由此，在创新制度设计上要同步配套具有可操作性的制度安排和创新实施体系。一方面在补充性立法层面，要为社会治理上位法律规范的执行提供配套支撑。在矛盾纠纷化解与风险防范方面，若国家层面的社会治理立法出现空档，地方立法则可按照科学立法、民主立法和依法立法的要求，承担起"最后一公里"和"落地化"的立法责任。另一方面，在操作目标层面，要确定适用便利性和成本适当性。适用便利性是为了解决法律规范操作"普适性"问题，是指法律规范设置的各种规则、程序等能够为适用对象所用，满足适用对象的普遍性要求；在成本适当性方面，法律规范的设计必须进行实施成本的衡量评估，规范要符合比例原则，这也是涉及法律规范操作成本的"可持续性"问题。[①]

（二）落实重大决策社会稳定风险评估制度

运用法治思维和法治方式防范化解市域社会矛盾风险需要完善落实重大决策社会稳定风险评估机制。近年来，由政府重大行政决策不当引发的关于土地征收、移民安置、邻避设施冲突、违法上访等各类社会矛盾风险层出不穷，官民矛盾与群体性事件不时出现。《"十四五"规划和纲要》中提出要"统筹发展和安全，建设更高水平的平安中国""防范和化解影响我国现代化进程的各种风险"。重大决策社会稳定风险评估机制（以下简称"稳评"）作为防范和化解社会矛盾风险、纠纷排查与调处的重要机制应运而生。重大决策稳评是指重大改革措施、重要政策、重大项目和活动等重大事项在出台、实施或审批审核前，对其可能产生的社会影响因素展开系统调查、预测、分析和评估，以便有效规避涉及社会稳定的风险因

---

① 以风险治理中的强制信息披露制度构建为例，立法机关在设定此项制度时，应当对义务人强制信息披露范围、披露方式进行谨慎的评估，避免因强制信息披露范围与方式的不当设计而造成义务人信息披露义务成本过高，反而可能会对义务人隐私、商业秘密以及市场竞争地位造成不合理的限制等。参见徐晓明. 行政许可持有人强制信息披露制度问题研究 [J]. 行政法学研究，2011（3）：60–65.

素。① 作为识别危机管理潜在问题、评估社会风险因素的有效机制，稳评之所以得以铺陈推广，是因为政府意图激发风险评估程序中的科学性和民主性，优化行政决策以避免决策非理性、不具可接受性而引发大的社会动荡。②

　　从 2005 年兴起至今，稳评受到党和国家的高度重视而持续推进，党中央、国务院和国家相关部委在政策文件、法律法规、会议精神中，多次要求重视、开展、实施以稳评为代表的风险评估和风险防控工作。逐步健全的稳评顶层制度设计，也成为了化解市域社会矛盾风险的重要制度保障。2021 年 3 月，中共中央办公厅、国务院办公厅印发了《关于加强新形势下重大决策社会稳定风险评估机制建设的意见》（国办发〔2021〕11 号），提出要做好新形势下社会稳定风险评估工作，从源头上防范化解社会矛盾风险。2020 年 10 月 21 日，在全国市域社会治理现代化试点工作第一次交流会上明确要求"要严格落实重大决策社会稳定风险评估制度"。2019 年 5 月国务院发布的《重大行政决策程序暂行条例》（国令第 713 号）将"风险评估"予以单列，设定为重大行政决策草案的法定程序，并要求"重大行政决策的实施可能对社会稳定、公共安全等方面造成不利影响的，决策承办单位或者负责风险评估工作的其他单位应当组织评估决策草案的风险可控性"。如前文提及，稳评的对象是重大改革措施、重要政策决策、重大项目和活动等重大事项，这些重大事项涉及面广、与公众切身利益密切相关、影响深远且极易导致矛盾纠纷并威胁社会秩序稳定，为此要对其进行社会稳定风险评估，评估内容涵摄合法性、合理性、可行性和可控性等指标。在具体的稳评实务模式中，传统行政机关、稳评主管部门主导的"经验式评估"和引入公众参与、专家论证和第三方的"参与式评估"均得到了不同程度的运用。有学者认为，稳评最初的运作模式与法治的价值是偏离的，为了实现稳评的实效性，激发稳评的风险治理和规制效能，在逐步嵌入了公众参与、风险沟通等具体装置后，稳评才被显现为一种民主决策机制的契机。③ 推动稳评法治化需要进一步实现评估主体中立化、评估程序民主化和评估信息公开化。

① 卢超，马原. 社会稳定风险评估机制的基层实践及其功能异化——以西北某省 H 镇的风险评估为例 [J]. 行政法论丛，2015（18）：390.

② 何军. 新时代行政决策社会稳定风险评估创新研究 [J]. 天津行政学院学报，2019（5）：11.

③ 林鸿潮. 社会稳定风险评估的法治批判与转型 [J]. 环球法律评论，2019（1）：113.

（三）推动人民调解、行政调解和司法调解衔接联动

市域治理具有解决社会治理中重大矛盾风险的资源和能力，是化解社会矛盾纠纷最有效的治理层级。近年来，各地均积极探索新时代社会矛盾纠纷多元化解的创新机制，市域立法机构结合本地实际情况，纷纷制定了或正在制定适合本土的纠纷化解相关地方性法规、规章或规范性文件，深化立法与调解方式的有机衔接，实现人民调解、行政调解和司法调解衔接联动。调解工作是防范化解矛盾纠纷的第一线，实现矛盾纠纷早发现、早化解，最大限度地把矛盾纠纷化解在萌芽状态。2019 年 5 月，司法部在全国调解工作会议上指出，"要进一步健全完善人民调解、行政调解、司法调解衔接联动工作机制，推动建立'综合性''一站式'调解工作平台，整合各类调解资源和力量，联动化解重大疑难复杂矛盾纠纷。到 2022 年，基本形成以人民调解为基础，人民调解、行政调解、行业性专业性调解、司法调解优势互补、有机衔接、协调联动的大调解工作格局"。

推进人民调解、行政调解和司法调解衔接联动，需确立适用调解的前提，明确区分各种调解方式的适用对象、适用条件和调解定位。依据《人民调解法》，人民调解调处范围是民间纠纷，即主要发生在公民之间的有关人身、财产权益和其他日常生活中的纠纷。人民调解具有社会自治性和当事人自主性，除法律法规外，非正式规则、约定俗成的道德准则和本土习惯都是人民调解重要的依据，调解过程中突出"情、理、法"的有机结合和发挥基础性作用。2020 年 5 月，司法部发布《全国人民调解工作规范》（SF/T 0083–2020），从人民调解组织、人民调解员、调解程序、调解制度等 9 个方面进一步规范了人民调解的业务工作；行政调解范围涵盖行政争议和民事纠纷，在涉及公安、民政、工商、教育等各类行政事项的行政争议时，可由受理行政机关或涉及主要管理工作的行政机关牵头调解。目前，以政府总负责、司法行政部门牵头、各职能部门为主体的行政调解工作机制已在全国遍地开花；司法调解主要是当事人双方在人民法院法官的主持下，通过平等协商、互谅互让达成协议，最终终结诉讼程序，化解纠纷。

与法律刚性的调节手段相比，人民调解与行政调解相对司法调解而言具有较大的灵活性、温和性和间接性，虽并非由专业审判机关主持进行，但具有调解成本低、社会效果良好等优势。但若当事人的协议内容已成为重大疑难社会矛盾纠纷，超出了法律底线和主持调解者的能力和资源，则要依靠人民调解、行政调解和司法调解衔接互动机制，以专业的司法调解和裁决代替人民调解与行政调解发挥作

用。在人民调解与行政调解之间，涵摄委托调解、移送调解、邀请调解等衔接机制。在邀请调解中，主要是行政机关对于适合由人民调解组织参与调解的民事纠纷或行政争议邀请当地人民调解组织指派人民调解员参与调解活动；而对于人民调解组织已受理的民事纠纷，其亦可邀请行政机关联合调解并最终达成协议；在委托调解中，通常行政机关可通过政府购买等形式向人民调解组织等社会力量委托开展民事纠纷相关的调解服务；移送调解主要也是相关民事纠纷，通过行政机关调解登记后引导向住所地、矛盾纠纷发生地等相关人民调解组织依法申请人民调解。而当这两者均不成功时，就需通过与司法调解的对接联动，运用司法手段化解纠纷，以防止常规问题向群体性事件、刑事案件和恶性案件以及重大负面舆情演变。

党的十八届四中全会明确要求建立非诉衔接和联动机制，应当包含两方面内容，一方面是法院要主动衔接和支持人民调解、行政调解，当事人达成人民调解协议申请法院确认其效力的，法院应当依法受理和审查确认其效力；当事人达成行政调解协议又进入诉讼的，法院应当依法审查确认其效力，最大限度地支持人民调解、行政调解的工作成果。另一方面是纠纷进入诉讼阶段后，人民调解、行政调解组织也应当积极配合协助法院开展相关诉讼活动。2021 年 2 月，最高人民法院发布的《中国法院的多元化纠纷解决机制改革报告》显示，人民法院主动融入诉源治理，通过在线调解平台集成基层人民调解力量，实现一站式多元纠纷调处机制。伴随着诉前调解成功案件增多，更多的纠纷尚未进入诉讼程序就在诉前得以化解，大量诉前调解成功案件自动履行，矛盾纠纷在基层得到有效化解，进一步缓和了社会矛盾冲突，有力促进了社会和谐稳定。

二、街道与乡镇治理法治化：应急治理中"街乡吹哨、部门报道"创新执法经验

街道与乡镇是我国最基层的行政治理层级，承担着贯彻和执行党与国家各项法律与政策的职责，是各项基层工作的最终落脚点。伴随着城市化进程的加快，基层聚集的社会矛盾不断增多，各类涉及环境整治、征地拆迁、生产事故、社会矛盾等与公众利益密切相关的社会风险与危机事故频发，为基层治理提出了新挑战。2021 年 7 月，中共中央、国务院印发的《关于加强基层治理体系和治理能力现代化建设的意见》指出，要构建常态化管理和应急管理动态衔接的基层治理机制；依法赋予乡镇（街道）综合管理权、统筹协调权和应急处置权；通过强化乡镇（街

道）属地责任和相应职权，构建多方参与的社会动员响应体系，增强乡镇（街道）应急管理能力。"街乡吹哨、部门报到"（以下简称"吹哨报到"）机制来源于北京市平谷区的一次"倒逼"整改的基层治理创新机制，这种在遇到基层常态治理难题与突发应急事件时下级"吹哨"、上级各部门30分钟内应急"报到"的联合执法新机制在实践中取得了良好的治理成效，切实解决了基层民众的需求，增强了民众的获得感、幸福感、安全感。"吹哨报到"机制不仅在北京市层面得到广泛推广，获得了2020年中央依法治国办颁布的关于第一批全国法治政府建设示范项目，还被写入了《"十四五"规划和纲要》，成为"十四五"指导基层治理的先进典型。

（一）应急处置与风险事件是"吹哨报到"机制应对的主要问题

"街乡吹哨、部门报道"工作机制发轫于北京市平谷区基层社会治理的实践创新，其起源于基层政府谋求解决治理实践中产生的金矿、河道等公共资源被破坏、占有和盗采等问题。平谷区隶属北京市，三面环山，矿产丰富。政府禁止开采金矿的政策出台后，在金钱驱动下仍有人冒险挖金牟利，十余年间发生数起盗采金矿及引致的安全事故，且屡禁不止。2017年1月，针对违法违规挖山采金的问题，平谷尝试建立了"吹哨报到"的社会治理机制，并取得了良好的治理成效。在"吹哨报到"治理机制中，平谷区将执法主导权下沉并强化了乡镇党委对社会治理的领导，同时建立了上下协作的联合执法机制。在这样的治理机制设计中，乡镇可在职权范围内通过"吹哨"的形式传达预警信息，在"吹哨"后各相关执法部门必须在30分钟内"报到"以实现问题就地解决。"吹哨报到"制度运行后，平谷区渐次构建起党建引领、部门联动、多方参与的社会治理新格局，有效解决了当地的顽瘴痼疾，也彻底治理了当地14年屡禁不止的金矿盗采盗挖等问题。

2017年9月，北京市委将平谷区经验作为全市的"1号改革课题"在16个区169个街乡进行试点。2018年1月，北京市委、市政府印发了《关于党建引领街乡管理体制机制创新实现"街乡吹哨、部门报到"的实施方案》（京办发〔2018〕6号），进一步明确党对街乡工作的领导，启动街道管理体制改革、建立街乡综合执法平台和"街巷长"工作机制、推进网格化管理和城乡"多网"融合。同年11月，中央全面深化改革委员会第五次会议审议通过《"街乡吹哨、部门报到"——北京市推进党建引领基层治理体制机制创新的探索》，高度肯定了"吹哨报到"模式，并倡议进行广泛推广。"吹哨报到"在北京其他区推广后，虽然各区治理面对的侧重点不同，但主要围绕综合执法、重大工作和应急处置三个领域的重要治理事务展开，并重点针对发生在基层的应急突发事件和社会风险问题。其中，针对的应急突发事件主要是突发的环保、食药、安全和群体上访等问题，涉及的安全生产风险问题主要有消防事故、安全生产事故等，主要的社会风险问题是公共秩序混乱，如街头小广告、住房群租、露天烧烤、占道经营等问题。在这些应急处置与风险事件中，"吹哨报到"机制发挥了较好的治理效果。

（二）"吹哨报到"的创新联合执法机制

北京市平谷区首创的"吹哨报到"联合执法模式，如今已成为应急治理中党建引领基层社会治理创新行之有效的经验并面向全国推广。"吹哨报到"模式旨在解决横向上部门合力不足、主动协作意识不强、治理重心偏高、各领域资源力量和执法权下沉不到位的问题。"街乡吹哨"把强化街道、乡镇党组织的领导作用，充分发挥街道乡镇统筹协调能力以发现公众需求并解决问题作为主要目标，"部门报到"则把利用政府职能部门力量下沉至街乡以聚合基层治理力量、提升问题解决效率作为重点。本质上，"吹哨报到"并未触动现有体制下党政关系，政府不同层级、部门和条块间的权力关系结构，也并未重新划分或调整法定的执法权责归属和管辖权。但能采用党建引领、问题制导、行政授权、力量动员和协同联动等机制，将基层党建组织和政府内部的多个行动者联结起来，针对特定的公共问题采取集体行动，并以精细化的治理程序和灵活性的机制应对外部环境的压力。①

1. 实现"赋权""下沉""支撑保障"三者的良性互动

在基层社会治理中，放权赋能不彻底、执法权重心偏高等问题导致基层政府无权及时处置社会问题，因此要改变基层政府有责无权的现状，需进一步理顺条块关系，促进条条、条块之间的协调，把握好"赋权""下沉""支撑保障"三者之间的关系。②从街道、乡镇的角度来看，街乡在被赋权之后，拥有了"吹哨"

---

① 参见孙柏瑛，张继颖.解决问题驱动的基层政府治理改革逻辑——北京市"吹哨报到"机制观察 [J].中国行政管理，2019（4）：75-76；刘锋.党建引领基层社会治理创新的实践探索与经验启示——以北京市"街乡吹哨、部门报到"为例 [J].中共天津市委党校学报，2019（3）：89-95.

② 参见张梦慧.北京市"街乡吹哨、部门报到"的内在机制探寻、理论解释及经验总结 [J].区域治理，2019（41）：6-9.

的召集权和监督权，能够保障"吹哨"之后职能部门"报到"，充分调动执法部门以联合创新执法解决基层风险与矛盾；从职能部门层面来看，将职能部门的派出机构或常驻机构下沉至街道、乡镇，使得各类职能部门在街乡召集之下凝聚治理力量，促进执法部门下沉至基层进行综合执法。其建立的清单式执法机制划定了权力责任清单范围，明晰了每个职能部门的职责任务，解决了职能部门之间相互推诿的问题。在这样的治理机制下，政府、社会以及市场在基层治理中的优势得以凝聚，同时借助制度、人力、信息、资金设备等支撑保障，着力化解基层社会矛盾风险，实现共建共治共享格局之下的协同治理与综合执法。

2. 完善"硬法"与"软法"相辅相成的执法依据

"吹哨报道"作为党建引领之下的基层社会治理机制，实现了法律规范与自治规范的结合。一方面，该机制建立了全方位、动态化的工作制度规范，含有工作安排部署、治理推进、评估考核、责任追究以及经验总结等各个重要环节的制度规范，各项制度形成有机闭环，在落实各部门职责的前提下，街乡作为执法主体，按照制度规范，对于违法行为依据执法程序进行处罚；另一方面，借助居民公约、村规民约等"软法"发挥自治规范作用，推动居民与村民自治能力不断上升。"硬法"与"软法"作为指导应急治理"吹哨报到"执法工作开展的重要依据，需实现两者的互相配合与补充，如"硬法"的创制要为"软法"预留一定的操作空间，而"软法"也要在"硬法"的制度框架内进行创新。两者的相互配合与协调，形成了相辅相成的执法依据，为党建引领基层社会治理提供全方位的规范支撑。

3. 推进街乡执法队伍培训与绩效考核制度建设

全面提高执法队伍的治理专业化水准需对综合行政执法的工作队伍及其成员的专业素养和业务能力进行定期培训与绩效考核。在培训方面可采取定期开展培训讲座或学习会形式，培训相关党建法律规范与执法专业技能，"吹哨报到"制度的工作任务和内容，涉及吹哨的准备、报到、运行、报告、考核、奖惩、总结七个步骤与一系列流程。在绩效考核方面，一方面要将"自上而下"的考评与"自下而上"的考评相融合，由区委、区政府对街乡组织考核，街道、乡镇对下设机构及职能部门进行考核，同时要自下而上地接受社会组织及公民的监督考核；另一方面，坚持健全日常检查与集中绩效考核相结合的方式，日常督查考核由街乡综合行政执法队伍对日常执法事务按月进行检查考核，发现重点、难点问题，集中绩效考核由执法工作领导小组对执法工作的完成落实情况按半年组织考核，对半年内各项工作的实际效果及经验进行总结，年终最终考核由执法工作领导小组对执法工作的履职状况和成果进行年度工作考评与工作总结,日常考核、集中考核、年度考核按照40%、30%、30%的权重计入最终考评结果,并将最终考评结果分为A、B、C、D四个级别,将考核结果与评优评先及人事任免、职务升降等挂钩,进行奖惩与公示。在健全组织自评的同时注重群众及第三方考核,将群众满意度纳入考评指标,提高街乡综合执法绩效考核的客观性和民主性。

2019年以来,北京市深化党建引领"街乡吹哨、部门报到"改革,推行以12345市民服务热线为主要渠道的"接诉即办"改革,旨在快速响应群众身边的操心事、烦心事和揪心事。"接诉即办"在"吹哨报道"的基础上加入了数据治理的理念,通过政府收集、分析以及应用数据达到既定治理目标,实现民生大数据与"城市大脑"融合,从而赋能城市管理、社会治理、民生保障工作,有效满足群众的多元与差异化诉求。为进一步深化"接诉即办"改革,2020年10月,北京市委、市政府出台了《关于进一步深化"接诉即办"改革工作的意见》,强调要建立机制完备、程序规范、标准清晰、法治保障的"接诉即办"制度体系和基层统筹、条块结合、多方参与、共建共管的"接诉即办"工作体系,推动首都基层治理体系和治理能力现代化。《"十四五"规划和纲要》中提出要推广"街乡吹哨、部门报到、接诉即办"等基层管理机制经验,推动资源、管理、服务向街道社区下沉,加快建设现代社区。"吹哨报到"作为一项系统性工程,不仅仅是指"三声哨""三个报到"①的狭义认识,更重要的是在党的领导下进行的城市基层治理综合执法体制创新改革,以街道与乡镇管理体制改革为切入点,切实解决与群众利益密切相关的各类事项。

---

① 具体而言,"吹哨"是指三种哨:一是综合执法哨,即针对治理乱象明确街乡承担主体责任,赋予其吹哨权力,从而快速调动资源,推动联合执法向综合执法转变;二是应急处置哨,为了实现快速反应、合力应对针对消防、防汛、地下管线等应急处置事项,整合各类政府服务管理资源;三是重点工作哨,即针对拆除违建、群租房、开墙打洞等重点工作的吹哨,确保各类重点问题在基层一线得到解决。"报到"是指三个方面的报到:一是区职能部门、执法队伍到街道乡镇报到,也就是职能部门要履职、"条""块"要形成合力;二是驻区党组织和在职党员回属地街乡、社区村报到,也就是"双报到";三是街道干部到一线和社区报到。

三、社区与乡村治理法治化：韧性风险社区与乡村的"硬法"与"软法"治理

在突发性危机和常态化风险交织而成的风险社会中，社区和乡村作为社会最基本的治理单元，在资源储备、组织动员、制度应变、技术减灾、心理疏导等方面均面临较大的考验和挑战。构建"韧性社区"和"韧性乡村"后文简称"韧性社区（乡村）"则是灵活有效应对各类风险灾害、突发事件和公共危机，实现社区和乡村稳定平安的核心目标与要求。那么，该如何实现构建"韧性社区（乡村）"的治理目标？推进社区与乡村治理法治化是构建韧性社区（乡村）的重要机制与制度支撑。2017 年 6 月，中共中央、国务院发布的《关于加强和完善城乡社区治理的意见》（中发〔2017〕13 号）中指出要全面提升城乡社区治理法治化、科学化、精细化和组织化程度。2019 年 6 月，中共中央、国务院印发的《关于加强和改进乡村治理的指导意见》中也明确提出要健全党组织领导的自治、法治、德治相结合的乡村治理体系。

治理法治化不仅是推进社区与乡村治理体系和治理能力现代化的重要抓手和引擎，也是在危机与风险情境下，构建韧性社区（乡村）的重要制度支撑。关于社区与乡村治理法治化的界定，学术界尚未形成统一看法，但对社区与乡村治理法治化内涵和外延的界定大多围绕"治理主体、治理规则与制度、治理机制、治理环境"4 个维度展开。本节将社区与乡村治理法治化界定为社区与乡村的治理主体在一定的治理环境下依据由硬法与软法构成的"良法"实现社区和乡村事务治理"善治"的过程。推进社区和乡村治理法治化，对于构建韧性社区（乡村）以应对危机与风险社会背景下社区和乡村治理需求、提升国家治理体系和治理能力现代化水平具有重要意义。

（一）社区和乡村治理法治化内涵与分析框架

社区和乡村治理体系中，既有党组织、基层政府、自治组织、居民或村民等传统治理主体，也包含志愿者社团、公益组织等新型治理主体，它们共同构成社区和乡村治理的主体体系。社区和乡村治理主体的多元化催生了治理规则的多样化，各个主体都遵循其内部规则而运行，但规则的多样化并不意味着运行无序，各治理主体需要制定并遵守共同规则，在共同法治框架内有序运行。坚持良法之治是推进社区和乡村治理法治化的首要原则，这里的"法"不仅是国家法律法规

等以国家强制力保障实施的硬法规范，也涵摄居民公约、村规民约和自治规则等以成员自律自觉机制保障实施的软法规范。两者共同构成社区和乡村治理的法治体系，也是构建良好社区和乡村治理秩序的重要基础。具体而言，实现社区和乡村治理法治化可从治理主体、治理规则与制度、治理机制、治理环境 4 个维度展开。

首先，治理主体法治化牵涉各主体权力和权利边界的界定、主体间的协作及纠纷解决等。① 社区和乡村治理主体具体包括党组织、社区与乡村自治组织、社会组织、居民或村民等。治理主体法治化既包含依法培育各类治理主体，也包含多元主体治理结构中厘清各主体的权力和权利边界，② 明确法定治理主体的自治权限、实现各治理主体权责一致、权利和义务的对等和匹配等，增强社区自治的约束性与秩序性。其次，法治化的本质在于通过构建治理的规则和制度实现治理的规范化与制度化，③ 包含规则创制、规则执行、规则监督、违规惩戒等内容。由此，推进社区和乡村治理规则与制度的完善需着重加强以国家强制力保障实施的硬法规范和以成员自律自觉机制保证实施的软法规范融贯的规则体系，特别是有效发挥团体章程、居民公约与村规民约的基础性作用，建立健全促进社区与乡村自治的法律规范。此外，还需完善社区与乡村治理规则的执行制度和对治理实践的全方位、全过程的监督制度。④

此外，在治理机制与工具方面主要包含利益表达机制、民主参与机制、民主协商机制、纠纷矛盾化解机制、心理疏导机制等。一是需优化基层社区与乡村治理的沟通机制，建立信息化、网络化和规范化的居民或村民决策参与平台与利益诉求表达机制，引导公众理性合法表达利益诉求；二是完善社区和乡村治理的矛盾纠纷调处机制，⑤ 吸纳基层法律服务工作者、退休法官、具有专业经验的社工群体等融入人民调解队伍，引导其发挥专业优势；三是完善心理疏导机制，加强对

---

① 张文龙. 城市社区治理模式选择：谁的治理，何种法治化？——基于深圳南山社区治理创新的考察 [J]. 河北法学，2018，36（9）：20.

② 参见李营. 乡村治理法治化转型困境及破解之策 [J]. 领导科学，2019（22）：48-51；杨旭. 社区治理现代化与法治化政策建议 [J]. 开放导报，2017（6）：7-11.

③ 李广德. 社区治理现代化转型及其路径 [J]. 山东社会科学，2016（10）：83.

④ 李长健，李曦. 乡村多元治理的规制困境与机制化弥合——基于软法治理方式 [J]. 西北农林科技大学学报（社会科学版），2019，19（1）：78.

⑤ 张文龙. 城市社区治理模式选择：谁的治理，何种法治化？——基于深圳南山社区治理创新的考察 [J]. 河北法学，2018，36（9）：20.

社区特殊人群的心理健康服务、精神慰藉和人文关怀；四是完善政府购买服务、项目制等公共产品供给方式，提升社区矫正、乡村公共法律服务等公共服务的质量和水平。① 治理环境主要是以法治文化和法治精神涵养社区和乡村法治环境与氛围，摒弃人治思维和运动思维，并强化社会治安环境以防范与化解社会治理风险。②

（二）风险治理法治化目标：构建韧性社区（乡村）

现阶段社区和乡村治理实践中存在着各种各样的风险隐患，主要包含突发性危机与常态化风险两大类别。前者主要包括自然灾害、事故灾难、公共卫生危机和社会安全危机等，突发性、不确定性、扩散性是此类危机的主要特征；后者常态化风险主要有邻里矛盾、物业纠纷、产权纠纷、乡村恶势力聚众等，这类风险隐患虽是可预测和可防控的，但在一定条件下也会演变成突发性危机，对社区和乡村的稳定秩序造成一定的影响。如何实现社区与乡村的可持续风险法治化治理，构建具有风险抵抗力和恢复力的韧性社区（乡村）？

学者对"韧性"的认识经历了从"工程韧性"，到"生态韧性"，再到"社会韧性"的变化发展。③ "韧性"一词最初起源于物理学领域，是指"物质材料在受压后恢复原状的能力"④。20世纪70年代，生态学家霍林将"韧性"引入生态领域，是指"生态系统应对各类变化或冲击以恢复稳定状态的能力"。随后，韧性治理也逐渐在城市安全、社会治理等领域得到了广泛的运用，形成了相应的韧性社会治理理论。在社区和乡村治理领域，韧性社区（乡村）是指"以社区（乡村）共同行动为基础，能链接内外资源、有效抵御灾害与风险，并从有害影响中恢复，保持可持续发展的能动社区（乡村）"⑤。从该概念可知韧性社区强调社区在面对

---

① 详见熊贵彬.社区矫正三大管理模式及社会工作介入效果分析——基于循证矫正视角[J].浙江工商大学学报，2020（2）：114-125；刘雪松，宁虹超.社会治理与社会治理法治化[J].学习与探索，2015（10）：69-73.

② 参见王贺强.乡村治理法治化现状分析及实现路径[J].农业经济，2020（7）：34-36；卓泽渊.国家治理现代化的法治解读[J].现代法学，2020，42（1）：3-14.；倪怀敏.农村社区治理法治路径探寻[J].人民论坛，2014（5）：105-107.

③ 廖茂林，苏杨，李菲菲.韧性系统框架下的城市社区建设[J].中国行政管理，2018（4）：57.

④ 19世纪50年代，韧性被用于机械学来描述"金属在外力作用下变形后的复原能力"。参见颜德如.构建韧性的社区应急治理体制[J].行政论坛，2020，27（3）：90.

⑤ 王庆怡，谢炜.基于风险治理的韧性社区建设研究[J].世纪桥，2020（6）：90.

危机和风险时的处置能力、恢复能力、调适能力以及持续性发展能力。

韧性社区（乡村）的建设需要社区（乡村）拥有多层次的韧性治理结构，只有这样才能以充足的人力、物力及丰富的实践经验灵活和迅速应对突发事件。韧性治理结构可用5个维度来阐释分别是环境韧性、技术韧性、制度韧性、社会韧性和心理韧性。环境韧性是指由基础设施、自然资源和人文环境构成的公共空间所具备的应对风险冲击、稳定恢复并保持可持续发展的能力；技术韧性是指社区（乡村）掌握的信息技术等以应对危机并保持可持续发展的能力；制度韧性是指社区（乡村）的应急管理等各项制度应对风险冲击、稳定恢复并保持可持续发展的能力；社会韧性是指社区（乡村）在应对风险冲击时所展现出的组织动员能力；心理韧性是社区（乡村）成员在应对风险冲击时所拥有的应急知识储备、自救能力和心理支撑。

（三）社区特殊人群与乡村恶势力整治法治化路径

为推进社区与乡村风险治理法治化，实现韧性社区（乡村）的治理目标，本小节以社区特殊人群管控与乡村恶势力整治这两个存在于社区与乡村的风险隐患为例，并以前文构建的法治分析框架为切入口，探索推进社区与乡村危机化解与风险防范的法治化路径。近年来，在社区与乡村风险治理中，社区特殊人群管控与乡村恶势力整治成为困扰社区与乡村治理的"拦路虎"。影响社区安全与稳定发展、诱发犯罪和社会矛盾高发的重要因素之一是社区存在的特殊人群如刑释解教人员、社区矫正对象、吸毒人员、问题青少年、服刑劳教人员、长期缠访人员等。而乡村地区的恶势力种类较为多样，包括乡村混混、村霸与相关宗族恶势力等，这些恶势力之间交叉相互影响，彼此界限不明晰，但形成的一张张难以破解的关系网络为乡村社会带来巨大的危害，不仅冲击着基层自治组织的群众性、侵犯乡村人民的人身及财产利益、破坏乡村良好风气，也扰乱了正常的司法程序，成为乡村风险治理的重大风险隐患与潜在危机爆发点。

1. 社区特殊人群法治化管控

社区特殊人群由于其特殊的社会经历或自身属性而区别于社区内其他社会成员，也在一定程度上威胁着社区的安全与秩序稳定，成为了社区的风险隐患。本小节所提的社区特殊人群包括生活在社区中的"矫正人员、问题青少年群体、吸毒人员、有肇事肇祸风险的精神病患者、艾滋病患者、服刑在教人员以及刑满释放解除劳教人员等"①。而强化以社区矫正为重心的社区特殊人群管控，不仅能够改善这些群体的生活状况、促进其社会化或再社会化，②也能预见和消除部分或全部社区的治理隐患，从促进环境韧性与制度韧性维度来实现韧性社区的建设目标。

第一，充分发挥社区特殊人群管控主体依法履行法定职责，推进各治理主体间协作有序开展。2020年7月实施的《社区矫正法》第八条、第十二条和第十三条规定，社区矫正工作由县级以上地方人民政府司法行政部门及其委托机构司法所负责，协助治理主体包括居民委员会和村民委员会两大自治组织，企业事业单位、社会组织、志愿者等社会力量，以及社区矫正对象的监护人、家庭成员、所在单位等机构。此外，该法相关条款对司法行政部门、人民检察院、人民法院和公安机关的工作衔接和协作设立了程序与职能分工上的要求，但并未给各法定责任主体与自治组织、社会力量等协同主体就如何推进社区特殊人群管控的分工协作提供法律规范，由此各地主管社区矫正工作的司法行政机构需要细化相关规范性文件，为法定主体与协同主体分工提供遵循依据。

第二，将硬法与软法治理相结合，完善社区特殊人群风险治理的规则与制度体系，以和谐互助型社区公共精神营造良好的社区文化氛围。③首先，完善社区特殊人群管控法律规范。目前，我国针对社区特殊人群管控的主要适用法律为《社区矫正法》，其适用对象为"被判处管制、宣告缓刑、假释和暂予监外执行的罪犯"，而对于其他特殊人群例如重点青少年群体、艾滋病患者、精神病患者以及吸毒人员的管控依据则散落在《未成年人保护法》《禁毒法》《艾滋病防治条例》等法律法规中，并无一部系统性的特殊人群管控的法律规范。由此，可探索系统性创设社区特殊人群管控立法，并作为社区特殊人群管控工作开展的规范依据。其次，在社区居民公约、为特殊人群服务的社会组织内部章程等软法创制中，要对社区特殊人群需求予以回应，将人性关怀贯彻至软法中，例如倡导有过特殊经历的社区成员共同成立公益性社团，对具有相同属性的社区成员进行定向帮扶，为社区特殊人群管控工作提供辅助作用，营造社区和谐互助型公共精神氛围。

----

① 吴宗宪.我国社区矫正法的历史地位与立法特点[J].法学研究，2020，42（4）：57.

② 王瑞山.试论特殊人群的制度化排斥及其应对[J].华东师范大学学报（哲学社会科学版），2013，45（3）：94.

③ 和谐互助的社区公共精神是社区成员对社区特殊人群施以援手的精神支持。参见梁栋.陕甘宁边区回村执行制度对我国社区矫正的启示与借鉴[J].东岳论丛，2021，42（3）：189.

第三，推动落实政府购买、项目制等社区矫正服务供给机制，提供社区特殊人群所需的教育、职业技能培训、心理疏导、社会关系改善等方面的服务。《社区矫正法》第四十条规定："社区矫正机构可以通过公开择优购买社区矫正社会工作服务或者其他社会服务，为社区矫正对象在教育、心理辅导、职业技能培训、社会关系改善等方面提供必要的帮扶。社区矫正机构也可以通过项目委托社会组织等方式开展上述帮扶活动。"该条款为社区矫正实践中司法行政部门利用社会化和市场化的治理工具以提升社区矫正服务的专业性和有效性提供了明确的法律依据。同时，《社区矫正法》第十一条规定，社区矫正机构可以组织社会工作者开展社区矫正相关工作，但对于社工的参与方式并未做相关规范。因此，各地在制定本地区社区矫正法实施细则时，可以地方性法规的形式明确社会工作者参与社区矫正的常态化制度，例如在社区矫正队伍中常设一定比例社工职位，由具有专业背景知识的社会工作者担任或兼任。

2. 乡村恶势力打击与法治化治理路径

早在 2017 年年初，最高人民检察院就发布了《关于充分发挥检察职能依法惩治"村霸"和宗族恶势力犯罪积极维护乡村和谐稳定的意见》，提出要依法严厉打击危害农村和谐稳定的违法犯罪，坚决铲除"村霸"和宗族恶势力。2018 年至 2021 年，中共中央、国务院发布《关于开展扫黑除恶专项斗争的通知》《关于常态化开展扫黑除恶斗争巩固专项斗争成果的意见》等文件，提出要不断夯实基层组织，持续防范和整治"村霸"等黑恶势力干扰侵蚀、家族宗族势力影响严重等问题。乡村相比于城市地区，社会治理的力量总体来说较为薄弱，部分地区受到乡村特定历史环境和传统文化的影响，更容易滋生黑恶势力。乡村恶势力通常被界定为"在乡村一定区域或者行业内多次聚众并以暴力、威胁或其他手段实施违法犯罪活动，为非作恶，欺压百姓，扰乱经济、社会生活秩序，造成较为恶劣的社会影响，但尚未形成黑社会性质组织的违法犯罪组织"[①]。

通常而言，乡村恶势力主要有包括乡村混混在内的"地痞流氓"、具有历史根源的"宗族恶势力"以及严重扰乱乡村社会治安秩序、恃强凌弱的"村霸"。[②]

---

① 柴文青.农村基层"扫黑除恶"的实践探索与长效机制研究 [D].宜昌：三峡大学，2020：9.

② 韩仁洁.刑事视角下"村霸"现象的问题梳理及对策设计 [J].河南警察学院院报，2017（5）：109；马新.中国传统宗族论 [J].山东大学学报，2015（4）：1–13；张衔峰.乡村"混混"与农村纠纷解决 [J].中国农村观察，2013（3）：80–89

毋庸置疑，乡村恶势力严重危害乡村社会治安、破坏乡村的经济秩序甚至对基层政权造成侵蚀，极大地阻碍了乡村治理法治化的进程，但现有法律体系并未对相关行为及其结果进行适当规范。现有的《治安处罚法》和《刑法》中相关的罪名都无法有效整治乡村恶势力中区别于黑社会性质组织游走在合法与非法边缘的"灰色势力"。此外，还存在对相关乡村恶势力的行为如破坏基层选举等无法定罪量刑、对涉恶村干部的处罚罪责刑不相适应等问题。① 因此，进一步依法打击与整治乡村恶势力、确保扫除恶势力有法可依成为推进乡村风险法治化治理和构建韧性乡村的核心议题。

一是完善乡村恶势力惩治的刑法规范和制度体系。首先，明确乡村恶势力在《刑法》中的认定范围，对乡村恶势力及其量刑范围在《刑法》中做出明确规定，将"恶势力"上升为刑法概念而非停留在司法概念层次。具体而言，需在《刑法》条文中规定何为恶势力、恶势力有哪些组织特征和行为特征、具体类型如何划分、应如何评价和处理恶势力等，并依托全国人大常委会的立法解释和最高法、最高检的司法解释对乡村恶势力做更细致的类型划分和描述。详细而言，可将恶势力定义为组织特征为松散、进出自由、没有严格组织纪律的团体等，行为特征包括经常聚众哄抢公共财物、敲诈勒索他人、恐吓他人等危害行为，以及造成的危害结果包括对社会正常秩序和公共安全造成不良影响等。其次，考虑设置相应的具体罪名如破坏群众自治罪，组织、领导与参与恶势力关系网络罪等，为后续开展具体的法律规制提供依据，同时明确罪名的主观要素与客体构成、犯罪的具体危害行为与后果等。②

此外，还需拓宽"破坏选举罪"的构成要件。乡村恶势力向乡村政权渗透的主要方式之一便是通过贿赂、威胁、欺骗选民等行为使自己当选为村级自治组织

---

① 《刑法》中破坏选举罪中的选举要求必须是各级人民代表大会或各级国家机关领导人员的选举，只有在这些选举场合利用各种手段破坏选举、侵害公民选举自由和扰乱选举秩序才会构成破坏选举罪。但是基层群众自治组织并非国家机关，其成员也并非人民代表，由此依据罪刑法定原则，其对象和客体都不符合破坏选举罪的要求，无法对其进行定罪处罚；此外，对于村官型村霸的刑法身份属性问题和村干部职务犯罪问题的解决是司法实践中的难点，学界对此的争议点集中在村官利用职务进行违法犯罪活动能否构成相关身份犯和贪污受贿等相关罪名。在实践司法判例中，许多村官型村霸最终被认定的罪名还是寻衅滋事罪等口袋罪，与其所承担的刑罚和罪责不相符合。

② 参见王进. 乡村恶势力的刑法应对 [D]. 厦门：厦门大学，2019：31-34.

的负责人或主要成员，从而为其非法活动披上合法外衣。乡村恶势力的此类行为已经严重破坏了乡村的民主选举制度，但《刑法》第二百五十六条对破坏选举罪规定的构成要件限定在选举各级人大代表和国家机关领导人员的范围内，这意味着乡村恶势力破坏基层自治选举的行为并未构成破坏选举罪，严重阻碍了对乡村恶势力定罪量刑的步伐，也未能贯彻罪刑相当原则。因此，需调整《刑法》中破坏选举罪的构成要件，将破坏基层自治选举行为纳入其中，为打击乡村恶势力提供重要硬法依据。在制度完善方面，要推进和完善涉黑涉恶线索双向移送反馈制度。以《关于持续防范和整治"村霸"问题的意见》为指导，加强纪检监察机关与政法机关的信息沟通，优化涉黑涉恶相关线索的诊断研判、案情通报、案件移送环节的信息共享，保证涉黑涉恶线索的及时沟通和反馈。①

二是明确推进乡村恶势力治理主体的权责体系，优化乡村治安环境与法治文化氛围。首先，明晰乡村恶势力风险治理主体的权责划分与协作内容，推进不同主体分工协作，依法履行法定职责。基层党委在乡村恶势力风险治理过程中要发挥领导核心作用，负责治理全过程的指挥和协调；公安机关和人民法院、人民检察院所组成的政法部门应主导乡村恶势力危机治理全过程，主要负责恶势力案件的侦察、抓捕、起诉以及审判等各具体环节的工作；纪检监察部门在乡村恶势力风险治理中要积极行使纪检监察职能，严厉查处为恶势力提供保护伞的国家公职人员。其次，不断优化乡村治理的治安环境。一方面县级及乡镇政府要加强对乡村治安管理的财政和技术投入，借助全覆盖的监控系统实时监测乡村重点地区、重点人群、重点时段，确保治安信息的全面性与准确性。另一方面可动员乡村干部与村民组织共同建设一支规模适当、结构合理的乡村治安管理队伍，及时排查和防范乡村的治安隐患，将矛盾纠纷化解在基层。在法治文化环境方面，依托村规民约实现社会主义核心价值观、中华优秀传统文化与村民生活的融合，通过培育积极向上的乡村法治文化营造团结友爱、遵纪守法、和谐互助的乡村文化氛围，为构建韧性乡村提供良好的环境支撑。

三是推进乡村矛盾纠纷化解法治化。乡村恶势力产生的一个主要原因便是乡村社会结构变动带来的乡村矛盾纠纷的多元化和复杂化，这些相互交织的矛盾纠纷因缺乏相应的化解机制而愈演愈烈，最终成为乡村恶势力滋长的温床。因此，

---

① 参见彭乐颖，罗兰.基层治理视角下"村霸"的概念、症结与治理对策 [J].领导科学，2021（9）：11-15.

要推进乡村矛盾纠纷防范化解制度规范化，同时将村规民约或村民自治章程等软法规范作为矛盾纠纷处理的重要依据，并吸纳基层法律服务者、乡贤模范进入人民调解工作队伍，提高人民调解工作队伍的专业化水平，增强人民调节队伍的公信力和话语权，以软硬结合的方式化解乡村社会的内部矛盾，使矛盾纠纷调解在以法治为主、自治和德治并行的轨道上运行。

第四节　社会风险的技术治理与社会治理的技术风险

在现代高风险社会背景下，基于社会风险治理的复杂性和难以预测性，充分将现代智能技术运用于风险治理可在较大程度上提升治理效能。在危机治理实践中，多地政府通过智能化平台的搭建和智能工具的运用实现智能技术与风险治理的深度融合，大数据、云计算、人工智能等现代智能技术已在部分风险治理场景中得到应用，如2020年新冠肺炎疫情防控中应用大数据技术对感染者的轨迹追踪以及2021年7月中下旬河南暴雨救援中运用无人机等人工智能技术开展搜救工作都是智能技术嵌入风险治理的生动实践。同时，现代智能技术作为一把双刃剑，在为风险治理带来技术红利的同时也滋生了众多技术风险，如何通过法治化路径化解技术风险，是在风险治理中能否发挥现代智能技术正向效应的关键。对此，本节将对风险危机中的智能化技术运用、智能化平台搭建与工具运用、智能技术嵌入社会治理的技术风险和法治防范三个层面展开详细论述。

一、应对社会风险与危机的智能化技术运用

乌尔里希·贝克（Ulrich Beck）将风险定义为"现代社会在安全机制层面有效控制与失效控制下的人为不确定性后果"[1]。在危机全周期管理视域下，政府不仅需有效应对风险发生后的恢复重建工作，更需注重风险危机的事前监测预警和预控环节，但由于风险与危机具有不确定性和难以预测性，单纯依靠传统人工及组织机构的力量开展危机治理工作举步维艰，运用智能技术加强风险防控作为社会治理智能化的重要内容逐步受到重视。如何在运用智能技术解决社会风险、化解社会危机的同时以法治机制防范化解智能技术运用造成的风险，是社会治理智能化建设过程中需要关注的重点问题。从风险危机具体维度分析，需根据不同风

---

[1]　Barbara Adam，Ulrich Beck，Joost Van Loon（Eds.）Risk Society and Beyond[M]. Routledge Kegan & Paul，2002：20.

险危机自身特点选择适应的智能技术工具，这里以自然灾害、事故灾难、公共卫生事件、社会安全事件四类突发事件为例，探讨智能技术的实践应用。

在自然灾害危机防治中，卫星遥感等智能技术为危机治理提供了坚实的技术保障。针对具体气象灾害、地质灾害、海洋灾害以及生物灾害，我国先后构建了气象卫星、资源卫星、海洋卫星和环境减灾卫星系统，为自然灾害治理提供了数据保障。[①]2021 年 7 月河南遭遇了大范围的极端强降雨，多地发生洪涝灾害。在这场"百年不遇"的暴雨灾难中，各类先进的智能技术也得到了广泛的运用，如在受灾地区执行侦查任务、为灾民提供对外通信服务的翼龙急救灾型无人机，可供远程遥控操作的智能化救援设备云州智能"海豚 1 号"等。[②]在事故灾难事件治理过程中，人工智能技术的应用能够有效减少事故灾难爆发的人为诱因。以交通运输事故为例，人工智能驾驶技术的应用使得行车过程中多数操作均能由智能系统完成，驾驶员仅需从旁介入和监控，可在较大程度上降低事故灾害发生的可能性。

在公共卫生事件中，以 2020 年新冠肺炎疫情防控为例，大数据、人工智能等现代智能技术的运用，为疫情防控工作的精准化、智能化、科学化开展奠定了重要基础。[③]在精准防控方面，智能技术被广泛应用于疫情监测预警、感染轨迹追踪等方面；在就医诊疗方面，智能技术也在院前筛查、疫苗研发等方面发挥了重要作用；大数据等智能技术在舆情监测领域的综合运用也提升了危机治理政效能。此外，现代技术是为社会安全事件的防控保驾护航。以重庆市永川区"平安综治云"平台为例，其充分运用视频监控、物联网、传感器等技术，全面采集人、事、物、组织等基础数据和动态轨迹，建立了含"两微两端一平台"的社会治理智治应用系统，对社会安全事件进行有效的信息收集和精准的数据研判。

二、社会治理智能化平台的搭建和工具的运用

近年来，各地政府从智能技术提升与社会治理创新衔接的角度着手，探索现代智能技术与基层社会治理深度融合新路径，"借助完备的人、组织等基本要素，

---

① 参见万华伟，李静，王昌佐，刘晓曼 . 遥感技术在突发自然灾害生态影响监测和评估中的应用研究 [J]. 环境与可持续发展，2014，39（5）：28-30.

② 河南官方公布最新数据显示，截至 2021 年 7 月 28 日 12 时，灾情已导致 73 人遇难。其中，备受舆论关注的郑州市京广快速路隧道已清理出 247 辆淹水车，排查共计 6 人（5 男 1 女）死亡。

③ 参见赵杨，曹文航 . 人工智能技术在新冠病毒疫情防控中的应用与思考 [J]. 信息资源管理学报，2020，10（6）：20-27，37.

以网格化平台建设为重点，利用大数据、人工智能和区块链等技术"[①]，组织搭建风险危机应对和矛盾纠纷调处等功能的智能化与一体化平台。同时，以智能化平台为依托，充分发挥现代信息技术在社会治理数字化和智能化转型中的作用。本节选取重庆市永川区社会矛盾纠纷联合调处中心与"云网工程"、杭州城市大脑两个社会治理智能化平台建设案例，探讨上述平台在风险治理与危机防控、化解中的作用。

（一）重庆市永川区社会矛盾纠纷联合调处中心与"云网工程"

永川区于 2020 年起以推进信访事项和矛盾纠纷化解"最多跑一地"目标为牵引，建设集信访接待受理、矛盾纠纷联调、诉讼源头治理、公共法律服务、社会风险研判、综合指挥调度等多功能于一体的社会矛盾纠纷联合调处中心（以下简称"联调中心"）。同时，永川区开启了平安综治云的建设，推进以综治中心为"大脑"、雪亮集成为"眼睛"、网格管理为"腿脚"的"云网工程"建设。[②]

一是通过"联调中心"整合 8 个功能中心、10 个行业调委会、13 个辅助功能室等机构，构建了社会矛盾纠纷全链条集成解决机制，让"联调中心"成为信访事项和矛盾纠纷解决的"终点站"。"联调中心"主要的运行机制包括矛盾纠纷办事流转、多元化解、协调联动、领导接访等工作机制。二是充分运用视频监控、物联网、传感器等技术，全面采集人、事、物、组织等基础数据和动态轨迹，建立了含"两微两端一平台"的社会治理智治应用系统、雪亮工程、网格化服务管理在内的"云网工程"以及含群众个人看点、属地镇街守片、行业部门管线、综治中心控面在内的"平安综治云"群防智治平台。

"联调中心"在实际运作的过程中取得了较好的成效。第一，推进横向治理资源协同，实现了社会风险全链条化解。永川区以"联调中心"为中心枢纽，整合人民群众来访接待中心、公共法律服务中心、区社会治理综合指挥中心等功能中心，各类行业委员会以及辅助功能室等服务机构。通过矛盾纠纷流转和各机构协调联动等工作机制，在接待受理信访或矛盾纠纷后进行分类流转处置，将不同成因不同类型矛盾纠纷交由专业功能室或特定功能中心和行业委员会单独或联合

①　参见蒋源.从粗放式管理到精细化治理: 社会治理转型的机制性转换[J].云南社会科学，2015（5）：6-11.

②　本案例是 2020 年课题组成员主持的国家信访局信访理论研究项目"情、理、法在信访工作中的运用实证研究"（2020AG0804）的部分调研成果。

化解。"联调中心"在功能上实现了各类机构的优势互补,在流程上实现了矛盾纠纷化解的接待、受理、分析研判、调解处置的有机衔接,极大地提高了各机构职能和矛盾纠纷的匹配度,构建起了社会风险化解的全链条机制。

第二,推动纵向治理层级联动,构建了社会治安综合治理的上下联动和群防智治机制。永川区以"云网工程"和"平安综治云"基础上的指挥调度平台为核心,构建起区级、乡镇或街道、村或社区三级综治中心的联动体系。针对各类社会风险危机,充分运用"云网工程"及其应用系统进行全面有效的信息收集与精准合理的数据研判并以此作为各级综治中心指挥决策的依据,实现社会矛盾纠纷的综合动态感知和提前预警。同时,在区综治中心统一调配下,区行业部门、乡镇或街道、村或社区通过事件流转进行快速联动,实现对社会风险的积极干预和应对处置。

(二)杭州城市大脑实现社会风险防控精细化治理

城市大脑是指由中枢系统与平台、数字驾驶舱和应用场景等要素组成,运用大数据、云计算、区块链等新技术,推动全面、全程、全域实现城市治理体系和治理能力现代化的数字系统和现代城市基础设施。[①]杭州城市大脑最早于 2016 年正式启动,先后经历了"治堵""治城""抗疫"和"整体智治"等几个阶段。其最初主要是挖掘和利用交通部门的数据用于交通"治堵"工作。2018 年,杭州市发展改革委与市数据资源管理局联合发布了《杭州市城市数据大脑规划》,并于同年 12 月发布了城市大脑综合版,标志着城市大脑从单一的交通"治堵"系统扩展为全面"治城"平台。 2020 年 11 月,浙江省出台了《杭州城市大脑赋能城市治理促进条例》,伴随着该条例于 2021 年正式运行,杭州城市大脑正在向"整体智治"迈进。

在运行过程中,杭州城市大脑通过系统互通和数据互通,实现了政府内部的协同治理以及政企的社会风险协同治理。杭州市城市大脑借助中枢系统平台,整合了政府内部各层级、各部门的数据,打破了传统科层制结构下政府层级和部门间信息壁垒,为社会风险的监测预警、防控协同工作开展提供了完备的数据支撑,奠定了政府内部主体对社会风险协同共治的数据基础。同时,杭州城市大脑的建

---

① 本案例为课题组成员于 2020 年 11 月赴杭州"城市大脑"指挥中心开展调研的部分成果。关于城市大脑的具体定义,详细参见《杭州城市大脑赋能城市治理促进条例》第三条相关规定。

设活动本身就是政府与多家科技企业协同合作的成果，在城市大脑建成后应用解决社会风险的实践中，其中枢平台面向企业开放的端口成为政企协同化解矛盾风险的立足点，政企双方通过数据和数据的双向沟通有力推动了风险信息监测和风险信息研判工作的协同开展。

此外，城市大脑通过深度挖掘和培养社会风险治理的应用场景，实现了风险防控的精细化治理。将城市大脑嵌入社会风险治理需落地于具体的应用场景中，没有应用场景，数据和技术便失去了载体而毫无用武之地。杭州城市大脑在应用场景开发过程中，会在兼顾场景广度的前提下着力于应用场景的深度，而非贸然开辟诸多类型的应用场景。以社会风险治理领域中社会治安综合治理为例，杭州城市大脑从在线警务应用维度进行深度研发，构建了包括人口动态"分析仪"、特定人员"多棱镜"和治安防治"扫描仪"在内的应用场景链条，可在短时间内通过对人口信息及特定人员的扫描，实现对社会不稳定分子的即时抓捕。[1]此类应用场景可为社会治安事件危机的应对处置环节提供技术支持，实现了社会风险的精细化治理。

三、社会治理智能技术运用的风险防控与依法规制

在社会风险治理领域运用智能技术具有两面性，一方面它能提高决策的效率和科学性、提升政府治理和社会治理智能化水平，另一方面，智能技术在社会风险治理中的运用本身也蕴含着多种风险，如数据搜集对个人隐私权的侵害、数据信息分析结果公开程度与公众知情权的博弈、技术企业业务范围和政府管控力度的取舍等，都在不同程度上对公民基本权利、社会稳定秩序甚至国家安全等带来潜在或明显的危险。预测社会风险治理智能技术运用过程中的各类风险，并以法治机制引导规范智能技术运用的程序、方法和结果，对于规范智能化治理行为、构建完备的社会风险智能化治理体系和框架、提升社会治理的智能化和法治化水平具有重要意义。

（一）社会治理智能技术运用的风险

智能技术运用于社会风险治理的过程中，会产生数字鸿沟、数据安全、技术

---

① 参见本清松，彭小兵.人工智能应用嵌入政府治理：实践、机制与风险架构——以杭州城市大脑为例[J].甘肃行政学院学报，2020（3）：36.

寡头运营等风险。第一，存在社会服务供给不均衡产生的数字鸿沟风险。目前，学术界和实务界关于数字鸿沟的定义大多从数字鸿沟演变和发展的历程出发，将其分为三代数鸿沟：第一代为"接入沟"，是指不同国家的公共政策和基础设施供给的差异，导致不同群体在最初阶段无法接入信息技术和通信设备产生的差异；第二代为"使用沟"，即对信息通信技术在使用层面上表现出的技能与素养的差异，部分学者的研究表明相较于"接入沟"，"使用沟"更容易形成信息"茧房效应"，且在"接入沟"逐渐缩小的当下，信息贫富分化更主要来源于互联网使用差异，"使用沟"成为新的关键问题。①第三代为"知识沟"，即因接入、利用水平的不同，而最终表现出信息资源和知识方面的结果差异。②三代鸿沟之间并无明显的界限，可以呈现循环和动态状态，或是在一个阶段弥合而又在另一个阶段开启。造成数字鸿沟的本质原因不在于信息通信技术的特点而是社会本身存在的结构性不平等在互联网时代新的体现，而数字鸿沟又进一步加剧了社会的不平等。

第二，智能技术自身存在的安全风险。社会风险智能化治理需依托现代智能技术，但现代智能技术并非由单一的技术构成，而是包括技术基础设施、技术平台以及技术服务终端等在内的智能技术结构体系。通过技术平台和服务终端的搭建，数字政府内部各要素及政府与外部社会的关联程度前所未有地加强了。但技术作为一把"双刃剑"，关联程度的提高也意味着风险源规模的扩大、风险点的增加、风险传播范围的扩大以及风险传播速度的加快。

第三，数据信息管理的风险。将智能技术运用于社会风险治理中，意味着要对搜集到的社会信息进行数据化处理，并对数据化的信息进行分类、存储、加工和分析以解决社会问题。在社会智能化治理过程中，每天都会产生庞大的数据量和信息量，牵涉社会生活的方方面面。对这些数据信息管理会产生如下风险：一是数据信息流动产生的风险，既有数据信息流动所带来的数据信息泄露、侵犯个人和组织隐私的风险，也有政府内部各层级各部门信息系统间过度限制数据信息

---

① 不论是信息还是娱乐，经济发达地区居民以及高社会经济地位群体，对移动互联网的使用都更充分，这也表明互联网多元化的使用正代替使用类型差异成为数字不平等的重要景象。耿晓梦，喻国明.数字鸿沟的新样态考察——基于多层线性模型的我国居民移动互联网使用沟研究 [J]. 新闻界，2020（11）50、61.

② 朱文博.网络时代知识沟变化情况探析 [J]. 今传媒，2014 年（5）：113-114；邱泽奇，张樹沁，刘世定，许英康.从数字鸿沟到红利差异——互联网资本的视角 [J]. 中国社会科学，2016（10）：95.

流动导致的信息壁垒风险。二是数据信息应用的风险，政府部门或其他社会治理主体能否有效挖掘蕴藏在数据内的信息价值，并将提取出的信息与具体社会领域的治理问题相匹配，能否有效利用数据信息辅助社会风险治理的实践决策、执行、评估、监督各个治理环节，都是伴随数据信息应用产生的潜在或显性风险。

第四，技术企业寡头营运的风险。社会风险治理过程中现代智能技术的广泛运用凸显出技术行业及相关企业的业务优势，政府在社会智能化治理中必然要借助技术企业的信息技术平台和数据信息，因此技术企业很容易在行业发展的早期阶段即各项规章制度体系不健全的背景下迅速崛起，并在后续运营中通过各种手段甚至不正当竞争方式逐步稳固自身的行业地位，对技术行业业态环境产生恶劣影响。同时，数字政府建设牵涉城市生活的方方面面，技术企业通过参与智能技术工程研发与社会治理实践融合等活动，可轻易接触并获取到社会领域的基本信息和重要资源，并且相关联动产业的发展也依赖于技术企业的接纳和吸收，由此更容易催生企业的垄断地位和对市场的过度控制的现象。

（二）技术风险的法治防范与规制

在应对技术治理产生的各类风险时，可通过强化对个人数据的法律保护，运用硬法与软法综合治理机制对智能技术进行合法合理规制，加强政府对技术企业的引导和调控等方式防范与化解技术治理产生的风险。第一，注重对个人数据的法律保护。在优化政府治理、实现公共利益最大化的过程中，应更加注重对公民基本权利的保护。面对个人信息数据的安全问题，可综合运用法律和技术手段加以解决。由于社会智能治理过程中牵涉的个人数据规模庞大、范围广阔，故而所涉法律规范必然范围广泛、内容丰富。基于此，宜采用基本法与特殊法相互结合、相互补益的立法模式。[①]《中华人民共和国数据安全法》已于 2021 年 9 月 1 日起施行，该法第二十二条规定："国家建立集中统一、高效权威的数据安全风险评估、报告、信息共享、监测预警机制。国家数据安全工作协调机制统筹协调有关部门加强数据安全风险信息的获取、分析、研判、预警工作。"第二十三条规定："国家建立数据安全应急处置机制。发生数据安全事件，有关主管部门应当依法启动应急预案，采取相应的应急处置措施，防止危害扩大，消除安全隐患，并及时向

---

① 缪文升.人工智能时代个人信息数据安全问题的法律规制[J].广西社会科学，2018（9）：105.

社会发布与公众有关的警示信息。"对于公众个人信息权的保护不应该仅停留在事后的救济,而应建立在完善的事前保护机制之上。2021 年 8 月第十三届全国人大常委会第十三次会议表决通过的《中华人民共和国个人信息保护法》进一步细化和完善个人信息保护应遵循的原则和个人信息处理规则,确立了个人信息保护的"告知—同意"的核心原则,明确个人信息处理活动中的权利义务边界并健全个人信息保护工作体制机制。但该法并未设立统一独立的个人信息保护监管机构,同时赋予了网信办更多的主导权力。

第二,以硬法与软法综合治理机制对智能技术进行合法合理规制。法律控制是风险治理机制的重要手段。[①]新技术的应用往往伴随着对传统社会规范的挑战和突破,对于技术创新所带来的法律真空地带,需提早防范和控制。首先,在创制和实施等,智能技术相关规则体系要坚持以安全和创新为中心的规则价值目标体系,协调好推进社会治理中与智能技术应用研发深度融合和维护社会秩序、安全稳定的关系,在安全的前提下推进社会智能治理,在智能治理的过程中维护社会安全。其次,要综合运用硬法与软法两种治理机制,既要通过基本法或专项法形式为智能技术参与社会治理提供基本的法律遵循,也要以行业规范等软法形式等硬法调整智能技术人员的行为。此外,不仅要注重各类规则对智能技术研发及应用的激励与保护,还要强化对社会治理智能技术运用过程中的不当行为进行限制与惩戒。一是对于新技术应用产生的风险应加强结果控制。针对技术风险,应构建严格的法律法规监管体系,保障技术系统的安全可靠。二是对于新技术应用产生的风险应加强程序控制,可通过强化对智能技术应用的风险评估与部分信息公开加强政府和公众对技术企业的全方位、全过程监督,保证社会智能治理行为的透明度和规范性。

第三,加强政府对技术企业的有效引导和依法调控。科技发展总是以进步的旗号、在资本力量推动下实现对旧业态、旧秩序的"破窗性"挑战,并反对国家干预或管制。[②]在智能化建设背景下,技术企业凭借自身的技术优势参与到社会治理过程中,但若缺乏政府的有效引导和依法干预,技术企业可能会绕过政府和社

[①] 吴汉东.人工智能时代的制度安排与法律规制 [J].法律科学(西北政法大学学报),2017,35(5):135.

[②] 马长山.人工智能的社会风险及其法律规制 [J].法律科学(西北政法大学学报),2018,36(6):52.

会公众直接对社会进行控制，使公众深陷智能"算法"的算计中。与此同时，政府对技术企业的调控要在赋权和规制相对均衡的前提下进行，通过制定原则性指引和细化行业规范对技术企业参与社会治理的行为进行指引，促使其公平竞争和审慎应用智能技术服务社会公众。政府应当围绕数据共享与算法优化建立健全开放的治理体系和治理机制，以提高政府社会治理智能化水平。[①] 此外，必须改变技术"本位主义"的操作进路，确立以人为本的理念。政府要通过社会救济等社会保障配套政策来消解智能技术行业发展过程中的资源汲取、成果分配不均等的问题，既要保证智能技术充分发展嵌入社会风险治理，又要规制不正当竞争、技术寡头统治等问题，以防范智能技术风险，保障公众安全与实现社会治理成果的共享。

---

① 王小芳，王磊．"技术利维坦"：人工智能嵌入社会治理的潜在风险与政府应对 [J]. 电子政务，2019（5）：91.

第五章　公共卫生危机应对中的社会治理法治化

本章旨在探讨公共卫生危机中的社会治理法治化问题。首先，探讨依据疫情信息的发布与分级分类分区防控，运用法治思维、法治方式提出新冠肺炎疫情的应急预案响应；随后分析在公共卫生危机中的应急征用法律控制与应急物资调配规范化；最后在前文的总结、分析、归纳的基础之上，探索有效化解公共卫生危机的应对措施。

第一节　新冠肺炎疫情防控应急预案响应：疫情信息发布与分级分类分区法治防控

一、新冠肺炎疫情的应急预案制定

科学、规范、有效应对疫情，做到早预防、早发现、早报告、早隔离、早治疗，保障人民生命安全是制定新冠肺炎疫情应急预案的基础保障。依据《中华人民共和国传染病防治法》《中华人民共和国突发事件应对法》《突发公共卫生事件应急条例》《突发公共卫生事件与新冠肺炎疫情监测信息报告管理办法》《全国救灾防病预案》相关规定，在疫情应急预案的制定中需遵循的基本原则如下：一是以人为本、健全机制，完善医疗机构应切实履行的公共服务职能，将人民生命健康放在首位，最大程度减少因疫情发生造成的人员伤亡与财产损失。二是加强公共卫生制度的完善与落实，加大对公共卫生方面的资源投入，为疫情突发提供保障。三是进一步健全法律法规，完善疫情应急管理体系，依据疫情情况实施联防联控、规范部署、协调处置，切实做好疫情防控。四是依法防控，做好预防。加强疫情知识宣传，增强民众疫情防范意识，让民众自觉进行疫情防范。

2021 年 1 月召开的国务院常务会议要求按照立法计划，积极推进《中华人民共和国传染病防治法》修订。主要体现在传染病防治的加强方面，须坚持依法防控、依法治理，这也关系着广大群众的生命安全和身体健康以及国家安全和社会稳定。依据抗击疫情实践，要及时完善相关法律，为防治传染病提供法治保障。在传染病防治中须严格落实"四早"，即早发现、早报告、早隔离、早治疗，健全工作机制，改进监测、预警、报告和公开发布制度，完善疫情紧急管控措施，健全疫情救治体系，加强传染病医疗救治服务网络建设，加大对违法行为追责力度。

从组织保障层面上讨论，在统一领导下，设置疫情防控指挥办公室、疫情报告组、疫情处置组、宣传组和后勤保障组。其中，防控指挥办公室主要负责疫情应急工作的协调、指挥和报告，收集疫情信息，进行综合分析报告，同时负责对疫情动态、防控趋势、防控措施、防控效果等进行评估，全面领导、组织、协调、部署防控疫情。疫情报告组主要负责全天候对疫情的各类动态实施统计分析，一旦发现情况，立即上报卫生部门。疫情处置组，做好疫情发生后及时、科学、有效策略的实施，并进行疫情判断与处置。维稳宣传组负责制定疫情防控期间的宣传报告与舆论导向，指导广播、电视、报刊等媒介做好疫情信息的发布和宣传，排除公众恐慌心理，维护地区稳定。后勤保障组主要负责疫情所需的资源，包括设施、设备、医护人员安排等工作，为疫情防控保驾护航。

此外，需完善"一案三制"。"一案"是指制定修订应急预案。作为应急管理的重要基础，应急预案的修订是我国应急管理体系建设的首要任务。"三制"涵盖了建立健全应急体制、机制和法制。首先，在应急管理体制方面，国家建立统一领导、综合协调、分类管理、分级负责、属地管理为主的应急管理体制；其次，应急管理机制旨在应对突发公共危机全过程的各种制度化、程序化的应急管理方法与措施；最后，应急管理法制方面，需在深入总结群众实践经验的基础上，制定各级各类应急预案，形成应急管理体制机制，最终上升为一系列的法律、法规和规章制度，有法有章地应对突发公共危机事件。

二、善用法治实施疫情分级分类分区防控

（一）疫情的分级分类分区防控

根据国家卫生健康委员会针对疫情防控的分级分类分区要求，以县级为单位分为低中高三级。每个区域采取不同管控措施，在低风险区，采取"严防输入"措施，公众需进一步了解复工复产中的人员往来区域，若部分人群来自高风险区

或中风险区，需要对这些人员实施核酸检测以便及时了解其健康状况。此外，各个不同风险区域范围内的医疗卫生机构应履行职责，做到早发现、早报告、早隔离、早治疗。加强对各个区域的医疗机构、呼吸道门诊的规范化管理，疫情防控的关键时间点尤为重要。此外，针对已确诊患者，包括患者的密切接触者，必须采取严格管控措施，进行规范化治疗；同时，对密切接触者采取严格隔离措施，确保在低风险区精准到位、随访到户。中风险区域，主要采取"外防输入、内防扩散"措施；在低风险区域，做好医疗救治、疫情预防等各项人力、物资准备。对已发生疫情区域，需精准确定隔离场所与疫情管控，如学校要精准到班级，楼房要精准到单元，工厂要精准到工作间，办公楼要精确至每间办公室，农村以户为单位，不可笼统采取措施。最后，在实施上述措施基础之上，还要做好传染源管控，停止非必要聚集性活动，依法实施管控区域的出行规定，切断传播途径。

整体上看，针对疫情防控，需做到分级分类分区防控，精准、智能实施疫情防控举措。同时，依法防控，做到"六保六稳"，将柔性行政指导与疫情防控中的硬核手段有机结合。做好疫苗接种宣传知识普及，扩大疫苗接种人群，筑好全民疫情防控屏障。

（二）善用法治助力疫情的分级分类分区防控

疫情防控工作要做好分级分类分区域、精准到位，同时法治助力不容忽视。自 2019 年年底疫情发生以来，我国能迅速防控，除了全民防控意识增强、多元主体协作之外，法治是其中的关键因素。纪检监察、公安、派出所、市场监督局等部门，以法治促监管，坚持依据法律法规严控疫情，同时依法严厉打击涉及疫情防控类的违法违规行为，守住安全底线，维护社会秩序，稳定人心。

首先，纪检监察机关在意识上要提高政治站位，将思想与行动统一到习近平总书记重要指示批示精神和党中央决策部署上来，坚决做好疫情防控的纪法监督保障工作。将人民群众生命安全和身体健康放在首位，做好日常监督，加强卫生健康等相关的行业监管职责，对于不担当、不作为、乱作为、官僚主义等问题严格执行相关处罚行为，做好精品案例、典型案例解析，警示违法违规行为。

其次，通过周密组织、精准定位、改革方式，运用法治手段深入开展疫情防控。随着疫情防控工作的逐步深入，疫情防控法治化紧跟其后。一方面，在上级部门的领导指挥下，根据疫情情况迅速整合本地工作骨干，组成执法兼法治队伍，梳理本省、市、县加强监管、案件办理指导意见等疫情防控工作机制、防控举措、规范执法。同时，结合疫情执法过程中所遇到的新问题、新情况，在充分领会上级文件精神的基础上，因地制宜，深刻理解并阐释上级相关文件精神与内容，督促办案小组加快案件查办进度。另一方面，采用辖区划片，社区网格管理员协助社区居委会方式，在各个片区安排专人挂点、专人督查驻守，采用社区网格化管理模式，确保辖区内各个片区的疫情防控日常巡查全覆盖。

再次，细致分工、及时处置，以法治促执法。一是完善机制确保法治实施。具体而言，需要分解不同执法主体的执法职权、明确不同执法主体的执法责任。将行政执法程序中的各个环节与不同行政执法岗位的职权明细化，确定执法主体在执法监管中应承担的执法责任。同时，要严格界定、区分不同执法岗位的具体执法范围，明确不同执法主体的执法权限，各执法主体的职责明确，定位清晰，避免发生执法越位、错位情况。二是加快疫情相关案件的核查与流转。疫情防控期间，采用依法高效的案件核查与流转程序。鉴于此，作为执法主体，应从自身抓起，从内部提升效率，对涉及疫情防控的人、财、物资、信息等需要严格要求，严厉打击违法犯罪行为，做到露头就打、从严从快查处。

最后，要严格培训、广泛宣传，以法治观念促长效监管。每周、每月定期召开会议或举行法治与特种设备监管等专业业务培训，以此提升执法队伍的执法水平。坚持将法规教育、宣传推广融入执法办案过程中，曝光疫情防控期间典型案件，力争达到"查处一起，教育一片"的效果。此外，将法律宣传下沉至社区、村委，通过社区网格员、业主委员会、村委发放安全宣传单、发送安全宣传短信、张贴宣传标语等方式，增强辖区居民的第一责任人意识，引导居民与执法主体共同对违法行为进行监督。

第二节　公共卫生危机中应急征用的法律控制与
应急物资调配规范化

一、公共卫生危机中应急征用的法律控制

（一）公共卫生危机应急征用的概念及相关内容

应急征用旨在应对自然灾害、事故灾难、公共卫生危机和社会安全事件等突发公共危机实施的具体行政行为，是政府应对突发公共危机的一项重要措施。党

的十八届五中全会提出"健康中国"战略，公共卫生领域出现深刻转折。"健康中国"上升为国家战略，公共卫生与人民健康被高度重视。自 2015 年开始，我国公共卫生立法步伐加快，每年通过或修订的法律法规在数量和质量上都高于以往。"公共卫生"含义也由以往的"清洁"向"卫生""健康"等概念转换。"健康中国"战略的提出，提升与增强了公共卫生的地位和重要程度。

《健康中国 2030 规划纲要》的出台，深刻明确了国家在公共卫生服务体系的建设方向。党的十九大报告指出"倡导健康义明生活方式，预防控制重大疾病"。2019 年国务院发布了《关于实施健康中国行动的意见》，国务院办公厅印发了《关于印发健康中国行动组织实施和考核方案的通知》，国家层面成立健康中国行动推进委员会。上述意见、通知的发布，健康推进委员会的设置，标志着国家对公共卫生与居民健康的重视程度加强。2019 年年末，首部国家基础性、全局性、综合性的卫生健康立法《中华人民共和国基本医疗卫生与健康促进法》（又称"基本法"）出台，标志着我国在推进"健康中国"战略层面的转型和发展。2019 年12 月底，新冠肺炎疫情出现，2020 年 1 月 20 日，国家卫生健康委员会宣布将此病毒列入传染病乙类，按照甲类传染病管理。在此期间，国家将人、财、物、医疗卫生资源等着重投入至新冠肺炎疫情应急防控与治理中，全国各地及时响应，不同程度实施交通管制、分类集中收治、依法隔离，遏制疫情迅速蔓延。

（二）公共卫生应急征用的相关法律依据

公共卫生应急征用相关法律依据，主要包含《中华人民共和国宪法》《中华人民共和国传染病防治法》《中华人民共和国突发事件应对法》《中华人民共和国生物安全法》《中华人民共和国民法典》。详见表 5-1。

表 5-1　公共卫生应急征用的相关法律依据

相关法律依据	具体内容
《中华人民共和国宪法》第十三条	国家为了公共利益的需要，可依照法律规定对公民私有财产实行征收或者征用并给予补偿。
《中华人民共和国传染病防治法》第四十五条	传染病暴发、流行时，根据传染病疫情控制的需要，国务院有权在全国范围或者跨省、自治区、直辖市范围内，县级以上地方人民政府有权在本行政区域内紧急调集人员或者调用储备物资，临时征用房屋、交通工具以及相关设施、设备。

续表

相关法律依据	具体内容
《中华人民共和国突发事件应对法》第十二条	有关人民政府及其部门为应对突发事件,可以征用单位和个人的财产。被征用的财产在使用完毕或者突发事件应急处置工作结束后,应当及时返还。财产被征用或者征用后毁损、灭失的,应当给予补偿。
《中华人民共和国突发事件应对法》第五十二条	履行统一领导职责或者组织处置突发事件的人民政府,必要时可以向单位和个人征用应急救援所需设备、设施、场地、交通工具和其他物资,请求其他地方人民政府提供人力、物力、财力或者技术支援,要求生产、供应生活必需品和应急救援物资的企业组织生产、保证供给,要求提供医疗、交通等公共服务的组织提供相应的服务。紧急调集人员的,应当按照规定给予合理报酬。临时征用房屋、交通工具以及相关设施、设备的,应当依法给予补偿:能返还的,应当及时返还。
《中华人民共和国生物安全法》总则第一条	为了维护国家安全,防范和应对生物安全风险,保障人民生命健康,保护生物资源和生态环境,促进生物技术健康发展,推动构建人类命运共同体,实现人与自然和谐共生,制定本法。
《中华人民共和国民法典》第一百一十七条	为了公共利益的需要,依照法律规定的权限和程序征收、征用不动产或者动产的,应当给予公平、合理的补偿。

（三）合理征用的界限

应急物资的合理征用存在界限。依据《传染病防治法》的规定,传染病暴发、流行时,根据传染病疫情控制的需要,国务院有权在全国范围或者跨省、自治区、直辖市范围内,县级以上地方人民政府有权在本行政区域内紧急调集人员或者调用储备物资,而任何市级层面政府均无权征用其他省市的防控物资。抗疫期间出现了不合理截留其他省市应急物资的现象,如云南大理口罩截留事件。2020年的2月2日,云南省大理市卫生健康局发出《应急处置征用通知书》,对准备送至重庆市的9件598箱口罩实施"紧急征用"。随后,重庆市政府发函,请求大理市放行被截留口罩。大理市针对该事件,对外界的回应是本市缺乏防疫物资,缺乏生产物资的企业,采购物资也一时无法到位,疫情防控物资极度紧缺,因无法满足疫情防控的最基本需求,情急之下,将运送至重庆市的口罩截留,并即刻分发至大理州辖区范围内的医疗机构、乡镇、街道、社区交警、交通、保安等疫情防控点。从情理上,彼时重庆、大理都属于疫情防控的关键时刻,都需要大量的防控物资。然而,从法律上看,大理的口罩征用并无法律依据。根据《突发事件应对法》,大理市卫生健康局作为地方行政部门无权实施征用行为。

2020年1月29日，国务院办公厅发布《关于组织做好疫情防控重点物资生产企业复工复产和调度安排工作的紧急通知》，明确要求对重点医疗应急防控物资，由国务院联防联控机制物资保障组实施统一管理、统一调拨，地方各级人民政府不得以任何名义截留、调用。从大理截留口罩这一事件可知，某些地方官员需要加强相关法律知识的学习，决定不是"拍脑袋"拍出来的，而是需要依据相应的法律法规。因而，地方政府需慎用征用方式。按照《突发事件应对法》的基本内容，地方政府在实施紧急征用方式时，既要确保救援工作的顺利开展，又要保证不损害他人的利益。

二、公共卫生危机中应急物资调配规范

（一）应急物资的概述及分类

应急物资是指在应急管理的物流过程中所采用的各类物资的总和。从应急物资的分类来看主要包含三个层面，一是保障物资，如粮食、粮油等人民生活物资；二是工作物资，即负责危机过程中专业人员所采用的物资，专业性较强；三是特殊物资，即应对特殊性质的物资，具有特定性和针对性，如特殊药品等。主要包含防护类用品、生命救助类、救援运载类、临时食宿类、交通类、工程材料类等应急物资。

（二）应急物资调配过程

一旦发生突发公共卫生事件，应快速收集相关信息，做好充分的物资准备。与此同时，采用各种合理、科学方式筹措应急物资，合理选择物资调配方案，将物资配送至各应急点，并尽量根据各应急点的物资需求实施物资配送。

从突发事件应急物资的调配流程可知（如图5-1），当重大灾难发生时，将在指定的供应点获取物资，以此满足突发事件的应急物资需求。此时，首先要对应急物资需求进行预测，主要目的有三个：一是通过预测，可知晓灾难所需要的应急物资数量；二是通过预测，可知晓应急物资类型的匹配；三是通过预测，可知晓是否需要应急物资的供应。预测之后，给出应急物资调配模型与算法，然后通过模型和算法制定出相应的调配方案。最后依据应急物资的调配方案进行受灾点的物资配送与发放。

这是应急物资调配的一般流程与范式，而在实际情况中，应急物资的调配讲求实效、科学、有序、合理等原则。实际中，当重大灾难发生，应急物资会在第一

时间送达灾区，如 2008 年的汶川地震、2010 年的青海玉树地震、2019 年年底的新冠肺炎疫情、2021 年的河南洪灾。无论是自然灾害还是公共卫生危机事件，应急物资均在衡量后，第一时间分配至灾区，但整个过程是遵循应急物资调配流程的。

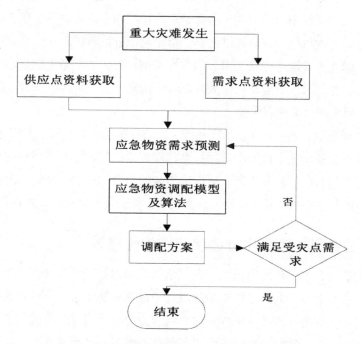

图 5-1　突发事件应急物资调配流程图

第三节　公共卫生危机中应急社会动员与

社会参与法治化路径

一、公共卫生危机中应急社会动员的主要内容

群防群控是我国疾病防控的法定方式。我国《宪法》第二十一条规定："开展群众性的卫生活动，保护人民健康。"《传染病防治法》第二条规定："防治结合、分类管理、依靠科学、依靠群众。"《突发公共卫生事件应急条例》第四十条规定："传染病爆发、流行时，街道、乡镇以及居民委员会、村民委员会应当组织力量，

团结协作，群防群治，协助卫生行政主管部门和其他有关部门以及医疗卫生机构做好疫情信息的收集和报告、人员的分散隔离、公共卫生措施的落实工作，向居民、村民宣传传染病防治的相关知识。"依据上述法律、法规、条例，群防群控是我国疾病防控的主要方式之一，也是基层公共卫生危机的主要应急方式。

第一，采用管控型治理方式。基层是群防群控的重点，动员基层党员干部，采用两种方式实现目标。一是通过强制性措施组织分散村民，二是做到群众之间相互监督。前者主要以一种自上而下的方式实施，后者主要是走群众路线，将群众与社会实践相结合。基层政权强大，通过政治动员、自上而下的行政任务介入民众生活，可实现政策的有效渗透。

第二，动员型治理。在管控治理基础上，动员基层社会力量，实施群防群控。动员型治理视为被国家、政府激活的社会治理方式。与管控型治理相比较，动员型治理具有资源分散、自发性强、适应能力高的突出特点。动员型治理所依赖的是社群天然的信任关系，具有自发性、主动性特征，属于民间社会的自我治理。

二、公共卫生危机中社会参与法治化路径

在应对突发公共卫生危机过程中，仅依靠政府力量是不可取的，社会力量、民间力量均应在突发公共卫生危机治理过程中发挥重要作用。政府力量在公共危机治理过程中占据主导地位，但并非说明政府力量在治理方面大包大揽。在应对突发新冠肺炎疫情治理时，政府组织、各类社会组织、民间力量都需积极参与。事实上，在此次抗击新冠肺炎疫情中，民间力量、社会力量起着十分积极的作用。与此同时，紧急情况下民间力量、社会力量实质上就是一股看得见的强大力量。

（一）公共危机中政府参与法治化路径

政府固然承担防疫救灾的责任，但政府更多是从宏观上全局把控，做好降低灾害的主要领导与指挥工作，而对于民间捐赠、民间生产、组织、协助和自救等方面还需要积极引导、支持和推广，才能促使各种积极因素的充分参与。当政府力量在公共危机治理中发挥其主导作用时，其他力量应与政府协调共治，尽可能多关注其他社会组织与民众在公共危机治理方面的积极作用。政府力量与社会组织合理配合，充分发挥各自的作用，既有利于促进各种力量的整合，也有利于巩固政府部门在公共危机治理中的地位，从而将政府力量与社会其他力量有机整合，发挥合力，赢得人民群众的关注、理解和支持。

在历经了紧张抗疫后，应对公共卫生常态化治理，政府部门的引导作用更加突出，更显重要和关键。政府部门在紧急状态中起着强有力的引导与参与作用，常态情况下更应体现出政府的全局指挥作用。具体来讲，首先在司法领域，可经由民事审判，鼓励民事主体主动维护自身健康权益，坚决打击紧急状态或常态下的刑事犯罪行为，维护人民群众的健康权益，通过行政审判监督有关部门对民众的健康促进职责。其次，在行政领域实施执法活动，引导民众树立健康积极的生活方式，引导民众养成良好的健康行为，提升健康素养。另外，在立法领域，鼓励并积极促进地方立法权的使用。经过此次重大突发公共卫生危机，地方立法权的合理使用在公共卫生领域中的重要性不言而喻。反观在民间力量和社会力量层面，民事活动在很大程度上促进了公共卫生的进一步改善。因而，政府力量与民间力量之间形成一种纽带关系，通过必要的宣传、奖励、减税、保障等制度，增加社会民间力量的参与，使之形成积极反馈，提升社会民间力量的自我维持力。

（二）公共危机中企业参与法治化路径

职业病防治是国家基本公共卫生服务的重要内容之一。依据《中华人民共和国职业病防治法》，用人单位应当建立健全职业病防治责任制，加强对职业病防治的管理，提高职业病防治水平，对本单位产生的职业病危害承担责任。如依据《重庆市突发公共卫生事件应急条例》，企业事业单位应当积极参与、配合突发公共卫生事件应急工作，包括鼓励企业为应对突发公共卫生事件提供物资、资金捐赠和技术支持，建立健全突发公共卫生事件应急工作责任制，做好本单位突发公共卫生事件应急处置工作等。公共卫生危机中，鼓励企业承担社会责任，这在《突发事件应对法》《劳动法》《传染病防治法》等法律中均有体现。如鼓励企业支持开展传染病防治工作，对应对突发事件提供物资、资金、技术支持，鼓励企业进行捐赠等。

（三）公共危机中公众参与法治化路径

如何在公共危机应对中落实人民群众的主体作用，也是需要关注的问题。我国的政治体制和民主体制决定了人民是国家的主人，政府在处理公共危机时需集中体现人民的意志和要求。然而，公众对于政府在公共危机中的治理方式、治理效果又抱有很高的心理期待，特别是在应对突发公共卫生危机中，政府行为会被放大，社会大众的监督强有力，此时政府的治理能力被凸显，社会大众希望看到自己的预期结果。但实际上，在这种高压状况下，政府的社会治理能力缺陷往往会被显现出来，民众希望参与社会治理中。鉴于此，政府应进一步拓宽民众参与公共危机治理渠道，让更多民众通过合法、合规、合理的渠道参与社会治理，此举不仅缓解了政府压力，更是尊重民意、表达民意的绝佳方式。

第四节　依法严厉打击与整治公共卫生危机中违法犯罪行为

一、新冠肺炎疫情防控中的典型犯罪案例

自 2019 年底以来，在党中央的领导下，举国之力抗击新冠肺炎疫情，尽管到目前仍会出现散点式的疫情，但均在可控范围内。加之，历时一年多的抗疫，无论在抗击疫情的意识方面还是在行动策略方面，全国上下均有了更成熟更丰富的经验。在 2020 年抗疫初期阶段，也出现过涉疫典型案例。从 2020 年 2 月 11 日至 4 月 17 日，最高人民检察院每周一次发布全国检察机关依法办理涉及新冠肺炎疫情的典型案例，连续发布 10 批共 55 个。典型案例的连续发布，旨在"化解矛盾、消弭对抗、修复损害、促进和谐"，以体现司法谦抑性。

截至 2020 年 4 月 16 日，全国检察机关共受理审查逮捕涉疫情刑事犯罪案件 3324 件 4120 人，审查批准逮捕 2910 件 3517 人，依法不批准逮捕 329 件 456 人；受理审查起诉 2636 件 3310 人，审查提起公诉 1980 件 2416 人，依法不起诉 68 件 88 人。表 5-3 所示为 2020 年最高检发布的涉疫情典型案件数。

表 5-3　2020 年最高检发布涉疫情典型案件

罪名	案件数 / 人数	提起公诉案件数 / 人数
妨害传染病防治罪	13 件 /15 人	24 件 /26 人
妨害公务罪	429 件 /530 人	471 件 /572 人
寻衅滋事罪、故意伤害罪	429 件 /530 人	471 件 /572 人
制假售假类犯罪	237 件 /436 人	94 件 /166 人
非法经营罪	19 件 /37 人	15 件 /21 人
诈骗罪	1729 件 /1834 人	946 件 /993 人
编造、故意传播虚假信息罪	8 件 /8 人	9 件 /9 人
破坏野生动物资源类犯罪	189 件 /263 人	207 件 /352 人
其他涉疫情犯罪	171 件 /239 人	128 件 /166 人

资料来源：相关数据系作者基于最高检发布的相关信息整理而成。

二、公共卫生危机事件中的违法行为及法律责任

针对公共卫生危机中的违法行为应严厉打击，以维护人民群众生命安全和社会稳定。公共危机中涉及医疗卫生的暴力伤医、抗拒防控、制假售假、哄抬物价、借机诈骗等严重破坏正常医疗秩序、防疫秩序、市场秩序和社会秩序的违法犯罪行为，必须依法从严从快惩处。具体如表5-4所示。

表5-4 公共卫生危机事件中的违法犯罪及法律责任

具体违法犯罪及法律责任
拒绝接受检疫强制隔离或治疗的，或强行冲撞公安机关设置的警戒带、警戒区等阻碍人民警察依法执行职务的，依据阻碍执行职务案调查处罚，或以暴力、威胁方法阻碍国家机关工作人员、红十字会工作人员依法履行职务的，以涉嫌妨碍公务罪立案调查，依法追究刑事责任。（《刑法》第二百七十七条）
故意传播传染病病原体，危害公共安全的，以涉嫌以危险方法危害公共安全罪立案侦查，依法追究刑事责任；患有突发传染病或疑似突发传染病，因拒绝接受检疫、强制隔离或治疗，过失造成传染病传播，情节严重，危害公共安全的，以涉嫌过失以危险方法危害公共安全罪立案侦查，依法追究刑事责任。（《刑法》第一百一十五条第二款）
在互联网、微信群、微博、短信群等散布谣言，谎报疫情、警情，故意扰乱公共秩序的，以虚构事实扰乱公共秩序案进行调查处罚。（《治安管理处罚法》第二十五条）
假借预防、控制突发传染病疫情等灾害的名义，利用广告对所推销的商品或者服务做虚假宣传，以诈骗案进行调查处罚。（《刑法》第二百六十六条）
广告主、广告经营者、广告发布者违反国家规定，致使多人上当受骗，违法所得数额较大或者有其他严重情节的，以涉嫌虚假广告罪立案侦查，依法追究刑事责任。（《刑法》第二百二十条）
违反国家有关市场经营、价格管理等规定，哄抬物价，牟取暴利，严重扰乱市场秩序，触犯刑法的，以非法经营罪立案侦查，依法追究刑事责任。（《刑法》第二百二十五条）
违反传染病防治法的规定，拒绝执行卫生防疫机构依照传染病防治法提出的预防、控制措施，引起传染病传播或者有传播严重危险的，以涉嫌妨碍传染病防治罪立案侦查，依法追究刑事责任。（《刑法》第三百三十条）
强拿硬要或者任意损毁、占用公私财物情节严重，在公众场所起哄闹事，擅自设卡拦截、断路阻断交通，造成公共场所秩序严重混乱的，以寻衅滋事罪依法追究刑事责任，并依法从重处罚。（《刑法》二百九十三条）
生产用于防治传染病的不符合保障人体健康的国家标准、行业标准的医疗器械、医用卫生材料，不具有防护、救治功能，足以严重危害人体健康的，以生产、销售不符合标准的医用器材罪立案侦查，依法追究刑事责任。（《刑法》第一百四十五条）

严格遵守疫情防控措施，既是对个人负责，也是对社会、他人负责，所以必须守住法律底线，约束个人行为。每个公民都应当主动履行防疫责任和社会义务，对拒不执行疫情防控措施的，相关部门有权依法严肃查处。个别人员心存侥幸、知法犯法，严重干扰疫情防控大局。有的拒不执行有关进出境、进出京等疫情防控的决定、命令；有的置防控大局于不顾，不报、瞒报、谎报行踪轨迹等涉疫信息；有的不按要求执行疫情防控措施，违规进出封闭式管理的企事业单位；有的扰乱防疫工作正常秩序，侵犯防疫工作人员人身安全；有的为吸引眼球、博取关注，在信息网络或其他媒体上，编造传播涉疫虚假信息。为有效维护疫情防控期间良好社会治安秩序，北京警方依法严惩各类妨害疫情防控违法犯罪行为，2021 年 7 月 28 日以来，警方共办理涉疫违法犯罪案件 19 起，刑事拘留 8 人，行政拘留 10 人，罚款 2 人。

第六章　社会治安综合治理与社会矛盾纠纷化解的法治化机制

《"十四五"规划和纲要》强调要"完善社会治安综合治理体制机制"，这是适应复杂多变的社会治安形势，提高社会治安综合治理科学化水平的迫切需要，对保障人民安居乐业、社会安定有序、国家长治久安具有重要意义。社会治安综合治理最鲜明的特点，就是在党的集中统一领导下，充分发挥社会主义制度优势，凝聚全社会力量，综合运用多种手段，预防和解决影响社会治安稳定的突出问题。在全面推进依法治国的背景下，创新社会治安综合治理法治化路径，构建社会治安综合治理法治化机制，是有效维护社会治安秩序、保障人民安居乐业的关键性任务，也是推进社会治安综合治理现代化的重要课题。

当前，中国特色社会主义进入发展新阶段，随着外部环境的剧烈变化，各类新兴的社会风险与矛盾纠纷突显，矛盾类型呈现出多元化的特征，劳资矛盾、卫生教育矛盾、涉黑涉恶矛盾、宗教种族矛盾、涉法矛盾等层出不穷，为社会治安综合治理带来了巨大的挑战。面对种种社会矛盾纠纷，尤其是关系到人民群众生命与财产等切身利益问题，基于社会矛盾纠纷发展的新趋势，可推进社会矛盾源头治理、"五治融合"、情理法融合等治理方式促进社会矛盾风险防范与化解。就重大行政决策引发的社会稳定风险，本文主要围绕重大行政决策稳评制度法治化、新型稳评机制构建、网络舆情风险评估机制和紧急行政权行使的程序合法性等问题展开探讨。

第一节　社会治安综合治理核心内容、相关立法与法治机制

社会是一个复杂且动态变化的系统，其发展与变革进程中产生了较多显性和隐形问题，这些问题共同形成了社会公共安全风险。社会公共安全风险具有复杂多变性、不确定性、难以预测性和易触发性等特征。除传统的自然与生态安全、

生产与技术安全、社会安全等风险外，诸如网络犯罪、技术异化等各种新型社会风险也对社会稳定与安全构成了较大的威胁，以事故灾害和群体性事件为代表的突发性事件不断发生，各类犯罪案件不断增多。面对严峻的社会治安形势，为预防、整治和解决影响社会治安与稳定的各类安全风险和突发危机，推进社会治安综合治理、构建社会治安防控体系成为社会治理的核心内容。其旨在运用综合治理的方式打击违法犯罪、化解社会矛盾纠纷、处理各类应急突发事件和维护社会公共安全。在本文看来，社会治安综合治理是"社会治安"与"综合治理"两个词汇的合意，这是一个具有中国特色的政治与法律概念，其根本任务是运用法律手段统领下的各种治理方式维护社会安全与公共秩序，①在党和政府的统一领导指挥之下，协调各个部门，齐抓共管，综合运用政治、经济、法律等各种手段，预防和打击犯罪，创建良好的社会治安环境。中央与地方纷纷出台社会治安综合治理相关规范，指导社会治安综合治理工作实践。

一、社会治安综合治理目标、基本任务与核心原则

社会治安综合治理是具有中国特色的社会治安治理路径，其最初是在改革开放后总结我国社会治安工作经验的基础上提出的。从 1991 年至今，全国人大常委会以及中共中央、国务院先后发布了《关于加强社会治安综合治理的决定》（1991年）、《关于进一步加强社会治安综合治理的意见》（2001 年）、《关于深入开展平安建设的意见》（中办发〔2005〕25 号）、《健全落实社会治安综合治理领导责任制规定》（厅字〔2016〕8 号）等指导性规范文件，明确了社会治安综合治理的原则、目标任务、工作范围、领导责任等内容。社会治安综合治理工作推进至今 30 余年，已取得了较大的进展。作为维护公共安全和社会秩序的重要治理工具，社会治安综合治理在各级党委和政府的统一领导下，运用多种综合手段打击和预防违法犯罪、解决社会矛盾纠纷和社会公共安全问题。伴随着中国特色社会主义发展进入新阶段，社会治安综合治理的参与主体呈现出广泛性的特征，除党政领导部门外，各人民团体、企事业单位和公民都是社会治安综合治理的重要参与主体，各部门和各主体形成了各司其职、协调一致、齐抓共管的社会治安综

---

① 参见中央社会治安综合治理委员会办公室.社会治安综合治理工作读本 [M].北京：中国长安出版社，2009；田小穹.社会治安综合治理定义探析 [J].河北法学，2010，28（8）：192-196.

合治理的体制。[①]

　　此外，由于社会治安综合治理的对象较为广泛，需解决的问题错综复杂，社会治安综合治理的方式也具有综合性和多元性。从社会治安综合治理的工作环节上看，从原先的打击、防范和改造扩充到教育、管理、建设等6个环节，相互之间环环相扣，相辅相成。具体而言，一是旨在打击刑事犯罪行为，这也是最初《关于加强社会治安综合治理的决定》中规定的社会治安综合治理的首要环节；二是预防和减少犯罪工作、疏导和化解各种社会矛盾与纠纷，维护社会治安秩序，其中，广泛动员和组织群众，采取群防群控机制加强社会治安防范和矛盾纠纷的排查调处是重要机制；三是开展思想政治教育和法治宣传教育，这对于解决由问题青少年产生的社会治安难题具有重要意义；四是在管理环节方面，侧重对社会治安的日常管理，特别是针对流动人口和社区特殊人群管理。在具体的手段中，政治、法律、行政、经济、文化和教育等综合手段均被灵活运用于社会治安综合治理中。

　　在这些工作环节和具体治理的措施中，打击和改造是用于既发犯罪和既有风险的治标之策，而防范、教育、管理、建设则是用于防控未然之罪和潜在社会风险的治本之策。[②]"打防结合、预防为主、专群结合、依靠群众"是社会治安综合治理的指导原则和方针，但实践中打击的力度往往大于预防和治理的力度。除该原则外，社会治安综合治理的重要原则还包括集中统一领导原则、属地管理原则和"谁主管、谁负责"的治理原则等。2016年3月，中共中央、国务院印发了《健全落实社会治安综合治理领导责任制规定》，第四条规定"严格落实属地管理和谁主管谁负责原则，构建党委领导、政府主导、综治协调、各部门齐抓共管、社会力量积极参与的社会治安综合治理工作格局"，第五条中也提出，"各地党政主要负责同志是社会治安综合治理的第一责任人"。在"谁主管，谁负责"原则中，党政相关负责人主要承担社会治安综合治理的第一责任，社会治安综合治理分管负责人承担直接责任。属地管理原则作为一种工作原则，是指地方职能部门所属行政区域受到地方政府与上级部门的双重领导，对人、事、物进行全面管理。[③]属地政府对所管理对象直接进行领导与组织。

---

　　① 游祥斌，李祥. 反思与重构：基于协商视角的社会治安综合治理体制改革研究 [J]. 中国行政管理，2014（12）：58.

　　② 辛科. 社会治安综合治理：问题与对策 [J]. 中国政法大学学报，2011（3）：131–134.

　　③ 吕德文. 属地管理与基层治理现代化——基于北京市"街乡吹哨、部门报到"的经验分析 [J]. 云南行政学院学报，2019，21（3）：5–12.

二、中央与地方关于社会治安综合治理相关规范的制定与执行

（一）中央层面社会治安综合治理规范

从 1991 年至今，全国人大常委会以及中共中央、国务院先后针对社会治安综合治理发布了一系列规范性文件，规范省、市、县、乡镇、村社会治安综合治理的建设要求，涵盖学校青少年、农村安全、特殊人群、流动人口、矛盾纠纷排查化解各个方面。这些规范性文件进一步明确相关社会治安综合治理原则与机制，旨在从根本上预防和打击违法犯罪行为，维护治安秩序，同时加强对社会治安相关领导主体的责任考核及其监督激励机制的建设，为各地社会治安综合治理实践提供根本治理依据。社会治安综合治理既存在立法方面的问题，也有执法以及司法方面的问题。法治框架之下的社会治安综合治理朝着现代化的方向稳步前进，但是法律由于自身的滞后性，在一定程度上限制了对新兴治理工具的有效应用。如何在法治秩序下推进社会治安综合治理，仍具有重要的理论与实践意义。

表 6-1　社会治安综合治理的主要规范性文件

政府层级	颁布时间	文件名	核心内容摘要
全国人大常委会	1991 年	《全国人民代表大会常务委员会关于加强社会治安综合治理的决定》	全国人民代表大会及其常务委员会通过的刑事的、民事的、行政的、经济的等方面的法律，为社会治安综合治理提供了有力的法律武器和依据。要加强基层组织建设和制度建设，把各项措施落实到基层单位，形成群防群治网络。
中共中央办公厅、国务院办公厅	1995 年	《中央社会治安综合治理委员会关于加强流动人口管理工作的意见》	加强对流动人口特别是离开农村常住户口所在地跨地区务工经商人员的户籍管理、治安管理、流动就业管理和计划生育、民政、卫生、兵役等各项管理工作，并把管理与对流动人口的疏导、服务、教育等各有关工作紧密衔接。
中央社会治安综合治理委员会	1999 年	《中央综治委发布 1999 年全国社会治安综合治理工作要点》	严密注视治安形势，加强农村社会治安综合治理工作，深入开展安全创建活动，大力加强基层基础工作，预防和减少青少年犯罪，加强专项治理，严格执行领导责任制，健全完善综治工作机制。

续表

政府层级	颁布时间	文件名	核心内容摘要
国务院办公厅	2000 年	《国务院办公厅转发中央社会治安综合治理委员会等部门关于深化学校治安综合治理工作意见的通知》	明确学校治安综合治理工作的任务，坚持"属地管理"原则，学校要建立健全并认真落实治安综合治理责任制，加强综合治理工作机制建设，建立定期检查制度。
中共中央办公厅、国务院办公厅	2001 年	《中共中央国务院关于进一步加强社会治安综合治理的意见》	贯彻"三个代表"重要思想，坚持"打防结合、预防为主"方针，加强基层基础建设，健全和完善全社会齐抓共管的社会治安综合治理工作机制，严格执行责任制，确保工作落实。
司法部	2003 年	《司法部关于加强社会治安综合治理工作的实施意见》	坚持"严打"方针，推动"严打"经常性工作机制的建设，加强人民调解工作，充分发挥社会治安第一道防线的作用，按照"帮教社会化、就业市场化、管理信息化、工作职责法制化"的要求，做好新时期的安置帮教工作，加强对社会治安综合治理工作的领导，狠抓工作落实。
司法部	2004 年	《司法部关于进一步加强社会治安综合治理工作的实施意见》	加大普法依法治理工作力度，加强法律服务和法律援助工作，做好信访工作，切实加强司法所建设，促进基层社会治安防控体系建立和完善。
中央社会治安综合治理委员会	2006 年	《中央社会治安综合治理委员会关于深入开展农村平安建设的若干意见》	深入开展农村"严打"整治斗争，健全完善农村社会治安形势分析评估机制、"严打"长效工作机制、治安混乱地区和突出治安问题排查整治工作机制，进一步健全完善矛盾纠纷预防、排查、调处工作机制，建立健全适合农村治安特点的治安防控网络体系，加强农村法制建设和思想道德建设。
中共中央办公厅、国务院办公厅	2016 年	《健全落实社会治安综合治理领导责任制规定》	严格落实属地管理和谁主管谁负责原则，构建党委领导、政府主导、综治协调、各部门齐抓共管、社会力量积极参与的社会治安综合治理工作格局，建立完善社会治安综合治理目标管理责任制，建立严格的督促检查制度、定量考核制度、评价奖惩制度。

资料来源：该表格是作者基于各类相关规范文件汇总的成果。

一是进一步完善社会治安综合治理的法律规范体系。现阶段，我国依旧缺乏一部综合性的社会治安综合治理法律，早期的《加强社会治安综合治理的决定》仍是一个战略引领与全局统筹的规范文件。总体而言，我国对社会治安综合治理的政策性、纲领性规定多于法制依据，对综合治理的工作指导也多为政策性与精神性文件，存在较大的随意性，这也使得各地实践存在不规范和不统一的情况，地方性相关法规千差万别。① "要把社会治安综合治理的工作制度转化为法律制度，要把社会治安的一时一事的成效转化为长效的管理机制，要把传统的社会治安综合治理的模式转化为现代化的模式"②，重点之一在于构建完善社会治安综合治理的立法体系，完善相关法律、法规与规章的制定，建立普遍适用的《社会治安综合治理法》或《社会治安综合治理条例》，使现有社会治安综合治理相关制度法制化，明晰社会治安综合治理的任务目标、指导方针、组织领导体制、各个治理主体的职责与权限、治理内容、治理手段、监督考核与法律责任等，加强与其他相关法律的协调。③

二是构建科学、稳定和连续的社会治安综合治理法律规范执行体系。一方面，可以通过完善社会治安综合治理执法工作的管理制度，进一步明确执法工作的性质，职责权限、行为规范等，建立健全如《社会治安综合治理执法工作行为规范准则》《社会治安综合治理执法工作惩处规定》《社会治安综合治理执法工作举报制度》等制度，为执法工作提供制度保障。另一方面，在实践中依据政府组织法及依法管理的有关原则建立机构、职能、权力、责任明确的综合治理实施体制，为实践运行提供保障机制。此外，还需加快建设运行有序、结构合理的社会综合治安执法工作队伍，定期培训与考核执法人员，并在执法队伍内部设立评估机制、

①　由于各项政策性规定既没有给予参与综合治理的各类主体具体、明确的授权，又没有明确其法律责任，因而实施中遇到的大量问题要靠各级政府和各部门通过对文件的理解自行处理。因此，各地治安状况不平衡、治安形势不稳定与之有着直接的关系。

②　杨正鸣，姚建龙.转型社会中的社会治安综合治理体系改革[J].政治与法律，2004（2）：69.

③　具体而言，可从以下三个方面着手：一是在《宪法》中规定社会治安综合治理为基本国策，明确其相应的法律地位。二是制定《社会治安综合治理法》，明确规定社会治安综合治理的内涵外延、基本原则、组织领导体制、机构设置；明确责任主体及其基本的权利和义务；奖励、惩罚和社会保障等。三是梳理制定社会治安综合治理方面的单行法规。四是清理编纂既有的社会治安综合治理法律、法规，使其内容体系更加统一与完善。

奖惩机制，提高执法人员的专业业务素质。

（二）地方社会治安综合治理立法分析

推进地方社会治安综合治理在法治轨道上运行，对于打击与预防地方违法犯罪行为、防止"破窗效应"①引发的社会治安问题发挥着规范与制约作用。地方社会治安综合治理立法都是以全国人大常务委员会制定的《关于加强社会治安综合治理的决定》为背景展开，这里选择较为典型的北京市、四川省、山西省、甘肃省、吉林省、山东省、上海市、江西省、西藏自治区、新疆维吾尔自治区 10 个省、自治区、直辖市（后文简称省区市）的社会治安综合治理条例为例透视社会治安综合治理立法内容。各地法规文本基本框架可大致概括为总则—机构与职责—专门机关职责—社会责任—奖惩与考核—社会保障—附则。对 10 个省区市的条例梳理分析后可发现各地在具体分则内容方面兼具普遍性与差异性，且因地制宜地针对各自综合治理的重点领域强化立法。（参见表 6-2）

一是在组织结构与职责方面，各省区市明确不同层级综治委及机关、团体、企业事业单位设立综治委的具体工作要求以及主要职责；北京、四川、甘肃、新疆四个省区市专门强调针对人民法院、人民检察院、公安机关、司法行政机关、国家安全机关等部门提出具体工作要求；二是在社会责任方面，除北京、吉林、山东之外的其余 6 个省区市单设分则对各级机关、团体、企业事业单位及其他社会组织在社会治安综合治理工作中应承担的社会责任做出具体规定；三在考核与奖惩方面，10 个省区市都有相应的奖惩规定，其中，山西和西藏两地具体规定了一票否决制度；四是在社会保障方面，除山东之外的 9 个省区市设社会保障分则规定执行社会治安综合治理的保障措施，四川、山西、江西、西藏、新疆 5 个省区更是专门针对见义勇为行为建立保障制度；五是在其他分则方面，北京另设行政管理、思想教育与法制教育、改造与安置内容，新疆单设法律责任分则规定一票否决制度。

---

① "破窗"效应是由政治学家詹姆斯·威尔逊和犯罪学家乔治·凯林提出来的，他们认为："如果有人把一栋建筑的窗户玻璃打碎，而没有及时维修任由其发展，就会形成一种示范性的效果，久而久之，就给人造成一种无序的感觉，结果在这种公众麻木不仁的氛围中，最终会演变为犯罪猖獗之地。"

表6-2 十个省区市社会治安综合治理地方性法规立法内容之分则比较

行政单位	北京	四川	山西	甘肃	吉林	山东	上海	江西	西藏	新疆
组织结构与职责	市、区、县、乡、镇、街道设以及下设综治办公室处理工作，机关、团体、企业、事业单位根据需要设立综治委要受指导	各级人民政府统一实施社会治安综合治理工作	省、设区的市、县（市、区）、乡（镇、街道）综治委的职责	省、市（州）、县（市、区）、乡镇（街道）综治委职责的工作职责以及各级社会治安综合治理委员会的职责	公检法、国家安全机关、司法行政机关及各部门机关政府机关及各个部门机关的工作职责以及社会治安综合治理机关、企业、事业单位的职责	省、设区的市、县（市、区）、乡（镇、街道）综治委职责及国家机关、社会团体、企业、事业单位以及同职责的任务	省、设区的市和区、县、乡镇、街道综治委的职责；市宣传、教育和卫生、科技、建设交通、等设立的综治工作及职责	各综治委为常设机构，乡镇、街道以上的地方综治办公室；各级综治委以及各机关组织的其他综治委的职责	机关、团体、等设立组织负责；县级以上、县政府上主管综治委下设办公室；各级综治委负责，乡镇派负责人员，社区由副主任负责	县级以上、乡机关、企事业、单位和其他组织设立综治委的具体社会治理要求及社会综治委员会的主要职责
专门机关职责	设打击违法犯罪分则、治安防范和群防群治机防部分则定机关；团体、企业、事业单位、检察、审判人事、乡、镇、城市人民政府、街道办事处、公安机关、乡规划建设部门的职责	司法机关的职责；公安、检察、审判、国家安全、司法行政等机关的主要职责	无具体分则	规定公检法、国家安全机关、司法行政机关在社会治安综合治理工作中的职责	无具体分则	无具体分则	无具体分则	无具体分则	无具体分则	人民法院、人民检察院、公安机关、司法行政机关、国家安全机关的具体机关工作职责以及职责
社会责任	无具体分则	各机关、企业事业单位及其他社会组织的社会综治任务及村民委、居民委会的职责	机关、团体、企业、事业及各级综治理委成员工作专项工作办公室的职责	各部门机关、团体、企业、事业单位的相关工作及职责	无具体分则	无具体分则	在社会参与方面规定各级人民政府、社会组织、企业事业单位承担社会责任	各机关、团体、其他组织、公检法、国家安全机关及行政机关的职责；各部门、社会团体任务；村（居）民委员会的主要责任	各级人民政府、村（居）民委会、寺庙民主管理部门、机关、团体、公检法、国家安全、司法行政机关的职责	规定机关、团体、企业和其他社会组织的社会责任；村（居）民委员会社会综合治理工作责任

续表

行政单位	北京	四川	山西	甘肃	吉林	山东	上海	江西	西藏	新疆
考核与奖惩	规定了在执行社会治安综合治理中的奖惩制度	具体规定了社会治安综合治理的奖惩措施	规定了社会治安综合治理奖惩制度以及具体提出了一票否决制和申诉方法	具体规定了社会治安综合治理的奖惩措施	规定了社会治安综合治理工作相应的奖惩措施	规定了在社会治安综合治理中的奖励措施以及对不履行职责的惩治措施以及管理责任制	具体规定了社会治安综合治理的奖惩措施以及目标责任制为基础进行考核	具体规定了对有突出贡献的单位或个人的奖励措施以及对不履行职责的惩罚措施	规定奖励与惩罚制度具体情形;规定了一票否决制度的实行	规定社会治安综合治理的奖励措施
社会保障	规定了在执行社会治安综合治理中的保障制度	重点规定了对见义勇为行为的措施	规定各级人民政府对社会治安综合治理的支出预算;具体规定了基层安防范工作的任务;见义勇为行为的保障措施	规定了社会治安综合治理经费的具体保障制度	规定了社会治安综合治理经费的保障制度	无具体分则	规定了各级综治委加强服务保障	规定了社会治安综合治理经费的保障制度;重点对见义勇为行为的保障措施	规定了社会治安综合治理由当地财政拨款;见义勇为行为的保障制度	规定了社会治安综合治理的资金保障措施;对见义勇为行为的保障制度
其他分则	设行政管理分则规定各部门工作分工;设思想教育与法制教育规定各部门的工作内容以及劳动改造、教养的工作内容以及改造与安置的相关措施	无其他分则	无其他分则	无其他分则	无其他分则	无其他分则	无其他分则	无其他分则	无其他分则	设法律责任分则规定了处罚奖励与惩治制度;重点规定了一票否决制度

资料来源:基于10个省区市的社会治安综合条例汇总而成。

三、社会治安防控体系的法治化建设与运行效能

《"十四五"规划和纲要》就统筹发展和安全、建设更高水平的平安中国提出了明确的要求和工作部署。统筹发展和安全是我们党治国理政的一项重大原则，也是有效防范化解各类风险隐患、维护社会稳定和安全的根本保障。社会治安防控的建设和现代化运行是做好统筹发展和安全、推进平安社会建设的重要着力点和抓手。早期的社会治安防控体系的建设以国家强制力采取"严打重罚"的方式进行，至 20 世纪 90 年代末，随着社会综合治理的逐步深入开展，政法机构设置与体制建设不断完善与健全，社会治安防控体系建设的法治化、正规化、现代化方向日渐清晰。[①] 关于社会治安防控体系的官方表述首次出现在 2001 年中共中央和国务院发布的《关于进一步加强社会治安综合治理的意见》。社会治安防控体系主要是指在党委和政府领导下，以公安机关为主体，以维护治安秩序和公众安全感为目标，科学整合警力与社会资源，并综合运用各种措施对危害治安秩序的行为进行的有组织的系统控制工程。[②]

党的十八大以后，要求创新立体化社会治安防控体系建设，全面推进平安中国建设，社会治安防控体系进入国家与社会共建阶段。2015 年，中共中央办公厅、国务院办公厅印发《关于加强社会治安防控体系建设的意见》，提出要提升社会治安防控体系建设法治化、社会化、信息化水平。其中，特别强调要运用法治思维和法治方式推进社会治安防控体系建设，并主要从以法律手段解决突出问题、加强基础性制度建设和严格落实综治领导责任制三个方面建设社会治安防控法治化体系。2019 年 1 月，习近平总书记在中央政法工作会议上强调，要加快推进立体化、信息化社会治安防控体系建设。《"十四五"规划和纲要》中"推进社会治安防控体系现代化"板块强调要坚持专群结合、群防群治，提高社会治安立体化、法治化、专业化、智能化水平，健全社会治安防控体系。推进社会治安防控体系的法治化建设与运行不仅符合新时代社会治安防控体系的发展需求，也为实现立体化和信息化的社会治安防控体系奠定了法治保障。

现阶段，社会治安防控体系已是法治社会建设的重要组成部分，成为依法治

---

① 魏鸿勋.我国社会治安防控体系历史流变及认知启示 [J].广西警察学院学报，2021，34（1）：63.

② 宫志刚.李小波.社会治安防控体系基本问题研究 [J].中国人民公安大学学报（社会科学版），2014（2）：109.

国顶层设计的范畴。由此，需依据依法治国的要求，以法治思维和法治方式推进社会治安防控体系的建设与运行。[①] 如前文多次提及，法治包含已成立的法律获得普遍服从，而公众所服从的法律本身又是制定良好的善法，即法律之治与良法之治。由此，推进社会治安防控体系法治化建设首先需构建完善的社会治安防控法律规范体系，为治安防控的运行提供法律依据。依据合法是社会治安防控体系法治化的前提和基础，可在探索制定的《社会治安综合治理法》（或《社会治安综合治理条例》中设置社会治安防控体系的相关章节规定；还可以通过对社会治安防控单行立法的方式，将社区矫正、群防群治、社会安保服务等领域相关的内容涵盖在内。其次，需为防控主体提供法律授权并为其设定法律边界，确保其权力运行的合法性，规范防控措施和手段，在有效维护社会治安与社会秩序的同时尽可能减少对公民合法权益的侵害。社会治安防控的核心和本质在于控制，治安防控实际上是一种社会控制，由此这种控制特别需要恰当的法律规制。公安机关是社会治安防控体系的主导力量和主力军，由此，在规范公安机关具体的执法行为和执法制度方面需严格落实责任追究机制，需让公众从中切身感受到社会的公平正义。2021 年 7 月，中共中央、国务院发布《关于加强基层治理体系和治理能力现代化建设的意见》，明确要求增强乡镇（街道）平安建设能力。坚持和发展新时代"枫桥经验"，加强乡镇（街道）综治中心规范化建设，发挥其整合社会治理资源、创新社会治理方式的平台作用。完善基层社会治安防控体系，健全防范涉黑涉恶长效机制。在中国社会基层治理实践探索中，充分发挥综治中心的统筹协调作用，有利于坚持专群结合、群防群治，加强社会治安防控体系建设，助力平安中国建设。

第二节　社会风险与矛盾纠纷源头治理：诉源治理与

"五治融合"

社会风险与矛盾纠纷在某种程度上是公共危机发生的前兆和报警器，推进源头治理有助于将危机扼杀于摇篮中。当前正处于社会结构调整的关键时期，各社会主体之间的利益格局急剧变动导致社会矛盾加剧。新时代社会矛盾纠纷发生了

---

① 王建新. 社会治安防控体系法治保障研究 [J]. 中国人民公安大学学报（社会科学版），2015，31（2）：97-102.

较多新变化，主要体现在矛盾纠纷主体多元化、类型更加多样、调解难度加大三个方面。《"十四五"规划和纲要》中提出要"坚持和发展新时代'枫桥经验'，构建源头防控、排查梳理、纠纷化解、应急处置的社会矛盾综合治理机制"。加强社会矛盾纠纷源头治理，通过多元化解机制将矛盾纠纷化解在基层，推进矛盾纠纷诉源治理是社会治理法治化的内在要求，也是社会治理矛盾风险防范化解的重要思路与实践路径。自 2016 年开始，全国各地相继出台推进多元化解纠纷机制的地方立法，目前已经初步建立了多元化纠纷解决的法律政策体系和相关机制运行体系。① 只有坚持和发展新时代"枫桥经验"的制度建构，通过制度协同推动更多法治力量向引导和疏导端用力，以"五治融合"、情理法融合机制畅通群众诉求表达、利益协调、权益保障通道，完善社会矛盾纠纷多元预防调处化解综合机制，才能努力把社会矛盾风险化解在基层和萌芽状态。

一、新时代社会风险与社会矛盾纠纷发展的新趋势

中国特色社会主义进入新时代，我国社会主要矛盾发生了深刻的历史性转化，人民日益增长的美好生活需要与不平衡不充分的发展之间的矛盾愈加突出。在社会主要矛盾转化的背景下，各类社会风险也与日俱增。伴随着新时代社会发展与转型呈现出愈加复杂的流动性、异质性和多元性的特征，各种社会风险与矛盾纠纷也愈加频发，这对保持大局稳定、社会安定和公共安全提出了更高的要求。2020 年年初席卷全球的新冠肺炎疫情被视为一场突如其来的公共卫生安全重大危机和社会风险，也是对各个国家风险治理能力的一次重大考验。在社会生活中，由各类社会问题引发的社会矛盾不断汇聚并诱发更深层次的冲突，包括社会抗争、利益博弈、来信来访和群体利益冲突等，这也造成了更大的社会稳定风险。特别是在网络社会到来后，社会生活的不确定性大幅上升，为社会秩序带来了强烈冲击与难以预测的风险。

---

① 目前，全国各地有立法权的省区市开展多元化纠纷解决机制相关地方立法的较多，由省级人大常委会通过的地方立法条例主要有《山东省多元化解纠纷促进条例》（2016 年）、《黑龙江省社会矛盾纠纷多元化解条例》（2017 年）、《安徽省多元化解纠纷促进条例》（2018 年）、《四川省纠纷多元化解条例》（2019 年）、《河北省多元化解纠纷条例》（2020 年）、《吉林省多元化解纠纷条例》（2020 年）、《上海市促进多元化解矛盾纠纷条例》（2021 年）等。

新时代社会矛盾纠纷也发生了新的变化。①中国裁判文书网2008—2020年刑事附带民事判决书的数量合计256679份，由此也可发现基层社会矛盾纠纷凸显的严峻态势。2018年4月，司法部在新闻发布会上表示，"随着经济社会发展，矛盾纠纷发生了很多新变化，主要体现在矛盾纠纷主体多元化、类型更加多样、调解难度加大三个方面"②。在社会矛盾纠纷主体多元化方面，过去矛盾纠纷的主体主要是公众私人之间的矛盾纠纷，新时代社会矛盾纠纷的主体还体现在公众个体与组织（法人或非法人组织）之间的矛盾不断增多；在社会矛盾纠纷类型方面，过往的纠纷主要是以公众之间的邻里矛盾纠纷、住房宅基地纠纷、婚姻家庭纠纷等为主，新时代还存在更多行业性、专业性强的矛盾纠纷，如医疗纠纷、群体性上访纠纷、校园矛盾纠纷、网络舆情纠纷等；在调解难度方面，现阶段的社会矛盾纠纷已无法单靠讲情理的方式开展调解工作，更多的复杂问题涉及社会和法律关系，需用情理法融合，人民调解、行政调解和司法调解等多种调解方式有机衔接予以解决。此外，新时代社会矛盾纠纷也需特别注重源头治理与综合治理，以诉源治理和自治、法治与德治"三治融合"的方式实现矛盾纠纷的提前预警与排查并将社会矛盾纠纷化解在基层。

二、社会风险与矛盾纠纷防范化解的诉源治理模式

党的十九届四中全会通过的《决定》中原创性地提出"构建系统完备、科学规范、运行有效的制度体系，加强系统治理、依法治理、综合治理、源头治理，把我国制度优势更好转化为国家治理效能"。源头作为一切问题产生的根源，也是社会风险与矛盾纠纷防范化解的最佳环节，源头治理能有效通过防范在先、处置在小的方式避免矛盾风险进一步叠加和蔓延升级，将问题解决在萌芽和基层状态，从而实现在源头上预防和化解纠纷，其强调标本兼治、重在治本。作为源头治理的重要模式，诉源治理是社会矛盾纠纷多元预防与调处化解的重要机制。2021年2月，习近平主持召开中央全面深化改革委员会第十八次会议，会议审议通过了《关于加强诉源治理推动矛盾纠纷源头化解的意见》，提出法治建设既要

---

①　该数据是通过在中国裁判文书网"刑事案件"中搜索"刑事附带民事判决书"，根据2008—2020年各年度"刑事附带民事判决书"的数量累计求和而得出。

②　司法部：新时代社会矛盾纠纷呈现三大变化 [EB/OL].（2018-04-27）[2021-05-07]http://www.legaldaily.com.cn/zfzz/content/2018-04/27/content_7531708.htm?node=81120.

抓末端、治已病，更要抓前端、治未病。要坚持和发展新时代"枫桥经验"，把非诉讼纠纷解决机制挺在前面，推动更多法治力量向引导和疏导端用力，加强矛盾纠纷源头预防、前端化解、关口把控，完善预防性法律制度，从源头上减少诉讼增量。2021 年 4 月，中共中央、国务院发布的《关于加强基层治理体系和治理能力现代化建设的意见》中指出，健全乡镇（街道）矛盾纠纷一站式、多元化解决机制和心理疏导服务机制。

（一）源头预防为先与非诉机制挺前的诉源治理

近年来，人民法院受理的社会矛盾纠纷案件数量始终处于高位超负荷运转状态，基层法院"案多人少"的矛盾异常突出。2016 年，成都法院在全国率先提出并开展了一项重大改革措施——"诉源治理"，其研究制定了《关于全面深入推进诉源治理的实施意见》，并提出了一系列配套措施，[①] 旨在实现纠纷化解于诉前，减少社会矛盾纠纷向诉讼案件转化。[②] 实践中，成都先后探索出大邑法院的"无讼社区"、蒲江县法院的"五老调解"、武侯区法院的"法治指导员"、新津县法院的"法治诊所"等不同模式，在试点的两年多时间里取得了案件增幅放缓和下降的显著成果。目前，成都法院推行的诉源治理方案成为全国法院系统积极落实"矛盾不上交、就地解决"的"枫桥经验"的典范，经最高人民法院的认可得以在全国推广。

随着地方试点向全国推广，诉源治理已成为我国各级人民法院的重要工作任务，并且在近期的司法治理实践中取得了一定的成绩。因此，诉源治理也被最高人民法院高度重视。基于成都中院等法院的实践经验，最高人民法院于 2019 年 2 月 27 日发布实施了《最高人民法院关于深化人民法院司法体制综合配套改革的意见——人民法院第五个五年改革纲要（2019—2023）》（以下简称《五五改革纲要》），首次提出"诉源治理"的概念，要求"坚持把非诉讼纠纷解决机制挺在前面，推动从源头上减少诉讼增量"。同年，最高人民法院发布了《关于建设一站式多元解纷机制一站式诉讼服务中心的意见》，探索多渠道有效前置过滤和化解各类社会矛盾纠纷，积极开展和推进诉源治理，连续两年将其确定为人民法院的年度工

---

① 四川省成都市中级人民法院 . 诉源治理：新时代"枫桥经验"的成都实践 [M]. 北京：人民法院出版社，2019：1.

② 参见郭彦 . 内外共治：成都法院推进"诉源治理"的新路径 [J]. 法律适用，2019（19）：19—21.

作要点，提出人民法院应当在诉源治理中发挥参与、推动、规范和保障的作用，并推动工作向纠纷源头防控延伸。

无论是规范意义还是功能意义，"诉源是司法权的逻辑起点，其有效行使需要若干标志性的法律元素单位，如司法权的独立性与中立性、对政府的有效司法监督、所有法律纠纷最终都能通过司法途径解决、社会对司法权的高度信任等。从实践效果以及内涵上看，诉源治理的本质是法院应如何应对"源头治理"。① 但由于我国特殊的政治治理体制，司法权不仅存在于"诉中"，还需要深度介入"诉前"与"诉后"。司法权介入"诉前"治理提倡通过非诉途径化解纠纷，将纠纷扼止在摇篮且在就地解决矛盾的基础上减少诉讼途径的纠纷，其基本要求是源头预防为先、非诉机制挺前、法院裁判终局、全员全程参与。因此，诉源治理是指司法部门联合地方政府和相关部门，协同社会调解组织、企事业单位、社会团体和公民为从源头预防化解纠纷而采取的联合持续行动的过程，既着眼于纠纷的发生领域开展前端性治理，从源头上杜绝或减少诉讼性纠纷的发生，又立足于纠纷的化解领域，旨在构建一套行之有效、运转有序的纠纷化解体系。

将诉源治理运用于社会治理中社会风险与矛盾纠纷的防范与化解对统筹发展和安全、建设更高水平的平安中国具有重要的实践意义。一方面，诉源治理不仅强调现有法律法规等硬法对潜在及已发纠纷的防范与化解功能，还特别关注村规民约、居民公约等软法对已发社会矛盾纠纷的化解作用；另一方面，诉源治理也注重调解、仲裁等非诉讼解纷机制对社会矛盾纠纷的外部化解。具体而言，在完善重大决策社会稳定风险评估机制、社会矛盾排查预警机制方面，运用法治手段将维护社会稳定的关口前移，通过源头治理控制增量、专项治理减少存量；在完善矛盾纠纷多元调处化解机制方面，通过法院、政府、民间调解等多元防范与化解社会治理中的矛盾风险变量，通过依法处理提高纠纷调解质量，通过村规民约等软法治理提高纠纷调解效能；在健全社会心理服务体系和疏导机制、危机干预机制方面，运用情理法融合、法治宣传教育等方式形成预防与化解社会矛盾风险合力。

---

① 周苏湘.法院诉源治理的异化风险与预防——基于功能主义的研究视域 [J]. 华中科技大学学报（社会科学版），2020（1）：34.

（二）诉源治理是社会风险与矛盾纠纷防范化解的重要思路与实践路径

诉源治理的治理主体与对象较为广泛，在时间阶段上也会有所延长。党的十九大以来，"诉源治理"已逐渐演变为一项重要的司法政策，在许多裁判文书中得到了直接运用和呈现。实践证明，诉源治理是防范和化解社会矛盾纠纷的重要机制。2021年2月20日，最高人民法院发布《中国法院的多元化纠纷解决机制改革报告（2015—2020）》，其中显示各地法院依托3000多家基层法院和10061个人民法庭，推动建立从源头预防、非诉化解、多元解纷基层矛盾纠纷解决链，实现纠纷"终端"与诉讼"前端"无缝对接，让大量纠纷通过前端防控体系止于未发、化于萌芽。2019年以来，全国45%的中基层法院案件量增幅出现下降，16.6%的中基层法院案件量同比下降。如前文分析，诉源治理本质上是一种面向潜在纠纷和已发纠纷的预防和解决机制。与传统司法事后救济不同，诉源治理是一个持续的治理过程，在运作机制上强调法治、德治和自治相结合，情理法融合的治理机制，在矛盾风险防范化解的过程中形成党政主导、综治协调、源头防范、诉非联解、多元共治、司法保障的治理格局，这是做好社会风险与矛盾纠纷防范化解的重要思路与实践路径。

在社会风险与矛盾纠纷防范化解实践中，诉源治理的体系化构建可从治理理念、制度逻辑、运作机制三个维度入手。诉源治理理念实现了从末梢治理到源头治理、从消极司法到积极司法、从自治型向回应型的转变，在此过程中，需重新审视法院的功能定位，回应学界对法院陷入"能动司法"、法院职能延伸构成对司法资源的耗费等相关质疑和忧虑；在制度逻辑上，诉源治理基于递进式的社会矛盾纠纷分层过滤体系，形成了多元主体参与社会矛盾预防调处化解的社会共治格局以及矛盾风险多元路径衔接与协同制度；在运作机制上，诉源治理以全域法治、柔性德治和能动自治为中心形成"三治融合"的治理模式，在法治秩序的构建与自生秩序的共融中得以发展。

此外，为推进诉源治理在防范化解社会治理中的社会风险与矛盾纠纷的运用效果，还需进一步落实创新机制。一是采取社会矛盾风险预警、预防和预测的重要措施，可探索将北京信访矛盾分析研究中心研发创立的"社会矛盾指数"指标体系地区化，以量化监测的形式了解和掌握社会运行状况，判断社会矛盾发展规律，同时采用恰当的危机阻断机制以控制恶性危机转化；二是采取跨部门协同联动系统整合与源头化解纠纷，推动综治中心运行规范化、制度化，通过搭建平等对话、多方参与平台，以集成性、整合性和系统性的载体化解社会矛盾风险；三是采取积极心理干预措施，创新"矛盾调解 + 社会心理服务"模式，将合理情绪疗法、人本主义疗法等心理咨询技术引入接访工作中，提前进行心理疏导和干预，从源头防范和化解矛盾，引导形成理性平和、积极向上的诉讼心态；四是推进统筹发展和安全路径，实现依法理性维权与社会法治维稳的统一。

三、新时代"枫桥经验"创新发展：从"三治融合"到"五治融合"

20 世纪 60 年代初期，发轫于浙江省绍兴市诸暨县枫桥镇的"枫桥经验"，因其提炼出了"发动和依靠群众，坚持矛盾不上交，就地解决"的基层治理精髓，经毛泽东同志批示及中央随后两次转批后，逐渐成为全国社会治安综合治理工作的典型范例，这是新中国发展历史上社会治理模式创新的重要里程碑。习近平总书记曾就"枫桥经验"做出了多次重要指示，成为新时代"枫桥经验"创新型发展的强大动力。2003 年 11 月，时任浙江省委书记的习近平在枫桥调研时表示，"在改革开放新时期，虽然面临的形势任务都发生了变化，但'枫桥经验'没有过时，必须坚持群众路线不动摇，依靠发动群众，建设平安社会，解决社会矛盾，促进经济与社会协调发展"。2020 年 11 月，习近平总书记在中央全面依法治国工作会议上强调，要完善预防性法律制度，坚持和发展新时代"枫桥经验"，促进社会和谐稳定。[①] 新时代"枫桥经验"在丰富和发展中国特色社会主义治理理论，引领基层社会制度创新等方面具有重要意义。[②]

需明确的是，"枫桥经验"的内涵并非一成不变，由于社会需求不断发生变化，其一直在时势变化中被基层干部和群众不断赋予新的时代内涵。最初"枫桥经验"主要是实现"捕人少，治安好"的治理目标，20 世纪八九十年代的"枫桥经验"在社会治安综合治理方面做出了有益探索。21 世纪以来，"平安枫桥"与"和谐枫桥"的建设使得"矛盾不上交、平安不出事、服务不缺位"成为"枫桥经验"

---

① 参见吴璇等 . "浙"样平安，习近平调研了这家基层中心 [EB/OL] . （2020–04–01）[2021–07–26]. http://news.youth.cn/sz/202004/t20200401_12266505.htm.

② 徐汉明，邵登辉 . 新时代枫桥经验的历史地位与时代价值 [J]. 法治研究，2019（3）：94–108.

的主要指导思想。新时代，"枫桥经验"又提出了包含党建引领、人民主体、从"三治融合"到"五治融合"、共建共享在内的五大坚持，其功能定位实现了从调和阶级矛盾、维护社会治安到加强社会管理最后到创新社会治理的转变，[①] 治理机制也实现了从基层社会矛盾化解机制到基层社会治理模式的转变。[②] "枫桥经验"的创新发展为全国各地社会治理实践提供了典型范例，同时各地社会治理创新实践也进一步丰富了新时代"枫桥经验"的理论内涵，本节将以桐乡市自治、法治和德治之"三治融合"的治理经验与新时代枫桥经验从三治融合到五治融合的转变为例展开分析。

（一）桐乡市自治、法治和德治"之"三治融合"新发展

社会治理的重心在基层，活力在基层，难点也在基层。进入社会转型的关键时期，城乡二元结构的逐渐瓦解以及新阶层的出现催生了许多新的利益群体和治理难题。"破解基层社会矛盾纠纷化解难题的关键点，在于寻求如何将政法机关、党政机关、社会组织、行业协会、群团组织、教育机构和志愿服务队伍等解纷资源多方合力汇聚在一起，运用灵活多样的制度协同方式，将法律规范、公共政策、乡规民约、地方风俗、交易习惯、工作经验等相结合，有效建构根植于中国法律文化传统与伦理基础上的多元化社会纠纷解决机制。"[③] 为激发基层治理活力，解决基层治理难题与寻求多元化的社会纠纷解决机制，桐乡市积极探索基层社会治理新模式。2013 年，浙江省桐乡市在全国率先开展"自治、法治、德治"三治融合的基层治理实践。经过多年发展，"三治融合"成为全国基层社会治理的重要品牌并于 2017 年被写入党的十九大报告，2019 年被中央政法委称为新时代"枫桥经验"的精髓，在全国范围内得到大力推广。

2021 年 7 月，中共中央、国务院印发《关于加强基层治理体系和治理能力现代化建设的意见》，提出要力争用 5 年左右时间，建立起党组织统一领导、政府依法履责、各类组织积极协同、群众广泛参与，自治、法治、德治相结合的基层治理体系。起源于桐乡市的"三治融合"不同于以往在"压力型"治理体制下"倒

---

① 参见卢芳霞.从"社会管理"走向"社会治理"——浙江"枫桥经验"十年回顾与展望[J].中共浙江省委党校学报，2015（6）：64-69.

② 参见张文显，朱孝清，贾宇，等.新时代"枫桥经验"大家谈[J].国家检察官学院学报，2019（3）：3-37.

③ 杨凯.论公共法律服务与诉讼服务体系的制度协同[J].中国法学，2021（2）：273.

逼式"的治理创新，是一种源于地方政府自身对社会治理改革的诉求和对推进高质量社会治理创新的需求，这种自生自发、自觉自为的治理路径也是"三治融合"得以可持续发展的重要基础。现阶段，"三治融合"的目标已不再仅仅是满足基层治理维稳的需要，其实现了以自治"化解矛盾"、以法治"定分止争"、以德治"整风化雨"。"三治融合"以实现社会既稳定有序又充满活力为治理目标，让社会多元主体在社会治理空间中得到充分成长，为共建共治共享的社会治理格局的形成奠定了坚实的基础。

1."三治融合"打造全域治理的桐乡样板

桐乡以"一约两会三团"（村规民约、百姓议事会、乡贤参事会、百事服务团、法律服务团、道德评判团）为核心载体，通过民主之治、法理支撑和以德治理探索出了一条多元共治之路，引导群众和基层组织有序且积极参与社会治理。在自治方面，桐乡将实现社会有序与活力统一作为治理目标，旨在充分激活社会自治活力，在社会空间中为多元主体的发展提供充足的土壤。其中，百姓议事会和乡贤参事会是自治精神的集中体现。此外，桐乡还涌现出了"木兰议事""乌镇管家""杨家红管家"等一大批自治品牌，实现"为民做主"到"由民做主"的转变。在法治方面，村规民约（居民公约）和法律服务团为自治提供了充分的法治保障。桐乡市通过组建了100余个覆盖市、镇、村三级法律服务团，将法律服务延伸至社会各个角落。2019年，桐乡市人民法院联合市司法局创新推出"双向派驻"的诉源治理新机制，旨在通过构建矛盾纠纷预防调处化解体系，努力实现将矛盾化解在基层、解决在萌芽。①

在德治方面，道德评判团及其相关运作机制为自治凝聚了德治力量。桐乡市通过建立了三级道德评议组织将道德模范评选活动常态化，大力弘扬德孝文化、开展创建星级家庭活动，通过以评立德的方式充分发挥示范带动作用。2018年3月，由大麻镇妇联牵头，基层妇联执委和基层妇女群众组成了一支名为"麻花议事团"的妇女议事组织，通过开展妇女道德讲堂、征集家风家训、开展最美家庭、最美大麻人等活动，营造出家风正、家庭和、家园美的良好氛围。"三治融合"

---

① "双向派驻"机制就是让每个司法所结对一个法庭，在镇（街道）司法所建立法官工作室并且安排法官值班，参与诉前调解工作，同时选派法庭调解员定期参与调解工作，有效推动民商事案件的下降。通过搭建法庭与调解员之间的双向沟通机制，该模式能够充分发挥调解员的调解技巧，运用调解经验将当事双方的纠纷化解在诉前。参见桐乡写好"三治融合"全域治理新文章 [N]. 今日桐乡，2020-08-23（04）.

的桐乡经验，不仅源于其天时地利人和的得天独厚的优势，更源于"三治融合"对社会治理内在的规律的尊重和机理的把握，[①]其治理理念与经验均源于基层社会治理实践和自主创新，具有深厚的文化土壤。[②]桐乡的"三治融合"并非将自治、法治和德治三者简单整合，而是实现了三者之间有机的叠加和相互支撑融合，三种治理手段互为支撑、协同发力，释放乘数效应。

2. "三治融合"撬动社会治理新动能

桐乡市的"三治融合"通过多元共治不断激发基层社会治理活力，以"三社联动"和"自选动作"撬动基层自治能量。一方面，桐乡大力推动全市各镇或街道：社会组织服务中心平台枢纽作用，不断加强社会组织培育、社工队伍建设、公益创投、法律援助等服务，实现了"三治融合"向更宽阔的领域延伸。其结合社会组织的专业性、高效率等特点，推进社区、社会组织、专业社工"三社联动"，同时发展壮大志愿服务队伍，建立志愿服务激励机制。另一方面，在经验推广中，桐乡在"规定动作"的基础上留足了"自选动作"，尽量避免通过行政命令确立一个主导的基层社会治理模式。[③]例如，通过机制设计，桐乡市梳理出基层群众自治组织"需依法履行事项"和"需协助政府的事项"两份清单，有效划清了政府管理与社会自治之间的界限，为增强基层治理活力构筑了坚实基础。

此外，桐乡以"积分管理"引导群众参与基层"微治理"，激发社会治理新动能。发端于桐乡市河山镇堰头村的"三治融合"积分制从最初的生活垃圾分类已拓展到多个领域。2020 年 5 月，为进一步推进"三治融合"积分管理制，桐乡市出台了《桐乡市三治融合积分管理实施办法》，各乡镇或街道、农村或社区两级因地制宜制定相应的积分管理办法，将积分与个人诚信、金融信用和先进评比等挂钩，以积分管理引导群众参与"微治理"。在"小积分"制度的撬动下，桐乡基层社会治理的新动能得到不断激发。除探索"三治＋积分"外，桐乡还创新推出"三治＋金融"治理机制。结合当地的"三服务"活动，桐乡推出"三治信用贷"，将更多的金融活水引向"三农"、引向民营和小微等实体企业。[④]事实证明，由于村组织治理体系的加入，银行信贷供给的事前成本与事后成本被大幅减少。

---

① 张文显. "三治融合"从原发创新到持续创新 [J]. 治理研究，2020（6）.

② 左停，李卓. 自治、法治和德治"三治融合"：构建乡村有效治理的新格局 [J]. 云南社会科学，2019（3）.

③ 郁建兴. "三治融合"的持续创新 [J]. 治理研究，2020（6）

④ 桐乡以"三治融合"治出社会治理新格局 [N]. 嘉兴日报，2020-09-25（05）.

"三治信农贷"较好地联结了农户个人信用与商业金融契约信用，推进了农村普惠金融广泛覆盖。[①]同时，桐乡在"源头＋治理"方面通过探索建立双向派驻制度，实现"信访打头、调解为主、诉讼断后"的治理模式。通过增加社会治理抓手，多渠道多方式解决基层社会治理难题，"三治融合"正逐渐由原发创新向持续创新转变以实现以小撬大的社会治理裂变效应。

（二）新时代"枫桥经验"治理：从"三治融合"到"五治融合"

新时代"枫桥经验"治理模式构建了"党委领导、政府负责、社会协同、公众参与"的多元主体共建共治共享的基层社会治理格局，其清晰界定了党委、政府、社会组织、公众在基层社会治理中的权责体系，实现了从自治、法治、德治"三治融合"到政治、自治、法治、德治、智治"五治融合"的转变。首先，坚持党在基层社会治理中的领导地位，强化基层党组织的"政治引领"作用，将基层党建的政治优势转化为社会治理的工作优势，并坚持将党建工作与社会组织发展深度融合。具体而言，可通过社区单位结对共建发挥党员先锋模范作用，依托"共产党员示范岗"，建立党员联系制度，列明需求服务清单，全力打造"党建"新模式。其次，发挥政府在基层社会治理中的主导作用，政府负责主动引导、组织和协调社会组织与公众参与，搭建社会治理参与平台、整合并分配治理资源，并为其他主体提供政策支持和服务保障。此外，还需发挥社会组织在基层社会治理中的协同功能，特别是在动员公众参与社会治理、提供专业公共产品和服务、协调化解矛盾纠纷等方面。新时代"枫桥经验"治理模式是在克服政府失灵、市场失灵和社会失灵的基础上提出的新型治理模式，[②]不仅打破了传统社会管理模式下政府自上而下单向管制的互动模式，且吸纳市场、社会力量参与基层社会治理实践，以协商、合作的方式实现主体间互动，提升矛盾纠纷源头治理的整体治理效能。

在治理模式具体展开的路径上，新时代"枫桥经验"将中华优秀传统治理方式与现代治理方式相结合，将传统的矛盾化解体系、乡治体系、道德教化体系与

---

① 顾庆康，池建华.乡村治理、信息技术如何促进农户金融契约信用发育？——以浙江桐乡"三治信农贷"为例 [J].农村经济，2020（12）.

② 徐汉明，邵登辉.新时代枫桥经验的历史地位与时代价值 [J].法治研究，2019（3）：94–108.

现代的法治体系、基层社会治理体系有机融合，①既实现了对传统治理方式的继承和转化，又将现代治理方式嵌入基层社会治理实践，最终实现自治、法治和德治的融合。例如在中华民族传统"和为贵"等文化的熏陶下以及枫桥地区特殊的"说理、评理"文化的影响下，新时代"枫桥经验"以新乡贤组织为载体调解矛盾纠纷，并与现代诉讼程序相配合，建立了一套非诉与诉讼程序相结合的多元矛盾化解机制。

在面对现代基层治理难题时，新时代"枫桥经验"还以"智治"方式，在治理工具上灵活借助大数据、云计算、人工智能等信息技术创新性变革传统社会治理模式，回应与解决基层社会治理难题。立足于党组织建设、矛盾纠纷化解、行政执法、司法审判、社会公共安全等基层社会治理主要领域，新时代"枫桥经验"治理模式通过推进智慧法院、智慧公安建设，构建社会安全突发性事件大数据分析模型，实现公共安全风险监测预警体系和社会矛盾纠纷精准高效预警排查，通过为风险"精准画像"有效治理各类风险，推进风险社会治理智能化。此外，为打破时间和空间的障碍，新时代"枫桥经验"充分发挥信息技术在社会矛盾纠纷化解中的重要作用，推动线下调解向线上调解拓展与延伸，积极开展网上调解、网上仲裁等工作，实现跨时空、跨部门、一站式矛盾纠纷解决。在治理机制选择上，新时代"枫桥经验"为回应社会转型时期由社会结构调整、社会主要矛盾变化带来的社会成员心理失衡等问题，在人防、物防、技防的基础上，把"心防"作为社会风险预防和稳控的重要新兴机制，构建起前端普遍服务、中端监测预警、末端精准干预的社会心理服务体系。②

枫桥经验历经50余载后仍焕发生机，其顽强的生命力在于因应时代发展潮流和社会治理之道，不断创新治理理念、机制和工具以回应基层治理的现实问题。当下，新时代"枫桥经验"仍需根据社会需求变化以创新治理模式，保持制度活力。第一，发展新时代"枫桥经验"需将常态化治理与应急风险治理相融合。③现代社会是"风险社会"，防范化解各类风险是"枫桥经验"治理的重要内容，应进一

---

① 参见陈立旭.现代治理与传统的创新性发展——"枫桥经验"的启示 [J].治理研究，2018（5）：11-18.

② 参见刘树枝.打造"枫桥经验"升级版——新时代"枫桥经验"内涵的思考[J].人民论坛，2018（28）：60-61.

③ 参见孔祥涛.坚持和发展新时代"枫桥经验"的三个向度 [J].中国党政干部论坛，2019（12）：57-61.

步完善社会风险研判、预警和化解机制，提高社会风险治理的时效性和精确性；第二，"以人民为中心"始终是"枫桥经验"治理的核心指导原则。社会治理是以实现和维护群众权利为核心，针对国家治理中的社会问题，不断完善社会福利、保障改善民生、化解社会矛盾、促进社会公平并推动社会有序和谐发展的过程。[①]新时代"枫桥经验"需始终践行群众路线，坚持人民主体地位。在实践中，"枫桥经验"需创新群众路线的工作机制，健全干部联系群众制度，以更亲切的方式体察民情、倾听民意、凝聚民力、改善民生，将人民群众的治理智慧和需求转化为基层干部创新治理方式的标杆和依据。第三，实现新时代"枫桥经验"治理模式法治化。目前，全国各地相继出台了推进多元化解纠纷机制地方立法，初步建立了多元化纠纷解决的法律政策体系和相关机制运行体系。一方面，可将与"枫桥"类似的局部地区具有特殊性的治理经验上升为全国范围内共同的具有普遍性的治理原则，总结推广为"普遍化和法治化的治理知识和治理体系"[②]，另一方面需"建立健全基层社会治理的法律法规体系，加强基层法治机构和法治队伍建设"[③]，充分发挥法治在基层社会治理中的作用。"枫桥经验"对法治的遵从不仅体现在对以国家强制力为后盾的国家制定法即"硬法"的遵守上，且体现在对村规民约等"软法"的重视上，并在此基础上构筑了纵横交叉的防控网络系统，完善基层矛盾排查调处化解机制和建立协调联动的矛盾纠纷多元化解机制。第四，以"五治融合"推动新时代"枫桥经验"走向自觉自为的创新逻辑。陈一新指出，"五治"是推进国家治理现代化的基本方式，"政治引领"是中国道路的特色标志、"法治保障"是社会进步的重要标志、"德治教化"是传统文化精髓的重要标志、"自治强基"是人民当家作主的重要标志、"智治支撑"是新科技革命的重要标志。[④]从"三治融合"到"五治融合"，进一步强调了政治引领和科技支撑的作用。"五治融合"标志着中国社会治理的创新已从外在倒逼式的创新走向自觉自为的创新逻辑。

[①]　姜晓萍. 国家治理现代化进程中的社会治理体制创新 [J]. 中国行政管理，2014（2）：24-28.

[②]　李林. 推进新时代"枫桥经验"的法治化 [J]. 法学杂志，2019（1）：9-16.

[③]　李霞. 新时代"枫桥经验"的新实践：充分发挥法治在基层社会治理中的作用 [J]. 法学杂志，2019（1）：28-35.

[④]　陈一新. "五治"是推进国家治理现代化的基本方式 [J]. 求是，2020（3）.

四、情理法融合运用于社会矛盾风险防范与化解

社会矛盾风险是反映社会经济发展和人民生活质量的一面"镜子"。有效防范化解社会矛盾风险不仅关系到政治稳定和社会和谐，也考验着党和政府的执政智慧和治理能力。党的十九大报告中提出："加强预防和化解社会矛盾机制建设，正确处理人民内部矛盾。加强社会心理服务体系建设，培育自尊自信、理性平和、积极向上的社会心态。"党的十九届四中全会又再次明确提出要"健全社会心理服务体系和危机干预机制，完善社会矛盾纠纷多元预防调处化解综合机制，努力将矛盾化解在基层"。2021 年 7 月，中共中央、国务院印发《关于加强基层治理体系和治理能力现代化建设的意见》，提出要健全乡镇（街道）基层矛盾纠纷一站式、多元化解决机制和心理疏导服务机制。

防范与化解社会矛盾风险的创新手段与方式主要体现在发挥政治引领、法治保障、德治教化、自治强基、智治支撑的作用上。其中，强化法治保障、坚持依法治理，运用法治思维和法治方式防范与化解社会矛盾风险具有重要作用。由于社会矛盾风险的复杂性、多样性和多变性，防范与化解矛盾风险仅靠法律是不够的，还需辅以情理，将"陈情"和"说理"相结合，将"实情"和"感情"相结合，将"法理"和"道理"相结合，实现温度、力度和法度的统一。情、理、法相融是新时代防范与化解社会矛盾风险的重要思维。

（一）情理法融合运用是社会治理矛盾风险防范化解的有效途径

当前中国各种社会矛盾风险相互交织、相互作用，且在基层更为凸显。基层社会矛盾多由小事引起，呈现矛盾类型复杂多样、矛盾产生的非理性因素增加、不安全不稳定因素增加、矛盾调节难度加大等特征。其中，违法信访领域的社会矛盾冲突尤为明显。将情理法融合运用于社会矛盾纠纷防范与化解工作，是切实保障人民权益，推进新时代社会矛盾纠纷预防调处化解工作高质量发展的现实需要。情理法融合能够将国家制度、法律法规等硬法体系与行业协会自律公约、居民公约、村规民约等软法治理结合，将传统文化与现代治理理念融合，实现社会矛盾纠纷调处化解系统治理、依法治理、综合治理和源头治理，将中国特色社会主义制度的优越性转化为社会和谐稳定的治理效能。

情理法作为中国传统法的文化性状，体现了中国古人对于法律精神的追寻，是中国传统法律文化的基础命题。中国古代的盛世良风讲究的是"路不拾遗、国无狱讼"的治理文化，传统法律文化中"和为贵"的思想也造就了人们普遍的无

讼、厌讼的司法文化。[①]从文化的角度看，社会公众更倾向采用情理、道德的规范防范化解社会矛盾。情理法融合是有效开展社会矛盾风险防范和化解的重要思维。情，就是要对群众有真感情，千方百计为群众排忧解难，做到以"情"化心；理，就是要综合运用行政、经济、政策等手段为有社会矛盾纠纷的群众讲清道理，妥当处理群众的合理诉求，做到以"理"服人；法，就是要以事实为依据、以法律为准绳，坚决依法依规处理社会矛盾纠纷问题，打击违法闹事行为，做到依"法"办事。在情理法三者之间，"法"是根本遵循和刚性底线，"理"和"情"为有效的方法和路径，将"事理、国法、人情"三者有机融合在"以人民为中心"的治理理念下，通过心理疏导机制，多元化解机制以及依法处置机制，形成具有中国特色的社会矛盾纠纷调处化解机制。

（二）情理法融合用于社会矛盾风险防范与化解的各地经验与模式

当前，在社会矛盾风险防范与化解的信访实践中出现的领导干部包案、领导干部接访的做法以及浙江海宁"信访评议团"、湖北恩施"律师三进"、安徽桐城"六尺巷调解工作法"、重庆江北"老马工作室"、永川"乡贤评理堂"等典型模式和先进经验，正是情理法在社会矛盾风险防范与化解中的典型应用范例。在总结现有经验的基础上，课题组于 2020 年 8 月至 10 月赴四川德阳什邡、浙江杭州、山东济南和济宁等地开展实证研究。[②]基于扎实的实地调研文字材料，将各地的工作经验与模式提炼如下：

1."一核五治"下统筹社会发展与安全：什邡信访治理

作为防范与化解社会矛盾风险的"中国之治"，信访制度是党和政府发扬民主、联系群众、了解民情、接受监督的重要渠道，[③]其在社情反馈、权利救济、社会矛盾纠纷化解等方面发挥着至关重要的作用。德阳什邡市对人民群众的信访工作高度重视，一直以来致力于拓宽信访诉求表达渠道、攻坚化解信访积案和着力规范信访秩序，2018 年以来实现了零进京非访。课题组深入德阳什邡湔氐镇中和村三组调研了邻里乡亲互助会运行情况，了解"乡贤回乡、建设家乡"的工作机制，并前往师

---

① 胡仕浩.多元化纠纷解决机制的"中国方案"[J].中国应用法学，2017（3）：36-47.

② 本案例是 2020 年本书作者主持的国家信访局信访理论研究项目"情、理、法在信访工作中的运用实证研究"（2020AG0804）的部分调研成果。

③ 张宗林，王凯.国家治理视野下信访制度特性和功能的再审视[J].行政论坛，2019，26（4）：28-35.

古镇调研了信访工作联席会议机制延伸至乡镇（街道）的运行情况，以及红豆村通过产业发展解决信访矛盾问题的"一站一品两约四清"基层治理工作模式。

在信访基层治理中，什邡市推行党建统领、五治支撑的治理模式，在"一核五治"中坚持党对信访工作的全面领导，积极运用自治、法治、德治、智治和共治融合的治理模式。以"邻里乡亲互助会""乡贤回乡、建设家乡"工作机制为例，在"一核五治"的指引下，充分利用现有的社会资本，通过构建社会网络达成行动共识，最大化运用社会治理资源。"乡贤回乡、建设家乡"机制通过引入具有一定职业道德、社会公德和影响力，并愿为家乡建设出谋划策的乡贤建立邻里乡亲互助会，制定《邻里乡亲互助会章程》等软法规范互助会的各类活动开展，有效增进了村民的团结、互助和感恩意识，群众"口角矛盾多、有事各顾各"、提出不合理诉求、传播负能量的情况明显减少。

信访问题也要充分关注民生背后的发展和安全问题，在发展中促安全、安全中谋发展。什邡市立足于民生和发展问题的重大事项推进访源治理。针对师古镇红豆村出现的信访矛盾问题，师古镇奉行"发展中出现的问题，通过发展本身来解决"的宗旨，结合红豆村特色产业与人文特点，通过大力发展村集体经济，推动产业发展提升农民经济收入，从源头上解决信访矛盾问题和促进农村和谐稳定，推动高效能治理与高质量发展同频共振。具体而言，红豆村实行"一联四建"的治理机制，通过建设党建联盟、产业园区、文化福地、平安家园和信访阵地的形式综合治理基层问题。以建设信访阵地为例，什邡市在市级部门设立信访工作办公室、在师古镇设立群众工作办公室、在红豆村设立群众工作站，坚持从源头抓起，加强风险研判，抓好问题收集和矛盾排查，第一时间解决好群众合理合法的利益诉求。

2. 集成调处与多元化解矛盾：立体式调处杭州模式

2020 年 3 月，习近平总书记赋予浙江省"努力成为新时代全面展示中国特色社会主义制度优越性的重要窗口"新定位新使命。作为"重要窗口"的标志性工程，浙江县级社会矛盾纠纷调处化解中心的建设是推进省域社会治理现代化中具有开创性意义的改革。2019 年以来，浙江各地积极探索县级社会矛盾纠纷调处化解中心（简称"矛调中心"）建设，探索完善"最多跑一次""最多跑一地"改革，推动矛盾纠纷化解从被动治理向主动治理、碎片治理向集成治理、突击治理向长效治理、单向治理向多元治理转变，落实"纠纷化解在基层，矛盾吸附在当地"的治理理念。在这样的背景下，杭州市构建了以智慧防控系统、应急处置机制、群防群治队伍为核心的"多元矛盾化解、集成调处信访、司法跟进保障"的立体式社会矛盾调处化解模式，推进访源治理、警源治理和诉源治理"三源共治"。

一是成立区县级社会矛盾纠纷调处化解中心和街镇级社会治理综合服务中心，以集成性、整合性和系统性的载体推动矛盾纠纷调处。杭州市原下城区（现为拱墅区）和桐庐县两地设立了区县级建立社会矛盾纠纷调处化解中心（简称"矛调中心"），匹配了心理咨询室、调解室、接谈室、法庭仲裁庭等多个功能室，实现了多部门集中办公、集约管理和集成服务，形成"1+5+10+11+14+X"（1个中心、5个功能区、10个入驻平台、11个功能室、14个窗口、X个轮驻随驻部门）的一站式调处中心。在运营机制方面，充分发挥矛调中心"研判分析、统筹指挥、联合作战"的功能，推动中心从"杂货铺整合"向"精品店融合"转变。此外，以原下城区文晖街道和桐庐县富春江镇、横村镇为例，在街道和乡镇设置了社会治理综合服务中心，以"一站式接待、一揽子调处、一条龙服务"为宗旨，整合了街道和乡镇司法、人社、城管、执法中队、市场监管等各部门力量。

二是充分吸纳社会多元力量参与矛调化解，形成因地制宜、灵活多样的民间调解和金融调解力量。在多元化解矛盾方面，原下城区的"武林大妈""和事佬"、桐庐县"楼下书记"等发源于街坊邻里、乡里乡亲的调解员、调解社会组织和形成的信访代办制度发挥了重要作用。他们开展日常排查工作和矛盾吸附工作，以"缓、暖、理"三字基本工作法，"晓之以理，动之以情"，及时回应人民群众的诉求。他们的矛盾纠纷调解范围不仅仅停留在最初的邻里纠纷调解层面，还扩大到老旧小区综合提升改造、违章违建拆除、环境保护等领域中，推动矛盾风险早发现、早介入、早解决。此外，桐庐县还探索借助金融力量化解疑难信访问题的"桐庐模式"，充分发挥"大材小用"机制、关键问题金融信用见真章。桐庐县信访局联合桐庐农商银行充分发挥当地农商行在"人缘、地缘、情缘"上的优势作用，创新吸纳农商行各支行行长作为矛盾纠纷化解代办员，并开展"一对一"结对活动；以中立身份上门走访，送"百姓米"，聊"百姓话"，拉家常、说琐事，拉近距离，打开心扉，联合信访干部、基层调解员、心理咨询师等开展疏导工作，解决疑难信访案件；对农商行授信、扶持的信访人实行信用积分管理，将发生失信行为又越级信访者纳入银行失信黑名单。

三是将社会心理服务体系嵌入社会矛盾调处，以公众心理需求为导向，探索构建柔性和渐进的多元心理服务体系，培养积极向上的社会心态。以原下城区天水街道为例，天水街道近年来密切结合矛盾调处预防和化解工作，积极探索建立社会心理的宣传引导机制，通过多种宣传引导方式，营造友好互信、和谐愉悦的社区氛围。天水街道探索与民革等民主党派展开合作，利用其现有资源如社会服务团、文化基层委员会等各类含有国家一级演员、导演、书法家等成员的团队，通过在街道组织开展各种文化活动，宣传矛盾的预防工作；设立抖音公众号，让团队的编剧、演员在抖音号上发布生动的短视频以讲故事的方式传播矛调的化解工作，营造街道良好、舒畅和谐的环境，并培养自尊自信、积极向上、理性平和的社会心态，实现柔性和渐进的良好治理效果。

3. 优秀传统文化融入矛盾纠纷调处："五治五和"的"和为贵"济宁模式

济宁素以"孔孟之乡、文化济宁"著称，习近平总书记在山东济宁考察时对推进社会主义核心价值体系建设、弘扬优秀传统文化传统美德提出了新的期望。①作为孔孟之乡、儒家文化的发源地，济宁突出优秀传统文化创造性转化、创新性发展，探索将儒家文化"和为贵"思想融入基层社会治理，树立"多元包容、以和为贵"的治理理念，建立"和为贵"网格化四大机制和12项标准体系，探索"五治五和"的"和为贵"社会治理新路径，打造具有新时代特征、儒家文化特色的"枫桥经验"济宁模式。

一是强化政治引领作用，四级联动"聚和"。打造市、县、乡、村四级"和为贵"工作平台，创建"和为贵"社会治理品牌。济宁以"和为贵"调解室为基础，以"抓规范、抓突破、抓提升"为重点，从"和为贵""以德服人"到"调解优先，调判结合"，构建大调解社会治理格局，全面提升基层社会治理能力。二是强化德治教化作用，"三风"共治"立和"。秉持"人和、家和、天下和"精神指引理念，济宁持续开展家风、乡风和政风修身教育实践活动。三是强化自治基础作用，"三调"对接"促和"。济宁将优秀传统文化融入村规民约实现自我教育，规范村级事务实现自我管理，创建诚信档案实现自我约束并综合运用行政调解、司法调解和人民调解实现"三调"对接。四是强化法治保障作用，三措并举"保和"。具体而言，主要从以下四方面入手：第一，坚持依法行政构筑和谐根基，对重大事项、重大决策进行风险评估，做到科学决策、依法决策、民主决策；第二，落实普法责任共建和谐家园，坚持"谁执法谁普法"，开展法治进机关、进学校、进景区、进企业、进市场等"八进"普法活动；第三，在居民法治素养提升方面，充分发挥"一村一法律顾问""一村一警务助理"的积极作用；第四，依法依规打击破

坏信访秩序、扰乱社会秩序的行为。五是强化智治支撑作用，三类数据"助和"。围绕重点行业领域和重点区域部位，济宁依托"雪亮工程"、网格化服务管理平台健全联测联防联处机制，汇聚社情、警情、案情、舆情等数据，及时研判稳定形势与谋划应对措施，通过强化决策的前瞻性提升智能感知和精准处置能力，推动依靠经验决策向依靠数据决策转变。

（三）情理法融合治理的未来展望

我国当前的社会已不再是人们想象中温情脉脉的"礼俗社会"，但距离法治社会建设所追求的建立在"理性祛魅"基础上的现代社会还存在一定差距，处在从传统向现代过渡的转型社会中。[①] 由此，将情理法相结合，可在提升"法度"的同时增加情的"温度"和理的"风度"，促进社会治理中情理资源和法理资源的深度融合，实现社会矛盾风险的源头化解和有效预防。一是坚守法律底线，维护法律权威，在法度的范围内加大违法惩戒力度。在社会矛盾纠纷的化解中，对违反《治安管理处罚法》甚至触犯《刑法》的严重违法行为，须依法予以行政处罚、依法追究刑事责任，打破闹事群众的不良心理预期；此外，还需锚定"靶向治疗"实行精准治理，将涉法涉诉纠纷事件从普通纠纷事项中分离出去，通过纠纷诉求依法分类治理，进一步厘清纠纷化解途径与行政复议、仲裁、技术鉴定等其他法定途径的界限，依法协调处理多元利益问题，避免"埋钉子"与"留尾巴"。二是将情的"温度"和理的"风度"融入社会矛盾纠纷化解中。在处理矛盾纠纷事项时，真正把解决实际问题与深入细致的思想教育、心理调节工作有机结合，做到合情合理合法的同时认真落实习近平总书记"三到位一处理"要求即保障群众诉求合理的解决问题到位、诉求无理的思想教育到位、生活困难的帮扶救助到位、行为违法的依法处理。此外，长期来看还需逐步消解社会戾气等不良情绪，培养良好的社会心态，注重教育引导和文化熏陶使其内化于心并以优良的党风政风引领社风民风，形成学法信法守法用法的良好民风和社会氛围。

第三节　重大行政决策社会稳定风险评估机制

当前，我国社会发展潜伏着较多新矛盾与新风险。社会治安综合治理不仅与紧急状态下的应急处置能力相关，也与常态下社会矛盾与风险的预警和防控效果

---

① 郭星华，石任昊．社会规范：多元、冲突与互动 [J]．中州学刊，2014（3）：62–69.

密切相关。提升社会治安综合治理能力，统筹发展和安全需将源头治理、应急处置与动态管理相结合，完善社会矛盾排查预警和调处化解综合机制。风险评估机制是社会矛盾排查预警的重要机制，被广泛运用于重大行政决策的制定程序中各地在推进涉及群众切身利益的重大决策项目时，往往会面临难以预测和难以确定的风险溢出趋势与挑战，一些地方甚至为了抢时间、提效率，在没有算好"政治账""风险账"的情况下强行"上马"，导致公众权益受损，引发公众的强烈抵触和不满，民怨民恨和各类衍生性社会矛盾骤升，这也为群体性事件和其他突发社会危机埋下了风险"伏笔"。

由此，重大行政决策需把公共安全放于更突出的位置予以考量，通过依法执行专家论证、公众参与、风险评估等规范程序，提前识别和预防决策存在的社会风险与可能引发的潜在矛盾，提高社会公共安全水平。推动和落实重大行政决策社会稳定风险评估机制（以下简称"稳评"机制）无疑是实现决策科学化与民主化的推进器和社会安全与稳定的减压阀，可从源头上预防和减少社会矛盾的产生。部分地方在出台的相关规定中将重大事项社会稳定风险评估工作纳入社会治安综合治理考评体系，建立重大决策终身责任追究制度，对应进行评估而未实施评估或组织实施不力、走过场以致引发影响社会稳定事件的行为严格追究相关责任。本节围绕重大行政决策稳评制度法治化、新型稳评机制构建、网络舆情风险评估机制等内容开展讨论，并重新反思危机应对情境下重大行政决策程序的合法性。

一、重大行政决策社会稳定风险评估制度法治化

风险治理的现实要义在于对风险实现源头阻断，将风险控制于前端、消弭在萌芽状态。作为风险治理的一种重要方式，社会稳定风险评估是 21 世纪初兴起的一项面向重大行政决策的社会稳定风险评估制度，作为"中国之治"语境下独特的"中国方案"，社会稳定风险评估是指由行政主体或有资质的第三方对重大行政决策的合法性、合理性、可行性和可控性进行综合评估，确定风险等级并提出风险化解措施的制度设计。具体而言，重大行政决策稳评制度旨在重要政策、改革措施等重大项目与事项在出台与实施前，对其可能产生的涉稳风险、风险后果和影响程度开展系统调查、预测、分析和评估，并提出相应风险化解措施以实现对社会稳定风险和决策偏误的源头阻断，从而最终实现防范和化解社会风险。

现阶段，对重大行政决策稳评制度的研究多见于风险治理、社会学等领域，法学界对其研究较少，主要原因在于稳评制度的目的被认为是服务于"维稳"，

而"维稳"本是法治机制缺失导致的"溢出物"，^①缺乏法治化运行容易使其运行机制异化，侵蚀公众合法权益，并对司法权威形成挤压。从 2012 年中共中央办公厅、国务院发布的《关于建立健全重大决策社会稳定风险评估机制的指导意见》到 2019 年国务院出台的《重大行政决策程序暂行条例》（以下简称《暂行条例》）以及各省区市相继出台重大行政决策程序规定后，稳评法治化进程实现了新跃升，其从"必经程序"迈向了行政法规框定的"法定程序"，法治成为了稳评的基本面向。虽然行政法规与各类规章对稳评构成了良好的制度规约，但目前关于稳评的制度规范仍旧存在低位阶和立法阙如的现状，在地方层面除个别省外，制度文本主要还是以规范性文件为主，导致稳评的有效实施缺乏权威性制度保障，这也从另一方面造成了稳评市场的恶性竞争和寻租腐败等现象层出不穷。

　　虽然规范性文件可以起一定程度的"制度补丁"作用，有效地弥合规章以上具有一定位阶的立法规范留下的"真空缝隙"，但试图以大量的规范性文件作为主要的制度驱动力而不寻求更为权威、系统和更具规约力度的稳评立法，稳评则可能因缺乏适足的高位阶的法制保障而被弱化其实际意义上的风险治理效能，导致制度实施不力、监督不畅、追责乏力等问题，让稳评因治标不治本而沦为决策的形式工具。推进重大行政决策稳评法治化，首先，需改变当前"规范性文件为主、立法规范为辅"的稳评法制结构，转向"立法规范为基础、规范性文件为补充"的法制体系，让地方立法规范成为稳评的核心引擎；其次，需从稳评主体的权责适配性、稳评程序的正当性、稳评中行政比例原则的运用、稳评结果的追责体系等方面，分析稳评背后的学理、机制与制度依据等内容，为面向法治的稳评制度优化提供学理依据。

（一）稳评主体的权责适配性

　　党的领导是稳评制度化和法治化发展的根本动力和价值遵循。《暂行条例》第三条规定重大行政决策事项范围由同级党委同意后向社会公布，第四条提出重大行政决策必须坚持和加强党的全面领导，全面贯彻党的路线方针政策和决策部署，发挥党的领导核心作用，把党的领导贯彻到重大行政决策全过程。就稳评主管职能部门而言，目前维稳办职权被划给政法委和公安，地方层面的维稳办被并入政法系统且多数处于过渡期状态。部分地方顺应机构改革已将维稳办更名为维

---

① 林鸿潮.重大行政决策社会稳评体制的批判与重构 [J]. 行政法学研究，2018（3）：76.

稳指导处，进行了相应的权责优化，但改革后的维稳机构依旧隶属于政法系统，且地方维稳部门作为稳评的主管单位，因其公权力主体色彩，而使实施稳评的可接受性递减，并产生了权责失配问题。由此可见，维稳部门在整个稳评制度中的权责适配性须得以完善。首先，地方维稳部门无论是改革前还是改革后，都有必要设置专门的稳评管理中心，负责专门的稳评备案、监督、考核、培训、惩戒等工作。其次，地方层面的维稳机构作为稳评的主管部门，不应接手具体稳评的实施任务，其可作为决策风险防控和决策风险规制中有竞争力的参与者，但作为主管部门不应赋予其实施稳评的权限。此外，地方维稳部门有责任全面掌握本管辖区域内重大决策项目的稳评报告及相关信息，并应用到行政主体开展社会风险管理的全过程中，如在对稳评报告实质性审查后向行政主体提供风险防控和化解的具体建议等。

（二）稳评程序的正当性

正当程序原则是行政法领域的重要程序性原则，存在程序中立性、程序参与性和程序公开性三项最低要求。① 作为一种价值衡量，程序中立性体现的是行政主体不偏不倚、一视同仁的行政原则和精神。在重大行政决策中，行政主体可依托各种协商民主途径，在保持中立性的基础上了解各类利益相关者对决策的满意度、反对度和容忍度等；程序参与性强调公众和其他利益主体的广泛参与。相对人有权知晓并参与至行政程序中，而不是简单的"出席"现场或"聆听"行政机关对行政行为的单方解释。需强调的是，重大行政决策所影响的受众群体更有资格和条件参与决策程序中，这既是保证行政相对人的监督权、表达权、建议权的根本遵循，也是纠偏行政行为，降低行政结果成本耗散、风险外溢，提高风险分配正义的必由之路；程序公平性侧重行政决策主体、内容、结果等公平。

稳评制度程序正当性的核心是实现立场中立性、利益相关者可参与性以及评估结果的公开性。首先，稳评制度立场中立性要求决策主体可确保公众、专家和第三方实质性参与；利益相关者广泛参与性是提升稳评的覆盖面和参与度的核心内容，也是推动重大行政决策民主化的核心动力。公众参与是重大行政决策程序的法定环节，也是实施稳评的必要环节，需被纳入重大行政决策全过程，包括决策实施前的稳评，也包含实施后的纠纷解决机制；提高稳评的公开性是稳评机制

---

① 周佑勇.行政法的正当程序原则 [J]. 中国社会科学，2004（4）：121.

完善的现实选择,包括稳评主体公开、客体公开、程序公开、追责结果公开等内容。

（三）稳评中行政比例原则的运用

以行政比例适当性、必要性和均衡性"三原则"引导稳评制度完善对推进稳评法治化具有重要意义。第一,适当性原则关注目标导向,即行政手段与目的契合性。在稳评中,无论是"经验式评估"还是"参与式评估"作为评估的手段应是"合作型"关系,在此基础上参与的公众、专家、第三方评估机构共同构成了以行政主体为主,融合多元利益主体共谋共治的格局,并对决策目的达成共识,这也显示了评估的手段与评估目的的适配性。第二,必要性原则要求行政机关选取对行政相对人利益侵害最小的手段,尽可能降低行政行为偏误化造成的权益损害。在稳评的适用中,一方面需确保评估的内容、技术等以公众可接受的方式进行,避免公众产生"抗评"的情绪和行为,保证公众的知情权、参与权、表达权和建议权;另一方面应建立技术纠偏和止损机制,若评估方式对公众带来了不利影响,应当由行政主体、主管部门现场及时指正,通知评估单位并上报决策部门。第三,均衡性原则要求行政机关采取的相关手段对行政相对人利益造成的损失应与手段所追究的目的合乎比例,并保持在一定的均衡与限度范围内。[①] 在稳评中可通过提高"参与式评估"的灵活性、完善评估的外部监督体系和利益补偿机制等方式确保在稳评进程中实现公共利益的最大化和权益受损的最小化。

（四）稳评结果的追责体系

稳评结果追责体系主要关涉重大行政决策中稳评制度运行过程与结果等内容是否符合规范,以及不规范的后果处理问题。作为末端处理稳评实施中的虚假评估、乱评估、懒评估、滥评估的核心体系,稳评结果追责体系的实际功能不仅仅在于"事后监督",相关稳评制度规范中的追责条款对评估主体和重大行政决策主体亦能起到行为震慑力和警示作用,并有助于从防范事前评估失范的情形。具体而言,稳评追责体系的结构内容包括追责主体、追责情形和追责机制三大内容。

首先,在稳评实施前必须明确各方参与主体的责任,一旦出现了社会稳定风险或严重后果,则应启动责任倒查机制严格追究相关主体的责任。[②] 需注意的是,

---

① 梅扬.比例原则的适用范围与限度 [J].法学研究,2020（2）：61.

② 杨丹、宋英华.转型期中国社会稳定风险评估的法治化：挑战与回应 [J].国家行政学院学报,2016（5）：80.

在区分追责主体时，由于实践中第三方评估等模式的广泛运行，需合理界分决策主体和评估主体的主次责任。如果行政主体既是决策者又是评估者，那么其责任归属则较为单一和确定；在行政主体和评估主体分离的情况下，有必要将稳评的归责原则设置为"决策主体第一责任人、评估主体第二责任人"。

其次，在勘定追责情形时，可以列举方式对包括应评未评、未按要求评、评估弄虚作假、未准确查找风险点、应急预案不充分、派生群体性事件等明确追责情形和追责种类，将追责结果纳入行政机构绩效考核，使得稳评追责不仅需要具备惩戒性，也兼具规制力和弹性。此外，就具体的追责机制方面，需落实靶向追责和完善配套制度。特别是关涉第三方追责形式化问题，可设置对第三方降低评估资质等级、支付赔偿金的追责方法。对于专家在稳评报告评审会中不当、偏私的评审行为，亟待健全专家"退库制度"，用以规范专家评审的中立性和实效性。在衔接配套制度方面，由于单凭稳评追责的规范性文件无力督促落实实质性追责效果，由此有必要将稳评倒查追责与《公务员法》《刑法》等法律规范融合衔接，形成稳评全方位、多层次和体系化的"追责链"。

二、重大行政决策新型社会稳定风险评估机制构建

如前文提及，重大行政决策社会稳定风险评估机制是源头阻断风险的重要治理工具，指在重大决策实施前，由政府或第三方机构，对可能受影响的决策受众，基于满意度、支持度、反对度等进行风险识别和研判，通过收集意见建议提出风险防范策略的评估过程。缘起于 2005 年遂宁实践的风险评估是分析和研判重大行政决策可能引发的社会稳定风险及其概率，从而提出风险化解措施以避免群体性事件发生的风险治理工具。党的十九届四中全会提出要"健全决策机制，加强重大决策的调查研究、科学论证、风险评估，强化决策执行、评估、监督"。迄今为止，社会稳定风险评估已发展了十余年，在识别和防范重大行政决策引发的社会稳定风险，源头阻断群体性事件发生进而提升重大行政决策的可接受度方面，发挥了极其重要的作用。2019 年，《暂行条例》将"风险评估"予以单列后，意味着社会稳定风险评估迈入了更为制度化、规范化和法治化的阶段。面临实践多样化的需求，以"数据式""循证式"等为代表的新型稳评机制得到了理论界与实务界的广泛关注。

（一）"数据式"社会稳定风险评估机制的意涵与构建路径

在社会稳定风险评估中，数据是重要组成部分，也是政府循证决策极为重要的客观依据。通过稳评中的数据信息，可以评价重大行政决策是否会引发社会风险、引发何种程度的风险以及如何消弭这些风险。结合全国各地稳评的实践来看，一方面，目前稳评对数据的收集、分析和应用大多基于传统的问卷、访谈、走访等"经验式"路径，技术相对滞后且并未与大数据等技术进行很好的实践对接；另一方面，脱离了大数据分析技术（如风险评估数据共享平台）的稳评，由于数据的局部性、阶段性决定了评估结果的片面和滞后，导致对社会稳定风险"评不全""评不准"等问题。由此，在社会稳定风险评估中，引入"大数据式"评估技术与方法，从"全样本"中整合、分析和研判碎片式数据，可克服传统"经验式"评估的局限性，为稳评的全面性、科学性和客观性赋能。

"数据式"社会稳定风险评估的构建逻辑既遵循稳评的实施逻辑，也基于数据处理流程所遵循的技术逻辑[1]。"数据式"稳评不仅强调了数据从生成、应用再到公开的逻辑运行，且其运行的质效也有赖于法律法规的制定、市场竞标体系的完善等。在具体的构建路径上，一是扩大数据来源的广泛性，重视对半结构化和非结构化数据的收集，通过听证会、实地走访等方式畅通风险评估意见表达渠道，拓宽数据来源的广度；[2] 二是完善过滤、分析和应用风险评估数据的技术手段。通过数据过滤可实现对风险评估数据的"去伪存真"，而数据分析是基于大数据精确统计的基础上对行为、趋势和规律的深度研判，分析的结果应具备可视性和层次性。在应用方面，需提升数据对政府决策以及对社会风险识别、防范的驱动作用；三是健全稳评数据信息的公开和共享机制。一方面是通过主动公开数据的方式，将支持和反对的人数比重、缘由等数据信息在街道、社区、楼道等线下或线上渠道公开，[3] 另一方面，通过有效的数据共享可实现项目安全数据、环境评价数据、

---

[1] 社会稳定风险评估的实施一般遵循"方案拟定→评估实施→材料分析（数据分析）→报告撰写→报告评审→项目报备"的步骤"，后者数据处理流程通常基于"数据来源→数据过滤→数据分析→数据应用→数据公开"的范式。

[2] 邹东升，陈昶."数据式"社会稳定风险评估：困境、逻辑与路径[J].情报杂志，2020，39（05）：129–136.

[3] 除线下公开外，还应在政府官网以及通过公众号、微信群、短信等方式，向民众及时准确地公开、传递评估数据。同时，对于依申请公开的稳评数据，符合公开条件的，应当公开，并告知申请人相关的注意事项。

社会稳定风险评估数据等重要信息在官方与非官方之间、公益均享与私益增值之间的平衡。①

（二）"循证式"社会稳定风险评估机制的意涵与构建路径

"以证据为基准来做出理性行动"是循证实践的基本意涵，其不仅成了理性个体的行为准则，也是政府行为的评价标尺。循证缘起于 20 世纪 90 年代的循证医学，尔后循证逐步浸润到了教育学、社会学、政策学等学科范畴，形成了循证教育、循证社会工作等学科领域。根据客观充分的证据进行决策或管理，意味着循证需要通过不同的技术手段和科学方法，从大量的原始信息中提炼和汇集成有效的、可被利用的支撑证据。当循证引入公共政策中时，循证决策改变了"经验决策"的固有弊端，有效提升了决策的科学性和有效性。在稳评中，评估报告本身可被视为循证决策的"证据"生成过程，对政府决策具有重要的参考价值。政府可根据评估机构提供评估报告中关于风险点识别、风险等级确定、风险化解措施等内容做出是否实施决策、暂停实施或修改后实施等决定。《暂行条例》第二十四条明确规定："风险评估结果应当作为重大行政决策的重要依据。"这也足以说明具有"证据"属性的稳评报告对政府决策起的支撑作用。

构建"循证式"稳评机制旨在引入循证决策的形式与内容，塑造一种面向"证据"的风险评估的实践态貌。在具体的构建路径上，一是需要夯实以稳评报告为基础的证据支撑力度。作为稳评最佳证据的稳评报告应坚持"客观真实、逻辑严密、简明扼要"的撰写原则并选择较为中立的第三方承接评估报告的撰写。同时，评估报告中对民众问卷、访谈所得到的支持度、满意度、风险发生后偏好的补救措施等信息不能简单加总，可使用 R、SPSS 等数据统计软件根据诸如年龄段、性别、工作年限、居住楼层等进行类别分析，以此丰富评估证据的层次性和提升数据的质效性；二是完善风险评估"数据证据"生成的技术手段。数据证据不仅提升了稳评结果的可行性、客观性和真实性，也提升了稳评结果的可接受度和政府循证决策的支撑度。首先，完善面向文本、图形、图像、音频等半结构或非结构化数据的网络分析技术手段，准确掌握稳评中不同民众对重大行政决策的心理趋势及走向；其次，可根据米切尔评分法，对不同利益诉求的民众进行分类，配之不同

---

① 谭爽，胡象明. 大数据视角下重大项目社会稳定风险评估的困境突破与系统构建 [J]. 电子政务，2014（6）：2–9.

方式以分门别类地收集信息，形成更有层次和可视的支持度、反对度、容忍度等数据证据。①

（三）社会稳定风险第三方评估机制

《暂行条例》中提出开展风险评估，可以委托专业机构、社会组织等第三方进行。近年来，北京、上海、江苏、四川、重庆等地不断探索社会稳定风险第三方评估机制，旨在推动多元主体参与评估进程，理性分析重大行政决策合法性、合理性、可行性和可控性，从而提升评估质效。第三方稳评本质上是通过加强多元主体的协同互动以缓解风险张力，实现重大决策的稳定有序实施②，属于参与型稳评的重要组成。在机制设计上，第三方稳评在很大程度上嵌入了民营化特性，虽基本维持了政府在财政和监督层面的主体责任，但又改变了传统意义上行政主体作为单一稳评服务供给主体的惯性方式，实现管理者和评估者的角色、任务的分离，做到各负其责、各尽其能。③在机制运行中，行政主体可根据评估标准、条件与客观需求，选择合适的第三方提供稳评服务。

目前，关于第三方评估主体的限定几乎无准入门槛性的相关规定，国家层面也无权威规定，《暂行条例》也只是提出了稳评可由第三方参评，但并未做细化规定。在实践运行中，专门的稳评机构、工程咨询机构、环评机构、律所、科研院所等构成了类别与数量众多的第三方评估的主要力量。但由于缺乏有效的规范和制度引导、缺乏对第三方参评人员实质性的准入限制，目前第三方评估市场处于较为混乱的状态。在评估方法上，由于缺乏对第三方评估技术的制度规范，第三方评估呈现出评估专业性不足、评估技术落后、评估方式内容单一、虚假评估盛行等弊病，进一步引致稳评结果出现了与实践相背离的问题。此外，还存在稳评行业协会失灵的情况。稳评行业协会是兼具"桥梁""互益"和"自治"等多元特征的集合。目前，全国很多地方都未建立起稳评行业协会，这对于稳评第三方的发展而言无疑是一大掣肘。虽然一些地方主管部门建立了稳评第三方机构推荐库，

---

① 邹东升，陈昶. "循证式"重大行政决策社会稳定风险评估建构 [J]. 电子政务，2019（12）：25-34.

② 李文姣. 第三方介入重大决策社会稳定风险评估的困境与机制建设 [J]. 学习论坛，2020（4）：83.

③ 在功能上，较之行政主体自己实施的参与式稳评，第三方以中立身份介入更能提高公众参与度，获得公众的接受和认可。

但由于"入库"的"印象分"比重较大，极易形成一种隐性的闭塞竞争空间。[①]

为解决上述问题，需推进第三方评估系统化与规范化，从准入条件规范化、评估技术优化、建立与规范稳评行业协会等方面着手。首先，规范和限定第三方机构和人员进入稳评市场的准入条件。在机构层面，不严格限制第三方准入条件，但是有必要建立第三方机构分级制度。根据第三方机构人员的从业时间、公司注册资本和规模、前期参评的项目数量及等级评定、专家成员的构成等综合评价，确定不同层级的第三方组织体系，以此作为第三方推荐库的入库依据和政府购买稳评服务的参考标准。在具体人员方面，规定其必须具备的相应资质和能力，实现专人专岗。其次，优化第三方评估技术。引入"循证式"等先进评估技术，广泛、客观、如实地收集公众意见，针对不同的项目使用不同的评估技术并建立与完善相关技术规范与标准。此外，有必要推进可约束成员单位、规范行业竞争和提供自律服务的稳评行业协会的建立。稳评行业协会应把握企业利益与社会效益之间的相互衔接、配套推进关系，通过履行社会责任以促进稳评企业股东责任的实现。[②]在稳评行业协会建立后，可制定《会员管理办法》《行业自律公约》等制度，监管和约束第三方市场失范行为。

三、重大决策网络舆情风险评估机制分析

截至 2020 年 12 月，我国的网民达 9.89 亿人，网络已成为民众最大的表达诉求平台之一。近年来，伴随着网络媒体等新型工具的广泛使用和传播，围绕特定的社会问题，短时间内往往能在网络空间里形成巨大的舆论风暴。网络舆情某种程度上是社会舆情在互联网空间的映射，其形成速度之快、传播范围之广、稳控难度之大，使之本身成了一种较大的社会风险，对政治生活、经济秩序、社会稳定的影响与日俱增。互联网具有的"串联"和动员功能使得网络舆情具有演变成线下群体事件的可能性和便捷性，对于具有较高社会关注度又叠加敏感领域和特殊群体的重大事件，如不重视网络舆情风险评估，极有可能导致连锁效应，并让事件走向失控局面，影响社会稳定。特别是关涉政府重大决策的网络舆情，若处

---

① 邹东升，陈昶. 重大行政决策社会稳定风险第三方评估的意蕴、偏误与纠偏 [J]. 领导科学，2020（10）：26-29.

② 郭岚. 政府、社会、行业协会与企业社会责任：一个嵌套框架 [J]. 四川理工学院学报（社会科学版），2018（4）：35-53.

理不当，则极有可能引发群众的负面情绪和过激行为，不仅会影响政府决策的执行与部署，也会对国家安全、政治安全和社会稳定构成一定威胁。由此，要有效预防与应对各类网络舆情危机，就必须重视对重大决策的网络舆情风险评估，对重大决策部署提前进行网络舆论测试，进而从源头上识别、防范和化解网络舆情风险和潜在的社会危机，提升重大行政决策的科学性、合理性和执行性。

（一）重大决策网络舆情风险评估机制的构建

网络舆情风险评估机制构建首先需领导干部建立有效的互联网思维和强化网络风险意识。2018 年 4 月，习近平总书记在出席全国网络安全和信息化工作会议上提出，"各级领导干部特别是高级干部要主动适应信息化要求，强化互联网思维，不断提高对互联网规律的把握能力、对网络舆论的引导能力、对信息化发展的驾驭能力、对网络安全的保障能力"[①]。现阶段，互联网思维已成为合格领导干部的必备思维，只有在确立了有效的互联网思维以及拥有网络风险防范意识后，才能重视和识别由网络舆情引发的潜在社会矛盾与危机，更好地利用互联网并使之成为政府舆情风险治理的有效工具。其次，应推动网络舆情风险评估机制成为重大行政决策的前置条件和必经程序。在现有的《重大行政决策程序暂行条例》的"风险评估"板块中，缺乏对网络舆情评估的关注和重视，若在重大行政决策出台的进程中，未开展相应的网络舆情风险评估，那么决策将很有可能无法更好地反映社会需求和更有效地凝聚社会共识。

在具体的评估机制构建上，可遵循成立网络舆情风险评估小组→制定网络舆情风险评估方案→收集社情民意→汇总论证形成评估报告并制定应急预案→依据评估结果采取应对措施的评估流程开展。需注意的是，评估的具体内容可围绕重大决策"是否存在网络舆情风险点、是否会引发社会负面舆论影响和负面炒作、是否会带来利益性冲突"等内容展开[②]，对于存在较大争议和较强专业性的评估内容，除主管部门自身开展评估外，可依据相关法律法规，组织相关专家和咨询委员会开展科学预测分析和论证研究，或依据重大决策项目的性质、规模与利害关系依托第三方技术机构开展网络舆情评估。核心内容是对于潜在引发的网络舆情矛盾与冲突依据有效的分析工具与模型做出预测并参与制定相应的应急预案，形

[①]　习近平系列重要讲话数据库，2018 年 11 月 6 日，http://jhsjk.people.cn/article/30383918.

[②]　凡是涉及广大群众切身利益、可能因实施带来利益性矛盾冲突的重大事项，以及可能引起炒作影响形象的网络舆情，都要作为网络舆情风险评估对象。

成专项报告。在具体的评估方法与步骤上，可通过信息公开与舆论测试→识别与评估网络舆情风险点→形成评估报告并提供决策咨询的方式展开。①

（二）重大决策网络舆情风险评估机制的实践运行：以重庆市为例

早在 2016 年，为进一步提升重大决策网络舆情风险评估的准确性与权威性，推进政府重大行政决策的科学性和民主性，重庆率先在全国建立重大决策事项网络舆情风险评估机制，发布了《重大决策网络舆情风险评估审查办法（试行）》（下文简称《风险评估审查办法》），建立了重大决策网络舆情风险评估的标准体系。《风险评估审查办法》按照"谁实施、谁评估、谁报审"的原则，明确了网络舆情风险评估的主体责任单位、评估范围和评估审查流程，并强化了市委网信办对网络舆情风险评估的指导、协调和督导检查职责。在《风险评估审查办法》试运行半年后，2017 年 1 月，重庆市委网信办又在全国率先成立了重庆市重大决策网络舆情风险专家咨询委员会，专家咨询委员会主要由 20 余位法律专家、资深记者、舆情专家和相关部门负责人组成，其主要的责任是就党内法规、规范性文件、政府规章等涉及公众利益等重大决策实施前，围绕决策的合法性、可行性、民意认可度与支持度等方面进行网络舆情风险评估与预判，特别是就可能引发广大网民关注和具有社会影响力的决策的潜在风险进行识别，就网络舆情风险防范和处置措施提出相关建议，从源头上预防和减少风险，确保重大决策顺利实施。②

四、紧急行政权行使的程序合法性探讨

在正常状态下，为规范权力行使，一般都为其设置了一套功能有序、衔接紧密的程序装置，如前文探讨的重大行政决策权。根据 2019 年颁布的《暂行条例》，决策方案的出台需要先后经过公众参与、专家论证、风险评估、合法性审查以及集体讨论决定等五项程序制度，分别对其民主性、科学性、安全性、合法性以及责任性进行审查。③程序之所以对于法治而言是重要的或必不可少的，就是因为它

---

① 网络舆论测试主要是通过初步的信息公开，通过公众的留言等信息探测公众对决策的态度和反馈，整体感知舆论走向和趋势。通过初步的舆论测试和跟踪调查，同时结合项目自身的特性，逐一排查舆论风险点并形成评估报告，为重大决策提供咨询建议。

② 重庆市成立重大决策网络舆情风险评估专家咨询委员会 [N]. 重庆日报，2017-01-12.

③ 梅扬. 重大行政决策程序法学研究 [M]. 北京：中国政法大学出版社，2018：21.

是法治的构成性要素，最终也是社会整合的构成性要素。^①但在紧急状态和危机应对情境下，由于危机的突发性、紧迫性和严重性，权力行使的常规程序通常会被简化或直接适用特别程序，从而赋予行政机关高度的裁量权，^②以使其能够在危机形势的判断上、危机应对的决策上以及危机措施的选择上使用紧急权力的独断性做到第一时间处置，实现对危机蔓延的有效控制或延缓。在新冠肺炎疫情防控中，无论是宏观的封城决定，还是微观的隔离举措，皆是政府在危机形势下的应急之举。倘若让政府在做出这些决定和举措时还要经历严格的公众讨论、专家论证等程序，无疑会极大影响疫情防控的效率和效果，得不偿失。但应急法制在一定程度上仍需彰显程序法的性质，通过程序明确设定相关义务和责任，将应急权责明晰化与具体化，做好程序法与实质法的有序与合理衔接。^③

绝大多数国家的宪法都设定了重大紧急行政权的行使程序以制约紧急行政权的行使，部分规定较为详尽，部分规定较为简略。目前我国《宪法》中，对紧急状态宣告有原则性的规定，但缺乏制约机制明确的程序性规定。由于紧急状态的确认事关国民的基本权利，所以必须进行程序控制，确认紧急行政权的行使符合法定程序或正当程序。需注意的问题是确保对紧急事实和危险程度判断的准确性，在建立制约机制防止权力滥用的同时也需要强调程序一定程度上的便捷性以防止延误最佳时机。^④在进行程序控制时，可设置事中控制也可以是事前和事后控制，但为了紧急行政权行使的运行效能，可以更多弱化事中控制并强化事前和事后控制，更多设置简易程序和特别程序，并且针对不同性质的紧急行政权进行不同的程序设计和安排。

在公共突发事件和应急法治体系中，行政权会按照"危机状态"所需要的游戏规则重新安排。^⑤同样，立法机关的正常立法计划也可能被打乱，应对公共突发事件的特殊需要的立法议案被提上议事日程，立法程序被简化、时间被缩短，而

---

① 雷磊.法律程序为什么重要？——反思现代社会中程序与法治的关系 [J].中外法学，2014（2）.

② 陈越峰.从形式合法到裁量正义——传染病防治中限制人身自由措施的合法性证成 [J].政治与法律，2011（10）.

③ 周振超，张梁.非常规重大突发事件"紧急行政"模式的法治优化 [J].中国行政管理，2021（2）.

④ 江必新.紧急状态与行政法治 [N].法学研究，2004（2）：12-13.

⑤ 参见李林.紧急状态法的宪政立法原理、模式和框架 [J].法学，2004（8）：14-16.

且可以通过各种授权立法方式，委托行政机关行使包括授权立法在内的各种"紧急处置权"。由此，各级人大及其常委会应遵循紧急权力的内在规律，正确履行职能，防止出现"行政主导滑向人大主导"的钟摆过头现象，恪守权力边界，保持适度谦抑。① 可考虑将公共突发事件时期的各种制度集中在同一部法律中，便于社会公众遵守法律的规定，也可以对政府采取的行政紧急措施进行必要的监督；反之，如果分散在不同的法律形式中，那么社会公众就较难弄清政府是否在依法行使行政紧急权力以及自身的权利是否受到了不必要的限制。

① 参见亓飞. 紧急权力立法理念的重塑——兼论国家权力机关职能定位 [J]. 人大研究，2020（6）：4-9.

第七章 社会公共安全风险应对中的社会治理法治化

2014 年 5 月，习近平总书记在主持召开中央国家安全委员会第一次会议时首次提出，"要准确把握国家安全形势变化新特点新趋势，坚持总体国家安全观，走出一条中国特色国家安全道路。"[①] 在党的十九大报告中，"坚持总体国家安全观"被列入新时代坚持和发展中国特色社会主义的基本方略。新时代国家安全体系总体国家安全观包括 16 种安全。总体国家安全观是新时代国家安全体系建设的新战略，国家安全体系各构成部件之间呈现出较强关联性和互动性，特别是政治、经济、社会领域极易相互影响，进而造成潜在危机演化成社会公共风险和国家安全风险。其中社会安全是总体国家安全的重要组成部分，与其他部分密切相连、相互作用。维护好社会各领域安全，加强社会各领域风险防范能力，是国家安全体系建设的重要支撑和强大助推力，也是社会治理现代化的重要保障。本节关注总体国家安全观视域下的社会安全，探讨运用法治思维和法治方式防范化解重大社会安全风险，并以群众性活动和个人极端事件为例，分析相关社会安全风险的依法防控与依法治理。

第一节 总体国家安全观视域下的社会安全

一、总体国家安全观的意蕴及其发展

新时代总体国家安全观是以习近平同志为核心的党中央站在历史新高度，对我国国内和国际所面临的安全问题和安全形势进行总体思考和全面分析后所提出的新理论。相对于传统的安全观与安全理论，总体国家安全观具有全面性、人民性、整体性、开放性等特点。它既是对于过去综合安全观的一次全面升级，也是我国国家

---

① 习近平: 坚持总体国家安全观 走中国特色国家安全道路 [N]. 人民日报, 2014-04-16(01).

安全体系在新时代的战略总部署。①全国各地深入贯彻总体国家安全观的战略部署，相继在各领域各方面开展创新实践并取得了不俗成绩，全国群众的安全感显著提升。国家统计局数据显示，2020年全国群众安全感为98.4%，在15个主要民生领域现状满意度调查中，全国居民对社会治安满意度达83.6%，位列第一。②总体国家安全观为我国在"百年未有之大变局"中筑起更为坚固的安全屏障，为我国高质量发展提供坚实支撑。

总体国家安全观区别于传统国家安全观，聚焦于全球风险社会背景下的国家安全问题和国际安全形势，从中国传统智慧中萌芽，凝聚中国共产党的治国理念和国家建设经验，是一个结合中国实际并不断发展和完善的理论。自古以来，"忧患意识"一直都是中华民族的优良特质，在中国古代儒家、道家、法家、兵家等不同思想体系中都有不同的体现。传统国家安全观能够满足前全球化时期国家的生存与发展，反映了主权国家诞生以来国家之间关系的本质，即冲突的不可避免性和普遍性。③国家安全是涉及各领域、各方面的安全，应当将其看作一个相互联系、不可分割的整体。同时，总体国家安全观打破静态相对安全的掣肘，是动态持续的安全。自2014年首次提出后，结合国际国内形势变化，总体国家安全观在"政治安全、国土安全、军事安全、经济安全、文化安全、社会安全、科技安全等"等11个方面的基础上扩充了"海外利益安全、生物安全、太空安全、极地安全、深海安全等"5个方面共16种安全。总体国家安全观内涵的动态更新体现出维护国家安全并不是一味追求僵硬的"固若金汤"，更应该着眼于时政形势追求全局的长治久安。

二、社会安全与社会治理法治化

（一）社会安全的意涵、特征及其重要作用

习近平总书记在国家安全座谈会上，强调"要突出抓好政治安全、经济安全、

---

① 习近平.让老百姓过上好日子——关于改善民生和创新社会治理 [N].人民日报，2016-05-06（09）.

② 张天培.全国公安机关 维护国家政治安全和社会大局稳定取得实效 [N].人民日报，2021-04-16（10）.

③ 任卫东.传统国家安全观：界限、设定及其体系 [J].中央社会主义学院学报，2004（4）：68-73.

国土安全、社会安全、网络安全等各方面安全工作"。如前文提及，总体国家安全观是新时代国家安全体系建设的新战略。其中社会安全既是总体国家安全的重要组成部分，与其他部分密切相连、相互作用，并且社会安全与人民生活休戚相关，也是人民最为关注的一个方面。社会安全是指社会范围和公共范畴内所涵盖的所有领域的安全，包括但不限于学校安全、社会保险安全、信息安全、社会综合治安安全、食品安全、公共卫生安全等。同时，社会安全是社会持续稳定发展和实现公共利益的基本前提，其呈现出广泛性、复杂性、长期性、可变性、隐秘性、破坏性等特征。社会安全事件一旦发生，它的传播呈现出线性演变的态势，产生蝴蝶效应，危及人民福祉与经济社会可持续发展。

首先，社会安全具有广泛性、复杂性、可变性和长期性。社会安全所涵盖的领域非常广泛，因此其风险和危机的诱发因素较多。诱发社会风险和危机的因素包括政治、民族宗教、经济金融、生产经营、社会保障、公共卫生、自然环境等方面。众多复杂因素之间又有着千丝万缕的联系，在多种因素交织作用下，极易引起社会矛盾和社会危机的爆发。同时，在危机因素长期存在的同时，还会有新的诱因不断产生，引起问题的变形和异化。此外，社会安全问题具有隐秘性和破坏性。社会安全问题的诱发因素在一般情况下难以被察觉，同时随着社会利益的不断分化，社会安全潜在问题不断增加。因此，一旦社会安全潜在问题爆发，极易形成群体性事件，造成一定范围内的社会安全的破坏以及社会秩序的紊乱。若处理不当，可能还会给地区或整个国家造成严重不良影响甚至全面瘫痪。

维护好社会安全，加强社会各领域风险防范能力，是国家安全体系建设的重要支撑和强大助推力，也是社会治理现代化的重要保障。2017年10月18日，习近平总书记在中国共产党第十九次全国代表大会上的报告中强调"健全国家安全体系，加强国家安全法治保障，提高防范和抵御安全风险能力。严密防范和坚决打击各种渗透颠覆破坏活动、暴力恐怖活动、民族分裂活动、宗教极端活动。加强国家安全教育，增强全党全国人民国家安全意识，推动全社会形成维护国家安全的强大合力"①。维护好社会安全在总体国家安全观中占据重要地位，其不仅是贯彻落实总体国家安全观的重要举措，也是推进社会治理现代化重要基石。

我国目前在社会安全多领域开展了创新性实践，有效推进社会长期稳定和发

---

① 安邦定国，习近平这样论述国家安全 [EB/OL].（2019-04-15）[2021-07-24]. http://www.xinhuanet.com/2019-04/15/c_1124367882.htm.

展。例如，在社会保险安全方面，引入保险机制参与社会公共安全管理，通过保险机制的赔付功能实现风险的提前识别和介入，提高风险有效化解几率；在社会综合治安安全方面，通过区域合作、多部门联动、多警联动等方式提高社会综合执法水平，维护社会安全稳定；在学校安全方面，在保障学校日常安全和秩序的同时重视学生国家安全教育，特别是对港澳台地区学校加强国家安全意识教育。尤其是《中华人民共和国香港特别行政区维护国家安全法》通过后为香港地区学校防止"港独"思想荼毒学生建立起一道坚实防火墙。提高社会安全质效是建设国家安全体系的关键一环，其目的在于维护人民生命健康和财产安全，促进经济社会持续健康发展，保证国家的长治久安。

（二）社会治理法治化是维护社会安全重要途径

在现代社会中，法律作为社会的基础性规范，发挥着"行为规制""法益保护"以及"人权保障"等作用。2020 年 12 月，中共中央印发了《法治社会建设实施纲要（2020—2025 年）》，提出要全面提升社会治理法治化水平，依法维护社会秩序、解决社会问题、协调利益关系、推动社会事业发展，培育全社会办事依法、遇事找法、解决问题用法、化解矛盾靠法的法治环境，促进社会充满活力又和谐有序。习近平总书记强调，"要更加注重联动融合、开放共治，更加注重民主法治、科技创新，提高社会治理社会化、法治化、智能化、专业化水平，提高预测预警预防各类风险能力"①。

提高社会治理法治化水平不仅是实现国家治理体系和治理能力现代化的客观要求，也是实现社会治理现代化、维护社会安全的重要途径，其主要通过法律制度的权威性、公平性、强制性实现对主体正当权力的有效维护以及避免因不正当裁决所引起的社会纠纷矛盾，实现社会公平公正，维护社会安全与稳定。党的十八届三中全会通过的《决定》中提出"坚持依法治理，加强法治保障，运用法治思维和法治方式化解社会矛盾。《民法典》的实施为社会治理奠定法治化基石，社会治理法治化又能助推社会安全水平迈上新台阶。作为"社会生活的百科全书"和"法治社会的重要里程碑"，其构建了社会经济生活基本制度和塑造了权利保护理念，为规范社会治理提供法律依据，从而助推社会治理主体法治化进程。

---

① 青连斌 . 习近平总书记创新社会治理的新理念新思想 [EB/OL].（2017–08–17）[2021–07–24]. http://theory.people.com.cn/n1/2017/0817/c83859–29476974.html.

第二节　坚持运用法治思维防范化解重大社会安全风险

一、习近平总书记关于防范化解重大风险重要论述

习近平总书记关于防范化解重大风险的论述，以宏阔的视野进行科学部署和系统谋划，具有时代性、人民性、系统性等鲜明特征，是党打赢重大风险防范攻坚战的重要理论依据。党治国理政的重大原则之一就是增强忧患意识，做到居安思危。习近平总书记指出，"在百年未有之大变局，改革进入攻坚期深水区的大背景下，越是这种攻坚困难的关键时刻，越需要把防范风险放在突出的位置"，"增强忧患意识，提高防控能力，着力防范化解重大风险"①。2019 年 1 月 21 日，习近平总书记在省部级主要领导干部坚持底线思维着力防范化解重大风险专题研讨班开班仪式上发表重要讲话强调，"面对波谲云诡的国际形势、复杂敏感的周边环境、艰巨繁重的改革发展稳定任务，我们必须始终保持高度警惕，既要高度警惕'黑天鹅'事件，也要防范'灰犀牛'事件"，"要提高防控能力，着力防范化解重大风险，保持经济持续健康发展社会大局稳定"②。2020 年 10 月 26 日，习近平总书记就《"十四五"规划和纲要》起草的有关情况向党的十九届五中全会做说明时指出，"当前和今后一个时期是我国各类矛盾和风险易发期，各种可以预见和难以预见的风险因素明显增多。我们必须坚持统筹发展和安全，增强机遇意识和风险意识，树立底线思维，把困难估计得更充分一些，把风险思考得更深入一些，注重堵漏洞、强弱项，下好先手棋、打好主动仗，有效防范化解各类

---

① 中共中央党史和文献研究院 . 习近平关于"不忘初心、牢记使命"论述摘编 [M]. 北京：中央文献出版社，2020：238.

② 习近平总书记指出，"我国面临的重大风险，既包括国内的经济、政治、意识形态、社会风险以及来自自然界的风险，也包括国际经济、政治、军事风险等"，"各种矛盾风险挑战源、各类矛盾风险挑战点是相互交织、相互作用的，如果防范不力、应对不力，就会传导、叠加、演变、升级，使小的矛盾风险挑战发展成大的矛盾风险挑战"。参见习近平 . 在党的十八届五中全会第二次全体会议上的讲话（节选）（2015 年 10 月 29 日）[J]. 求是，2016（1）；习近平 . 习近平谈治国理政（第二卷）[M]. 北京：外文出版社，2017：222.

风险挑战，确保社会主义现代化事业顺利推进"①。习近平总书记的一系列重要论述，对指导防范化解重大风险各项工作、提高公共危机治理水平起着重要作用，是实现我国"第二个百年"奋斗目标、实现中华民族走向复兴的重要法宝。

二、坚持运用法治思维防范化解重大社会安全风险与维护社会稳定

伴随着经济全球化、社会多极化、文明多元化的进程，政治、经济、文化都逐渐呈现出一种"再合一"的趋势，这也意味社会"风险源"不断增多，社会系统内各个要素相互交织，产生"联动"效应，局部出现问题就会对整体造成影响。②当前我国社会各领域的重大风险主要涉及与人民群众利益紧密联系的社会治安、教育、医疗、安全生产等方面，这些风险相关联动产生了更大的不确定性。在社会领域存在的风险隐患主要分为两大类：一是系统性的社会风险，一般较为隐蔽而又不易被人察觉，但能对整个社会总体健康有序的发展起决定性作用；二是非系统性的社会风险，具有即时性与偶发性，一般表现在影响社会和谐稳定的所有各类事故中，其有可能转化成为系统性风险对社会整体造成全局性的负面影响。"在推动社会主义国家现代化的伟大进程中，危险和潜在安全威胁的有效释放已经发展达到了一个我们前所未有的崭新高度。"③

党的十九大报告明确提出，"要坚决打好防范化解重大风险、精准脱贫、污染防治的攻坚战"。习近平总书记深入分析当前我国经济发展面临的 7 个主要领域的重大问题与风险，要求广大领导干部必须进一步提高培养和运用法治的思维和法治手段来化解经济社会重大问题与风险的意识和能力，提升社会公共危机治理水平。现在我们"面对的矛盾风险挑战之多前所未有，人民群众对法治的要求也越来越高"，"下好先手棋，打好主动仗，做好应对任何形式的矛盾风险挑战的准备"④。在面对突发性、不确定性的公共危机时，要发挥法治的稳定性优势，善于运用法治思维防范化解重大社会风险。理性研判风险来源，掌握社会风险成因，

---

① 汪晓东，董丝雨. 习近平总书记关于防范化解重大风险重要论述综述 [EB/OL]. （2021-04-15）[2021-08-22]. https://baijiahao.baidu.com/s?id=1697041285484726386&wfr=spider&for=pc.

② 田鹏颖. 现代社会重大风险的国家治理方法论探析 [J]. 理论视野, 2020（11）: 47-52.

③ [德] 乌尔里希·贝克. 风险社会 [M]. 何博闻, 译, 南京: 译林出版社, 2004: 15-21.

④ 习近平. 习近平谈治国理政（第二卷）[M]. 北京: 外文出版社, 2017: 223.

在此基础上通过立法规避与完善相关法律制度,从源头上化解风险,维护社会稳定。

在维持社会稳定方面,"维权是维稳的基础,维稳的实质是维权。"[①] 保持社会稳定是社会变革和发展经济的前提条件和基本原则。运用正确法治思维和法治方式维护经济社会稳定,是社会管理的重要能力,其中一个主要任务是正确地处理好维权与维稳之间的关系,需把切实解决好人民群众正当合理诉求摆在首位。一方面以科学立法、公正司法、严格执法来保护人民群众的生命和财产安全;另一方面确立法律思维高于一切特权思维,查处侵害人民群众利益的"毒瘤"。法治思维是规则思维也是公平思维,需严格依照法定权限、规则、程序行使权力,任何人都不能凌驾于法律之上。[②] 最后,法治思维也是人权保障思维,需依法保障民众权益,为民众提供表达合法诉求的平台和权益保障机制。

三、坚持运用法治思维和法治方式防范化解行政执法领域风险

依法治国、依法治党和依法行政是一个有机的社会整体。依法治国得到实现的根本是因为党始终坚持依法执政,各级人民政府坚持严格依法行政。而在依法行政中,关键点之一就是严格规范行政执法。法律法规具有强大生命力的关键在于严格执行。若已有法律规范在实践中没有严格执行,存在有法不依和执法不严的情况,那么法律规范终将成为摆设和"花瓶"。在经济社会转型发展时期,各类矛盾和社会利益冲突高度聚集,行政执法作为法治政府建设和社会治理的关键环节,存在较大的实践风险。

在众多风险中,首先是行政执法主体能力不足带来的风险。"我国大约有80%的法律、90%的地方性法规和几乎所有的行政法规都是由行政机关执行的","行政执法是行政机关最大量的日常行政活动,是实施法律法规、依法管理经济社会事务的主要途径,关系着经济社会正常秩序维护和公共利益的保障"[③]。由于行政执法涉及事务数量众多、内容广泛,实践过程中存在执法人员的素质、水平参差不齐的情况,当任务繁重和人员数量不足时,行政机关会招录大量短期培训的临时工、合同工。这些"突击培训"人员存在法治素质能力不足的问题,甚至

---

① 十八大报告文件起草组.十八大报告辅导读[M].北京:人民出版社,2012.

② 《习近平法治思想概论》编写组.习近平法治思想概论[M].北京:高等教育出版社,2012:243-245.

③ 袁曙宏.深化行政执法体制改革[N].光明日报,2013-11-27(02).

在一定程度上会被社会舆论放大，成为行政执法活动的"风险源"。

其次是行政决策失误带来的风险问题。当前一些领导干部在制定行政决策时，理论因缺乏法治思维而造成决策失误，存在因贪污受贿等腐败问题所带来的危害性风险、履职期间决策失败的渎职性风险、行政决策中怠政行为所造成的责任性风险等。此外，还有行政处罚不当带来的风险问题。长久以来，我国实行具有行政处罚权的行政机关以自己名义实施行政处罚、独立承担责任的分散型行政处罚体制。这就导致行政处罚中存在"九龙治水"的情况，执法多头、权责交叉、再次重复受到惩处等问题，造成执法资源浪费等现象，对社会稳定产生不良影响。[①]最后，还存在行政复议不作为等风险。

在行政执法改革中，应当运用法治思维与法治方式，通过防范和化解风险有效增强社会治理能力与政府公信力，切实保障群众利益。[②]一是应当完善执法领域相关法律，培养行政执法人员的法治思维，即"法无授权不可为"，在法律的框架内行事。[③]二是强化行政决策程序，以《重大行政决策程序暂行条例》的基本出台和正式实施为抓手，推进重大行政政府决策的程序合理性和程序法治化，规范政府的各项决策管理活动。三是以法律为基准，为行政处罚提供法律的依据，以法治方式妥善解决问题。2018年中共中央《深化党和国家机构改革方案》要求统筹配置行政处罚职能和执法资源，相对集中行政处罚权，合理配置执法力量。2021年新修订的《行政处罚法》增加第四十九条规定，"发生重大传染病疫情等突发事件，为了控制、减轻和消除突发事件引起的社会危害，行政机关对违反突发事件应对措施的行为，依法快速、从重处罚"。四是完善行政复议制度。2020年4月18日，中央全面依法治国委员会印发《行政复议体制改革方案》，明确通过改革整合行政复议职责，构建科学统一的行政复议体制，旨在切实解决复议体制即存在职权分散、多头办案的问题，发挥行政复议实质性化解行政争议的功能。

关于运用法治思维与法治方式有效防范化解行政执法领域风险的一个典型案例就是广东省的相关实践。2020年7月广东出台了《关于加强行政执法风险防范工作的指导意见》（以下简称《指导意见》），从坚持依法行政、防范侵犯民事

---

① 张晓莹.行政处罚的理论发展与实践进步——《行政处罚法》修改要点评析[J].经贸法律评论，2021（3）：1–19.

② 陶华强.论全面依法治国背景下行政执法的风险防范[J].延安大学学报（社会科学版），2021，43（3）：24–31

③ 陈垚.行政执法风险及其防控机制创新[J].党政干部论坛，2020（1）：42–45.

权利风险、加强突发事件应急行政执法风险防控、建立健全行政执法风险防控机制等 4 个方面，为防范化解行政执法领域工作提供了指导。《指导意见》再次加强了对突发事件应急行政执法风险防控的指导，要求发生或者预警即将发生突发事件时，行政执法主体应当把人民群众生命安全和身体健康放在第一位，严禁采取歧视性、选择性行政执法，还要依法落实征用补偿措施。广东省深刻认识当前我国面临的严峻复杂社会风险，坚持充分运用传统的法治理念思维和现代化的法治手段相结合的方式来化解矛盾与维护稳定。其从更高层次深刻认识法治思维的重要性，将风险评估设定为重大行政执法案件办理的必经程序，落实行政执法公示制度、执法全过程记录制度、重大执法决定法制审核制度要求。

第三节　大型群众性活动的社会安全风险与依法防控

一、大型群众性活动的背景及特征

在我国，大型群众性活动是指法人或其他组织面向社会公众举办的，参加人数达到每场 1000 人以上的活动，包括体育比赛、音乐会、演唱会、展览、庙会、花会、焰火晚会、人才招聘会等。2010 年 7 月 30 日北京市第十三届人民代表大会常务委员会第十九次会议修订的《北京市大型群众性活动安全管理条例》指出，主办者借用、租用或者以其他形式临时占用场所、场地，面向社会公众举办的文艺演出、体育比赛、展览展销、招聘会、庙会、灯会、游园会等群体性活动称为大型群众性活动。

目前我国大型群众性活动按照活动属性，可以分为传统节日活动、现代庆典活动和其他重大活动三大类，如庆祝中国共产党成立一百周年大会、春节各地举行的庙会等；按照地域划分，可以分为国际性活动、洲际性活动、国家级活动、城市大型活动，如世博会、奥运会、世锦赛、省运会等；按照活动内容可以分为体育、文化、娱乐、艺术、展览等，如运动会、演唱会、展览会等；按照主办单位可以分为政府主办、民间主办、企业主办；按照活动主题可以分为宗教性、文化性、商业性和政治性活动；按照开展领域可以分为政治活动、经济活动、文化活动。一般而言，大型政治活动都由执政党及其政府职能部门主办，人数众多，规模巨大，民间群团组织举办的有歌舞比赛、小型运动会等；仅 2020 年，受疫情影响,我国多地大型群众性活动暂停举办,全国公安机关在疫情防控常态化情形下,确保了 1000 余场大型群众性活动安全顺利举办。

大型群众性活动往往规模大、协调难,同时,活动的举办还带有目的性和计划性的特点。大量人群短时间内在有限空间内聚集,大部分人都不熟悉场地环境的安全情况,不了解活动中的安全事项的背景下为主办部门之间的协调带来了难度。大型群众性活动往往需要多个部门联合行动采取诸如安保、检查等工作。同时,大型活动的举办一般都带有一定目的性,比如每年的国庆庆典仪式庆祝中国共产党成立一百周年大会等。除了大型群众性活动的目的性之外,一场大的社会活动也具有计划性,从最初方案的拟定到议程的确定到最后活动的成功举办,都需要按计划、按方案行事。

二、大型群众性活动潜在的社会安全风险

大型群众性活动往往存在较多的社会安全风险,如自然风险、事故风险、公共安全风险、公共卫生风险、社会治安风险等。在自然风险方面,举办大型室外社会活动时可能会遭遇突发恶劣天气情况如强降雨、泥石流、沙尘暴等。极端恶劣天气为人民出行带来不便,严重的还会危及参加活动群众的生命安全。2021 年 5 月 22 日甘肃山地马拉松比赛由于受到突变的降温降雨恶劣天气的影响,造成 21 人死亡,多人受伤,这亦是一起典型的重大公共安全事故;又如 2021 年 7 月 17 日以来,我国华北地区持续遭受强降雨,出现城市内涝、房屋倒塌、河水倒灌等问题造成预期在郑州举行的演唱会等群众性活动全数暂停。

在事故风险方面,主要包括火灾风险、用电风险、设备风险等。火灾危险性是指火灾发生的可能性以及活动现场由于火灾而暴露的危险品给人身带来伤害的可能性。人员聚集的地方,一旦发生火灾隐情,会给人民的生命财产安全带来巨大损失。一般而言,大型群众性活动像演唱会、音乐节、灯光秀等少不了大型供电设施的使用。许多大型社会活动举办过程中发生火灾也是由于电路老化或者用电不当而引发的,相关部门在审核过程中应当予以重视。此外,还存在设备使用风险。在室外举办大型群众性活动往往会搭建舞台,其中包含乐池、升降台、帷幕、桁架等一系列设备。此类设备一般都是现场搭建,活动结束后拆除。近年来时常会有舞台坍塌、桁架倒塌等事故的发生。如 2019 年 5 月 25 日,福建省漳州开发区金水仙大剧院举办儿童舞蹈比赛时,舞台中央的升降小舞台发生坍塌,造成 1 人遇难,14 人受伤;2018 年 5 月 12 日,河南许昌文化广场举行文艺演出,演出

人员在台上进行表演时，突然舞台上方的龙门架倾倒向舞台地面，导致 5 人受伤，1 人死亡。

在公共安全风险方面，主要包括群体骚乱风险、踩踏风险等。骚乱风险是指群众通过抗议、游行、示威等维护自己的权益或表达自身的诉求，骚乱严重时还会引发社会动荡，造成人员伤亡。2021 年 5 月 1 日，英、法、德等多个国家在"五一"劳动节进行大游行活动，大批民众走上街头表达自己的诉求，在此过程中，警察与民众间发生了冲突，导致多人受伤被抓。2021 年 7 月 11 日南非多地接连发生抗议活动并引发骚乱，局势有进一步升级的危险。骚乱引发的暴动成为国际社会举办大型集会首要关注的问题。踩踏风险主要是指人群聚集的地方不易控制，容易发生踩踏事故。踩踏事故是指在聚众集会中，尤其是大量人群移动过程中，有人意外跌倒后，其他不明真相的人继续前行，对跌倒的人产生踩踏，从而造成伤亡事故。2007 年 11 月 10 日，重庆沙坪坝家乐福超市举行 10 周年店庆促销活动时发生挤压踩踏事故，造成 3 人死亡、31 人受伤；2014 年 12 月 31 日，上海市外滩发生了拥挤踩踏事件，造成 36 人死亡、49 人受伤。国内外举办过的大型活动过程中，踩踏事件频发，给有关部门敲响警钟，成为公安机关要规避的首要风险。

在公共卫生风险方面，群体性活动往往伴随着卫生安全集聚性风险，如疫情规模传染等。疫情风险主要是指大规模人口聚集，引发的传染病大范围接触传播的风险。从 2003 年的"非典"病毒，到 2014 年的埃博拉病毒，再到 2020 年的新型冠状病毒，传染病已经成为威胁人类生命安全的又一大隐患。在抗击新冠肺炎疫情期间，仍存在地方群众自发组织小规模集会、聚会等引发疫情大规模扩散现象。据新闻报道，全国聚集性疫情超八成发生在家庭，聚餐引发的二代传播。

在治安风险方面，由于大型群众性活动人数众多，同一时间场地内人员密集，构成极为复杂，给了不法分子可乘之机。多数人互不认识，人员心态、需求各异，正常的社会行为控制力弱化，加之财物集中，很容易发生诈骗、抢夺、抢劫、盗窃等侵财型案件。[①] 一些不法分子借机做出危害人民群众财产安全和生命安全的行为，严重危害社会秩序和社会安全。如某著名歌星的演唱会期间公安机关多次在演唱会现场抓捕重要逃犯。可想而知，大型群众性活动举办过程中，公安机关维持秩序、依法打击犯罪的难度加大。

---

① 　王姝婷. 大型群众性活动安全保卫工作存在的问题及完善对策 [J]. 法制与社会，2017（14）：212–213.

三、依法防范化解大型群众性活动风险

（一）案例分析：上海外滩踩踏事件的惨痛教训

2014年12月31日晚，上海市外滩陈毅广场处发生严重踩踏伤亡事故。事故发生起因是当天晚上有10万余人聚集在外滩准备观看跨年灯光秀，然而，当年的灯光秀被临时转移到外滩源举行，收到消息的前排群众要往后退转移地点，而后方的群众并不知情，一直向前方挤，由此带来人流拥挤、群众摔倒等问题，导致发生了更为严重的群体踩踏伤亡事件，共造成36人死亡，49人受伤。事故发生后，习近平总书记和李克强总理做出重要批示：一定要做好安全措施，严格查明原因与相关责任人，并吸取其中教训。① 这是一起对群众性活动预防准备不足、现场管理不力、应对处置不当而引发的拥挤踩踏并造成重大伤亡和严重后果的公共安全责任事件。②

"海恩法则"指出每一次严重事故的背后都有29次轻微事故和300起未遂先兆以及100起事故隐患。上海市黄浦区政府和相关部门领导对事发当晚外滩风景区特别是陈毅广场人员聚集的情况研判失误，缺乏公共安全风险防范意识，对重点公共场所可能存在的大量人员聚集风险未做评估，预防和应对准备严重缺失，事发当晚预警不力、应对措施不当，现场大量群众搞不清楚"外滩"和"外滩源"的区别，主办方地点转换通知不及时，没有预估到可能发生的后果，都是这起拥挤踩踏事件发生的主要原因。③

吸取上海外滩踩踏事件的教训，借鉴国内外防踩踏事件的经验，防止大中城市发生类似踩踏事件，要做好四方面工作：一是建立科学风险数据评估程序，对大型活动举办前潜在的各类风险进行评估和综合研判；二是创新区域人流密度监测技术，如2014年四川九寨沟景区启用国内首款利用大数据预测客流的信息系统，该系统可以预测未来三天景区客流量；三是提升公共安全应对预警措施，通过在人流量过大的地方安装警示牌以及通过微博、微信、客户端等及时推送公共安全信息等方式，提醒民众注意出行安全；四是加强公共安全执法管制力度，此次上

---

① 王萌萌. 上海外滩踩踏事件的反思及启示 [J]. 重庆行政（公共论坛），2016，17（3）：31-32.

② 上海发布外滩踩踏事件调查报告 [J]. 领导决策信息，2015（4）：26-27.

③ 上海发布外滩踩踏事件调查报告 [J]. 领导决策信息，2015（4）：26-27.

海外滩新年活动执法管制缺乏力度、警力严重不足导致现场秩序难以维持，相关部门机关应当根据客流量增大公共安全警备力度；五是培养公众安全意识，提倡群众少聚集。同时，在学校以及单位经常性开展安全教育工作，对活动的工作人员开展安全培训等。上海外滩踩踏事件给我国各地大型群众性活动的举办者敲响了警钟。自上海外滩事故发生以来，我国各地举办大型活动严格控制限流每平方米不超过 0.75 人，各级公安机关、安保部门严格按照标准控制流量，在较大程度上有效避免了踩踏惨剧的再次发生。

（二）依法管理大型群众性活动

2017 年 8 月，国务院颁布了《大型群众性活动安全管理条例》（国务院令第505 号，以下简称《条例》），从安全责任、安全管理、法律责任等不同的角度规范大型群众性活动安全措施，进一步明确大型群众性活动的安全管理原则、安全责任制度和安全监督管理措施，对大型群众性活动安全许可制度、活动举办过程中的安全保障措施、参加大型群众性活动人员的行为以及违反《条例》需承担的法律责任做出了详细规定。

在我国，大型群众性活动的举办要遵循严格的申请、审批和审核流程。举办大型群众性活动必须向政府报备，这是社会安全防范管理的需要。《大型群众性活动安全管理条例》第十三条指出，承办者应当在活动举办日的 20 日前提出安全许可申请。除此之外，依照法律、行政法规的规定，有关主管部门对大型群众性活动的承办者有资质、资格要求的，还应当提交有关资质、资格证明。2017 年 8月 26 日修订的《宗教事务条例》（国务院令第 426 号）指出跨省、自治区、直辖市举行超过宗教活动场所容纳规模的大型宗教活动，或者在宗教活动场所外举行大型宗教活动，应当由主办的宗教团体、寺观教堂在拟举行日的 30 日前向大型宗教活动举办地的设区的市级人民政府宗教事务部门提出申请。

在地方性法规方面，以北京市为例，2010 年 7 月，北京市人大通过了《北京市大型群众性活动安全管理条例》，指出大型群众性活动的安全保卫工作实行"谁主办、谁负责"的原则。大型活动的安全工作应当遵循安全第一、预防为主的方针。主办单位应当制定安全保卫工作方案，建立安全保卫责任制并负责落实。租用场地举办大型群众性活动的，由主办单位和出租场地单位共同负责落实。公安机关负责对大型群众性活动的安全保卫工作进行安全检查。2012 年 11 月 29 日南京市人大发布的《南京市城市治理条例》也指出大型群众性活动主办者，公共场所和其他人员密集场所的管理者或者经营者应当按照有关规定制定具体的安全保障应急预案。

（三）防范化解大型群众性活动的社会安全风险的具体路径

一是开展相关风险评估，有效预防各类群众性活动安全隐患。风险评估是指在大型群众性活动开始之前对该项活动筹办以及举办过程中可能出现的给社会以及人民群众带来各种财产、生命损失的可能性进行预测和评估，最大限度地减少风险带来的损害，有效预防各类安全隐患的发生。此外，事前还可以对活动可行性进行预测，通过可行性报告评估活动开展的必要性。不但主办方相关部门要进行自我评估，相关公安机关、政府职能部门也要对活动进行评估。

二是从流程控制入手推进跨部门协同集中依法管控大型群众性活动。开展大型群众性活动必须严格按照国家出台的《大型群众性活动安全管理条例》以及各地方出台的地方性法规进行申报、审批与查验。相关公安机关应当严格控制活动申报流程，对于未经公安部门许可举办大型群众性活动的，可能属于违反治安管理行为，一经认定，将强制采取行政措施。主办单位工作人员也需认真履行职责，严格制定与落实标准，加强管理，从而预防悲剧事件的发生。此外，大型群众性活动的顺利推进离不开部门之间的高效协同。一方面，行政机关主管部门要对活动方案进行审批；另一方面，公安机关要负责安保工作，维持社会秩序。2021年中超联赛期间，苏州赛区在全国范围内率先尝试开放观众入场。江苏苏州公安机关、文旅委、体育局围绕疫情防控隔离、现场球迷管控等重点环节累计投入安保力量3.9万人次，确保了20轮80场比赛顺利举行和6.2万余人次观众安全观赛。

三是善于运用大数据、人工智能等数字技术提升社会安全风险防控水平。近年来，随着大数据、人工智能、区块链的广泛应用，数字技术在日常生活工作中发挥了至关重要的作用。2020年新冠肺炎疫情蔓延，远距离测温、健康通行码等由科技技术支撑的防疫措施的广泛运用节省了大量人力、物力。在大型群众性活动举办的过程中也可以广泛运用实时动态监测平台，通过大数据监测活动场地周围人员情况、交通情况，及时研判超出负荷的突发状况，相关部门依据相关数据信息有权力直接叫停活动，避免踩踏事件等危险结果的发生。震惊国人的"上海外滩踩踏事故"的原因之一就是黄浦区政府和相关领导对监测人员流量变化情况未及时研判、预警，未发布提示信息。同时，主办方应合理设置围栏、应用人口计数器，采用张贴醒目标识、警示线等措施确保现场秩序。如我国目前各大旅游景区、博物馆、科技馆等公众场所,需严格实施人口计数举措,规定每日游客总数,及时调整进出口限制。

四是以严肃的问责制度实现对主管部门的有力追责。对于已经发生的安全事故采取强有力的追责措施可以有效警醒世人,避免悲剧的再次发生。目前,大型群众性活动遵循"谁主办、谁负责"原则,若事故发生,则会对主办方依法追究行政或者刑事责任;审批机关在审批环节渎职、失职的问题则由纪委监委负责监管。《大型群众性活动安全管理条例》指出承办者或者大型群众性活动场所管理者违反条例规定致使发生重大伤亡事故、治安案件或者造成其他严重后果构成犯罪的,依法追究刑事责任。实践中,2015 年 1 月 21 日,上海在发布外滩踩踏事件调查报告的同时对相关 11 名责任人进行了处分。

第四节　个人极端事件社会风险防范与依法治理

近年来,在社会矛盾愈加复杂、社会治理法治化水平不足的双重制约下,社会公共安全面临着严重的治理难题。尤其是生活失意、心态失衡、情绪失控、行为失常等多因素造成的个人极端案事件多发频发,手段残忍、性质恶劣,不仅严重危害人民群众的生命财产安全,还对社会秩序和公共安全构成威胁,甚至引发一系列的社会危机,为社会维稳工作带来了巨大的挑战。对此,习近平总书记高度重视,强调严防严打个人极端案事件,并在 2019 年 5 月的全国公安工作会议讲话中指出,"对个人极端暴力犯罪要保持高压震慑态势,坚持重拳出击,露头就打"[1]。此外,2019 年 11 月,党的十九届四中全会提出必须加强和创新社会治理,完善正确处理新形势下人民内部矛盾有效机制,完善社会治安防控体系,健全公共安全体制机制。

《"十四五"规划和纲要》中明确指出要统筹发展和安全,维护社会稳定和安全,加强社会治安防控体系建设,坚决防范和打击暴力恐怖等犯罪行为,保持社会和谐稳定。维护社会安全与稳定、遏制个人极端案事件的高发态势,要着重从提高治理的法治化水平、落实风险防控机制、升级社会治安防控体系、完善社会矛盾纠纷多元预防调处化解综合机制等多方面入手,切实在严防严打个人极端案事件中实现系统治理、综合治理、依法治理、源头治理,做到以防为先、以防

---

① 习近平在全国公安工作会议上强调坚持政治建警改革强警科技兴警从严治警,履行好党和人民赋予的新时代职责使命 [J]. 公安教育,2019(5):1.

为要，确保人民安居乐业、社会安定有序、国家长治久安，建设更高水平的平安中国。

一、个人极端事件的相关概念界定

当前，国内学界尚未对个人极端案事件的概念形成统一界定，张继东最早对"个人极端暴力犯罪"进行了概念界定，认为个人极端暴力犯罪指单个行为人为达到泄愤、报复社会与制造影响等目的，以极端的心理状态和行为方式，运用暴力手段，以社会或他人为侵害对象，危害后果特别严重的犯罪。[①] 靳高风基于犯罪学理论认为个人极端暴力犯罪是指一个人针对特定或不特定的多数人使用残忍的武力手段实施的造成严重伤亡和重大社会影响的行为。[②] 杨辉解从"个体恐怖犯罪"角度出发，认为个人极端暴力事件指单个行为人基于社会、经济或其他个人目的，使用暴力手段，针对不特定多数人或重大公私财物，制造社会恐怖或灾难，严重威胁或者危害公共安全的行为。[③]

尽管各学者的表述不尽一致，但其基本内容都强调个人极端案事件的基本特征在于"个人性"和"极端性"。"个人性"区别于群体性、组织化地实施暴力犯罪。个人极端案不存在聚集性，其主体往往是单个行为人，没有组织和机构依托，通常在临时起意、情绪失控的情况下实施暴力犯罪。公安机关很难在风险预测时从犯罪嫌疑人的日常言行、通信信息中提前获知犯罪预谋信息，这加大了风险防范的难度。"极端性"区别于一般的暴力犯罪行为，行为人在心理扭曲、行为失控等情况下一般采用极其残忍的暴力手段实施犯罪，其伤亡后果和社会影响程度远远大于一般的故意杀人与故意伤害。综上所述，本书认为个人极端案事件是指单个行为人针对特定或不特定的对象实施残忍的暴力手段，严重威胁公民财产安全、人身安全或者公共安全，造成严重人员伤亡和重大社会影响的行为。

---

① 张继东. 浅析个人极端暴力犯罪 [J]. 公安研究，2010，4（9）：50–55.

② 靳高风. 当前中国个人极端暴力犯罪个案研究 [J]. 中国人民公安大学学报（社会科学版），2012，28（5）：126–134.

③ 杨辉解. 个体恐怖犯罪概念辨析 [J]. 中国人民公安大学学报（社会科学版），2012（3）：140–146.

二、个人极端事件的态势和对社会安全的影响

当前，我国正面临着"百年未有之大变局"的复杂发展环境，社会中不稳定不确定因素明显增多，各类矛盾和风险叠加，这也导致我国个人极端案事件频频发生。靳高风对2000—2010年来的34起典型案例做了统计，发生在2000—2002年、2003—2005年、2006—2008年和2009—2011年的个人极端暴力犯罪数量分别为3起、4起、6起和21起，数量呈增长趋势。[①] 而后笔者通过中国裁判文书网、无讼网、公安部网站等渠道查阅有关个人极端案事件的信息，收集了2012年至2020年期间在中国内地发生的81起个人极端案事件的有关信息。

据不完全统计，2012年至2020年，各年度个人极端案件发案数量统计如下（见图7-1）：

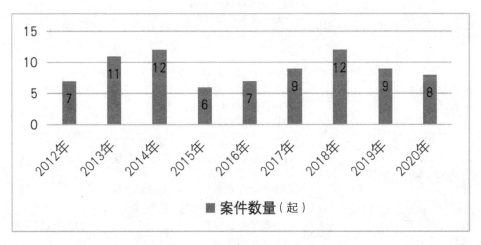

图7-1 发案数量年度统计图

资料来源：作者自制。

从图7-1的数据上来看，个人极端事件的年度发案数量并未有明显的规律。但是，同2000—2010年发案数量相比，2012—2020年的发案数量明显升高，严防严打个人极端事件的形势依然严峻。此外，本书从2012—2020年发生的个人极端事件中挑选9起具有典型特征的案件分析个人极端事件及其行为人的基本特征（见表7-1）。

---

① 靳高风.当前中国个人极端暴力犯罪个案研究 [J].中国人民公安大学学报（社会科学版），2012，28（5）：126–134.

表 7-1 2012—2020 年典型的个人极端事件

事 件	时 间	罪 犯	犯罪原因	犯罪方式	造成后果
湖南邵阳自来水公司纵火案	2012 年	石某燕	因公司领导未能妥善处理子女就业安置问题而迁怒于公司领导	利用汽油瓶在会议室内实施纵火	3 人死亡，4 人受伤
首都机场 7·20 爆炸案	2013 年	冀某星	因觉得受到不公正对待，上访 10 多年却无任何作用	引爆自制爆炸装置	冀某星重伤、一名警察轻微伤
复旦大学投毒案	2014 年	林某浩	因琐事与被害人黄洋发生矛盾，关系不和	投毒	致被害人黄洋死亡
湖南娄底双峰县故意杀人案	2015 年	罗某初	养老院欠薪 4 万元，以这种方式报复老板房某	用砖头砸死老人	8 位老人死亡，另有 6 人重伤住院
山东患者家属杀医事件	2016 年	陈某	陈某女儿在该医院出生 2 天后因多种综合症状死亡，且对调解结果不满	持刀杀人	医生李某死亡
江苏常熟民房纵火案	2017 年	姜某某	该套房屋群租群居，存在安全隐患。姜某某多次向常熟 12345 反映，但情况均不理想	故意纵火	22 人死亡、3 人受伤
衡阳 9·12 恶性驾车伤人事件	2018 年	阳某云	曾多次被公安机关打击判刑，难忍病痛折磨，产生厌世悲观念头	驾驶车辆冲入广场，冲撞碾压人群，并持刀具砍刺现场群众	15 人死亡，43 人受伤
南昌红谷滩新区恶性杀人案	2019 年	万某弟	患有躁狂症，具有异于常人的暴力倾向	持刀杀人	致被害人沈某鲞死亡
开原市 12.27 持刀杀人案	2020 年	杨某峰	杨某峰性格孤僻、偏执，在儿子去世、妻子与其离异的打击下，对社会产生不满和怨恨情绪	随机捅刺附近群众	7 人死亡、7 人受伤

资料来源：作者依据相关信息梳理而成。

上述典型的个人极端案事件有明确的主要特点：第一，在作案动机上，大多是出于行为人对社会的悲观、厌世、不满和怨恨等负面情绪或不满自身的不公正待遇，以此报复社会或发泄情绪。第二，在作案手段上，行为人多采用爆炸、砍杀、纵火、投毒、驾车撞人、枪杀等暴力手段。第三，在行为人特征上，多为单个行为人，年龄在 40 岁左右，文化程度不高，社会底层人士居多。他们或没有稳定的工作和收入，或家庭关系不和谐，或存有精神疾病。第四，在作案对象上，受害者具有特定或不特定性，大多为侵害自身权益者或其他无利益相关的群众、学生等。第五，在危害后果上，造成了重大公私财产损失和人员伤亡，特别是网络传播和媒体报道加剧了对社会治安的冲击，造成了愈加严重的社会影响。这些案件事发突然、性质恶劣，不仅给广大群众造成了难以挽回的伤痛和损失，而且加剧了社会恐慌，引发社会公共安全危机，给社会和谐稳定和治安防控提出了巨大挑战。

第一，个人极端案件严重危害社会公共安全。建设平安中国，离不开良好的公共安全秩序。频发的个人极端案事件严重影响了社会公共安全，引发了公众对社会公共安全治理的反思。一方面，诸如福建厦门公交车纵火案、衡阳9·12恶性驾车伤人事件等恶性事件，同一般暴力犯罪案件造成的危害后果比较，个人极端案事件造成的伤亡后果和财产损失更为严重。另一方面，个人极端案事件是社会矛盾和各类风险交织的产物，具有的突发性、不稳定性、不确定性等特性，对风险预警和排查机制、社会治安防控体系、突发事件应急管理体制等维护公共安全的体制机制的完善提出了更大挑战。就目前而言，上述体制机制仍有待健全，个人极端案事件依然是威胁社会公共安全的重要因素。

第二，个人极端案件较易引发社会舆论危机。伴随着媒体与网络技术不断发展，个人极端案事件等社会问题通过微博、微信、短视频等互联网端口向外传播，引发公共关注和讨论，形成一定的公共舆论。公众参与事件讨论，意在追求事实真相、寻求公平正义。然而，部分公众受他人言论和主观情感等因素影响，在公共舆论场中借助网络工具对事件内容和真相进行扭曲或篡改，致使公共舆论失去理性且偏向负面。此外，媒体报道的方式和手段有待规范。不规范的新闻报道一旦促使公共舆论形成非理性和负面化倾向，将对网络舆论场的稳定构成巨大的挑战。如果参与的非理性倾向得不到有效制约，网络政治参与就难以排除其导致社会政治不稳定的潜在威胁。[①]若不及时对公众舆论加以正面引导，则会引发社会公共舆论危机，严重扰乱社会秩序和社会安全稳定。

第三，个人极端案事件高发频发的态势对社会公众心理造成了严重影响。对公众而言，缺失安全感的同时也激发了自身的恐慌心理，而恐慌心理会极大地加剧个人极端案事件对社会公共安全和稳定的冲击，进而演变成社会恐慌。尤其是

---

① 马振超.网络对社会政治稳定的影响分析[J].中国人民公安大学学报（社会科学版），2009（5）：50–55.

一些缺乏职业素养的自媒体扭曲或篡改事件真相，引导公众相信真假混杂的报道是"事件真相"，加剧恐慌情绪的蔓延。这会严重"阻碍或者扭曲公众对风险的理性认知，无端地放大风险的危害性，从而做出一些过度的反应"①，加重社会戾气。应当警惕由个人极端案事件引发的社会恐慌心理对社会安全稳定的影响。

三、个人极端事件风险防范与依法治理

法治是解决社会治理难题的重要机制，为有效应对社会公共安全领域中的重大挑战、解决人民群众之间社会矛盾、维护社会稳定提供坚强保障。为有效遏制个人极端案事件频繁发生，要坚持依法治理的总原则，维护群众合法利益，在全社会形成遵法循法用法的良好氛围，提高社会治理的科学化、规范化、法治化水平。在新形势下，要把社会治理的关口前移，落实风险防范机制和社会治安防控体系，完善社会矛盾纠纷多元预防调处化解综合机制，坚持抓早抓小、防微杜渐，切实提高防范个人极端案事件风险隐患的预测预警预防能力。同时要切实提高个人极端案事件的应对和处置能力，加强媒体的规范和舆论引导。将依法处理、风险防范和应急处置相结合，构建良好社会秩序，努力建设更高水平的平安中国。

第一，坚持维护最广大人民的根本利益。最广大人民群众的根本利益是新时代社会治理的出发点和落脚点，社会治理创新要从人民群众最关心、最直接、最现实的利益问题入手。在社会治理中，要始终坚持维护最广大人民的根本利益，坚持民生导向，自觉将维护公共安全置于维护最广大人民根本利益的层面上认识，全方位守护群众平安，多举措保障群众权益。深入排查整改各类风险隐患，运用法治思维精准施策，依靠法治方式解决矛盾问题，及时回应人民群众新要求、新期待，全力确保社会治安大局安定有序，不断增强人民群众的获得感、幸福感、安全感，坚决避免让个别群众走上极端暴力的犯罪道路。

第二，不断提高治理的制度化、规范化和法治化水平。个人极端案事件的高发态势严重影响社会稳定和安全。《突发事件应对法》将个人极端案事件纳入突发事件应对机制，严格依法处置。2010 年 5 月，中央维稳工作领导小组办公室发布了《关于加强个人极端暴力犯罪案件防范，切实维护社会稳定的通知》，其后全国公安机关对极端暴力犯罪展开为期 7 个月的严打行动。2015 年 4 月，中共中央、国务院办公厅印发了《关于加强社会治安防控体系建设的意见》，提出依法严密

---

① 戚建刚. 极端事件的风险恐慌及对行政法制之意蕴 [J]. 中国法学，2010（2）：59–69.

防范和惩治个人极端暴力犯罪。2017年1月，国务院办公厅印发了《国家突发事件应急体系建设"十三五"规划》，为应对和处置个人极端案事件等突发事件提供了行动指导方向。然而，上述法律和规范性文件等与当前严峻复杂的公共安全形势相适应，无法完全应对新形势下社会公共安全面临新挑战。因此，要坚持目标导向、问题导向和效果导向，加快出台和完善相关法律法规，增强防范和治理个人极端案事件的针对性和有效性，为"依法防控、依法治理"个人极端案事件提供有力的法治保障。

第三，落实风险排查和预警机制。当前，"百年未有之大变局"给我国带来了许多不确定因素，社会领域风险中"叠加效应""联动效应""放大效应""诱导效应"更加明显，社会治安形势愈加复杂，既要高度警惕"黑天鹅"事件，也要防范"灰犀牛"事件。① 在这样背景下，治理个人极端案事件一要坚持风险排查机制。完善排查方式，以网格化为抓手和以智能化风险预警平台为基础，加强各网格情报信息的搜集和分析，聚焦重点人员、重点行业、重点场所、重点领域，以"拉网式""地毯式"等方式准确掌握可能引发暴力冲突的各类矛盾纠纷和风险隐患，全面排查各类不稳定不安定社会因素。在此基础上建立健全重大涉稳风险清单管理制度，对各类隐患列出详细清单，逐一击破和化解，严防个人极端案事件等危害社会公共安全因素出现。二要坚持健全风险预警机制。充分运用现代信息技术，加强各部门信息资源互通共享和深度应用，强化跨部门风险防控协同功能。通过完善社会稳定风险监测预警指标体系，提高风险监测预警平台智能化和专业化水平，实现对社会治安形势和个人极端案事件态势的动态监测、整体研判与实时预警，及时发现有关个人极端案事件的苗头性、倾向性问题，将风险化解在萌芽阶段。

第四，深化立体化、法治化、专业化、智能化社会治安防控体系建设。个人极端案事件对社会治安防控体系提出了新的要求。立体化强调资源整合和部门联动，充分调动社会各方力量和资源，借助防范、打击、惩戒、教育等多种手段和方法，发挥多元协同效能，对个人极端案事件进行多角度、全方位防治；法治化强调社会治安防控工作要发挥法治的引导、规范与惩戒等作用，推动社会树立法治意识，依法惩戒作案个体，依法维护社会稳定；专业化强调提高公安机关维护社会安全

---

① 陈一新. 加快社会治理现代化 夯实"中国之治"基石 [R/OL].（2019-11-18）[2021-07-23]. http://www.chinapeace.gov.cn/chinapeace/c54219/2019-11/18/content_12302762.shtml.

稳定的专业化水平，优化公安机关的人才队伍建设，加强法律法规和知识技术的学习，提高对各类个人极端案事件的防范、化解和管控能力；智能化强调充分利用互联网、大数据等现代信息技术创新防控机制，实现对社会治安的自动化安全监测，对人民群众的全方位、智能化安全防护，着力推动社会治安防控治理从事后应对处置向事前风险防范转型。

第五，完善社会矛盾纠纷多元预防调处化解综合机制。为应对个人极端案事件的高发态势，2021年中央政法会议上明确提出相应对策，以防范化解影响社会和谐稳定的风险为着力点，深入推进更高水平的平安中国建设。为此，要坚持和发展新时代"枫桥经验"，完善社会矛盾纠纷多元预防调处化解综合机制，提高社会矛盾纠纷化解的法治化水平。[①]对排查出来可能引发个人极端案事件的矛盾纠纷和风险隐患，坚持分层次、分类别逐一调处化解，尽可能地把矛盾和问题解决在早、化解在小，依法防范因矛盾纠纷引发的个人极端案事件。此外，需通过法治平衡社会利益、解决社会矛盾，真正发挥法治的保障作用。同时，还要进一步优化矛盾纠纷解决多种渠道，完善调解、仲裁、行政裁决和复议、诉讼等多元化纠纷解决机制，推动人民调解、行政调解、司法调解联动联调工作体系[②]，让更多矛盾纠纷在萌发阶段得到有效化解，让当事人的合理合法诉求得到及时回应、维护和实现。

此外，党的十九大报告提出打造共建共治共享的社会治理格局。个人极端案事件的防范和应对需要充分发挥社会组织作用，创新社会组织的矛盾纠纷化解的治理模式，实现政府治理和社会调节、居民自治良性互动。发挥专业调处类、治保维稳类等社会组织的功能，积极拓宽律师行业协会、专业协会、社工组织等第三方参与化解的制度化渠道，综合运用法律、行政等多种手段，依靠教育、协商、疏导等办法进行化解，切实增强矛盾纠纷调处化解工作实效，严防群众矛盾向个人极端案事件转化。

第六，健全社会心理服务体系和危机干预机制。坚持贯彻执行党的十九大提出的"加强社会心理服务体系建设，培育自尊自信、理性平和、积极向上的社会心态"思想，并着力培育法治精神，让法治精神渗透到社会心理服务体系和危机干预机

---

① 习近平. 坚定不移走中国特色社会主义法治道路，为全面建设社会主义现代化国家提供有力法治保障 [J]. 求是，2021（5）：1-10.

② 中共中央关于全面推进依法治国若干重大问题的决定 [N]. 人民日报，2014-10-29（001）.

制中，使法律价值观成为人们思考问题的价值取向，切实维护社会大局安全稳定。要创新服务模式，将心理健康服务和法治教育一同融入社会治理体系和精神文明建设，落实安置、帮教、管理以及综合干预等措施。同时，构建完善的社会心理支持系统，健全完善政府、社会、家庭三位一体的关怀帮扶体系，加强多元协同合作。尤其要着重完善特殊人群服务管理政策，建立心理障碍者和重症精神病人的风险排查和干预机制，严防特殊人群制造祸端，发生恶性刑事案件和个人极端案事件。

第七，提高应对个人极端案事件的应急处置水平。深入贯彻十九届五中全会"加强国家安全体系和能力建设"要求，进一步树牢安全发展理念，强化底线思维和红线意识，切实提高应对个人极端案事件的应急处置能力，保障广大人民群众生命财产安全。在处置个人极端案事件时，警察的快速反应能力、抵达现场时间以及现场处置水平都将避免犯罪行为发生、降低伤亡后果。为了预防个人极端案事件的发生和避免伤亡后果的扩大，要进一步提高易发案件的重点单位及其人员的防范意识，同时制定和完善个人极端案事件专项应急预案，并在高发场所开展针对性、经常性应急演练，以提高应急处置水平。在发生个人极端案事件后，公安机关应当根据预案采取紧急处置措施，制止暴力犯罪活动，尽快恢复正常社会秩序。同时，应当妥善做好个人极端案事件舆情引导，及时公布案件事实真相，避免影响事态扩大的谣言产生与发酵。

第八章 化危为安与转危为机：社会治理法治化路径优化

本章首先从社会治理体制法治化着手，对社会治理的内涵、社会治理体制法治化的实现路径进行了研究和探讨；随后，从社会治理机制法治化层面对法治化机制的具体要求，以及村规民约中有关法治化机制的内容进行了介绍；最后，在分析了社会治理体制机制法治化的基础上，从市域社会治理现代化视角对社会治理体制机制法治化进行了验证，并认识到市域社会治理已成为社会治理的重要组成部分，关系着省域治理与县域治理，关系着社会治理的整体效果，更关系着更高水平的平安中国建设。

第一节 防范和化解各类风险与危机：社会治理体制机制法治化

风险社会中自然风险、社会风险、传染病风险等相互交织。偶发的风险不可避免，当风险发生时，及时、科学、有效化解各类风险与危机成为我们关注的重点。党的十九届四中全会审议通过的《中共中央关于坚持和完善中国特色社会主义制度、推进国家治理体系和治理能力现代化若干重大问题的决定》中指出，"社会治理是国家治理的重要方面"，强调"坚持和完善共建共治共享的社会治理制度，保持社会稳定、维护国家安全"。推进社会治理现代化,防范和化解各类风险与危机，对于提升社会治理体制机制法治化水平起着重要助推作用。

一、社会治理体制法治化

（一）社会治理体制内涵界定

社会治理体制包含完善党委领导、政府负责、民主协商、社会协同、公众参与、法治保障、科技支撑。依据社会治理体制的内涵界定，首先需明确价值观中的公正价值。从一般意义上讲，公正价值被表述为正义或公共福祉，旨在实现价值的公正性。公正这一价值观作为现代法治的内核，是推进国家治理能力现代化的客观要求。只有实现了公正价值，才能真正意义上为全面巩固深化改革成果、实现中华民族伟大复兴营造公平正义的氛围。公平正义作为法治的整体价值目标，不同学者给予了不同解释。古罗马的著名法学家西塞罗将正义阐释为每个个体都应有的人类精神意向。中世纪神学家托马斯·阿奎将正义阐述为个人的一种习惯，一旦习惯形成不再轻易改变。[①] 依据我国古代思想家们的说法，法律旨在定分止争。

鉴于此，社会治理中所面临的任何纠纷正义问题，可概括为资源和利益的分配问题。正义的核心要素在于给予每个人合理需求。[②] 然而，随着时代变革和社会冲突复杂化，在风险社会中，正义的内涵也将随之发生变化。习近平总书记指出："不论处在什么发展水平上，制度都是社会公平正义的重要保证。""对由于制度安排不健全造成的有违公平正义的问题要抓紧解决，使我们的制度安排更好体现社会主义公平正义原则，更加有利于实现好、维护好、发展好最广大人民根本利益。"[③] 现代法治价值中的公平正义聚焦于合理、公平的社会状态，即社会成员之间的权利平等、机会公平、程序公正、结果公平。

（二）社会治理体制法治化的实现路径

1. 社会治理体制法治化与传统管理方式的区别

社会治理体制法治化相较于传统管理方式存在明显的差异。第一，从主体上

---

① 麻宝斌，任晓春. 从社会管理到社会治理：挑战与变革 [J]. 学习与探索，2011（3）：95-99.

② 朱景文. 社会治理体系的法制化：趋势、问题和反思 [J]. 社会学评论，2014（3）：21-29.

③ 中共中央关于全面深化改革若干重大问题的决定（辅导读本）[M]. 北京：人民出版社，2013：312.

看，传统的管理模式强调政府的主体地位，而治理多强调除了政府部门之外的公共部门、私人部门、社会组织、民间组织、公民个体的参与，强调多元主体协作。第二，从方式上看，传统的管理方式强调自上而下的行政性，突出政府主体行为，而治理手段既有行政，也有法律、道德、思想教育等多种方式的混合。第三，从方向上看，传统的社会管理强调的是一种自上而下的垂直管理，而社会治理更多强调政府与社会的互动。

2. 社会治理体制法治化的实现路径

防范和化解各类风险与危机，推进社会治理现代化，实现社会治理体制法治化。实现社会治理体制法治化，要从横向与纵向两个方向共同推进。横向上建构共治同心圆，形成推进社会治理现代化的向心力；纵向上实施善治，形成制度执行力。最终形成纵横网络，坚持和完善社会治理制度，进而建设人人有责、人人尽责、人人享有的社会治理共同体。

法治是推动社会治理方式现代化的重要标志，要充分发挥法治的固根本、稳预期、利长远的保障作用，将社会治理纳入法治化轨道。进一步完善法律法规，以更快速适应社会治理体制的需要，更有效适应和满足人民对美好生活的新期待。同时，地方性法规和行政规章的创新与完善，以良法保善治，进一步深化行政执法体制改革，将行政执法体制改革聚焦于安全生产、生态环境保护、食品药品安全与监督等重点领域。再者，强化对执法司法的制约监督，让人民群众切实感受到公平感、正义感和安全感。在此基础上，增强全民法治观念，依法化解各类社会矛盾。具体而言涵盖以下几个层面：

第一，社会治理体制的完善需要构建党委领导体制。首先，发挥党委总揽全局、协调各方的领导作用，贯彻党对社会治理工作的领导，及时探讨并依法解决社会治理中的重大问题。其次，发挥平安建设领导小组与协调小组的牵头作用，统筹协调各方力量，严格督办，切实落实各项具体操作，从而调动各方积极性。再次，发挥基层党组织在社会治理中的战斗堡垒作用，发挥好他们的带头作用，进而构建共建共享、区域协调统筹、条块协同的基层社会治理新局面。

第二，社会治理体制的完善需要构建政府负责体制。一是政府应全面履行社会治理职责，有效落实职能，明晰由政府管好、管到位的社会事务。二是加强市场监管、质量监管与安全监管，预防扰乱市场秩序、破坏社会稳定安全的情况出现，进而完善基本公共服务体系。三是运用法治这一社会治理的基础保障，将法治理念与法治方式有机结合，借用现代科技信息技术力量，强化社会事务的源头治理、动态管理和应急处置，进而推进社会治理的精细化、科学化、高效性。

第三，社会治理体制的完善需要构建群团组织助推体制。首先，完善党群建设制度机制，增强群团组织社会治理体制的政治性、先进性和群众性。其次，发挥基层组织力量，广泛动员基层组织、号召组织群众共同投身于社会治理的实践中，实现多元主体参与的社会共享共建共治。此外，依据法定程序将社会管理服务职能转由群团组织行使，拓宽群团组织制度化渠道，积极参与社会治理，进而维护公共利益、救助困难群众、预防违法犯罪。

第四，社会治理体制的完善需要进一步构建社会组织协同机制。首先，必须坚持党的领导与社会组织依法自治相统一的原则，确保社会组织在党的领导下走正确的发展道路，发挥社会组织在社会治理过程中的重要角色。其次，依据相应的法定程序，改革制约社会组织发展的体制机制，进而完善政社分开、权责明确、依法自治的社会组织制度。鉴于我国当前社会组织社会治理现状，需重点扶持发展城乡基层生活服务类、公益慈善类、专业调处类以及维稳类社会组织，明确各类社会组织在社会治理中的角色定位，权责分明，科学有效地发挥它们在社会治理中的重要作用。

第五，社会治理体制的完善需要构建人民群众参与体制。人民群众作为社会治理的重要参与主体。首先，人民群众在参与社会治理中的知情权、参与权、表达权、监督权的保障，对于推进基层民主制度化、规范化、程序化起着不可替代的作用。其次，鼓励企业这一市场主体在新技术、大数据、先进人才等方面社会治理优势的发挥，健全促进市场主体履行并承担社会责任的激励约束机制，促进市场主体在安全生产、合规经营等方面的责任。最后，拓宽社会治理的参与渠道。如拓宽新社会阶层，发挥社会工作者和志愿者参与社会治理的优势，鼓励自由职业者、新兴职业群体加入社会治理中，让他们在社会治理进程中发挥各自特长，提出新的想法、思路，采用新技术手段，共同致力于构建基层"群众自治圈"与"社会共治圈"。

综上所述，社会治理体制的完善旨在采取合法、合规、合理的措施，为维护广大人民群众的根本利益，最大程度团结各种社会主体，最大限度强化各种社会关系间的和谐因素，激发社会生产、建设与发展的活力，进一步提升主体的社会治理水平，发挥政治引领、法治保障、德智教化、自治强基、智治支撑作用，形成合力，从而实现全面推进平安中国建设，维护国家政治、经济、军事、外交等总体安全，确保人民安居乐业、社会安定有序，完善社会治理方式，创新化解社会矛盾途径，建立健全公共安全体系，实现社会治理体制现代化①。

二、社会治理机制法治化

（一）社会治理机制法治化的具体要求

共建共治共享的社会治理格局打造的核心关键是实现社会治理的法治化。将社会治理体系和治理能力的法治精神渗透到社会治理的各个环节，让法治理念成为人们思考问题的价值取向。从党的十八届三中全会、党的十九大报告、党的十九届四中全会有关社会治理机制法治化的阐释可知，社会治理的实践机制改革更具方向性、协同性和系统性。社会治理由以行政、法律等政策工具为主的治理转向行政治理、市场机制、智能技术、社会自治、法治、德治等多种政策工具与治理手段相融合的协同治理。

具体而言，社会治理机制法治化的要求如下：一是发挥党建引领作用，健全党组织的领导机制和各项工作机制，建立健全社会治理层面的重要法规、规章制度。二是推进政府职能的转变，改革行政执法体制，进而促进司法体制改革。三是完善反馈机制，尤其是健全代表反映与社会公众息息相关的诉求和建议反馈机制，拓宽民情反映机制，拓宽人民群众的信访渠道，重点发挥人大代表作用，重视人大代表的发言献策，强化立法和政策的民意基础，真正意义上将立法、政策与人民群众的实际需求相结合。四是完善行政复议、仲裁、诉讼等法定诉求表达机制，畅通人大代表、政协委员、人民团体、社会组织的诉求表达渠道，发挥他们的利益诉求表达功能。五是完善行政监督机制，全面推行政务公开制度，开通多元渠道，让社会公众积极主动、便捷参与行政监督过程，从而形成社会监督与内部监督协调互补的格局。六是健全矛盾纠纷多元化解机制。社会的发展必然与风险矛盾并存。出现矛盾，可采取人民调节、行政调解、司法调解相互衔接联动的方式，形成多种化解机制的功能互补、程序衔接。七是完善基层协商机制。基层作为我国行政层级的"末端"，基层矛盾的化解效果直接关系着社会的稳定与发展。采用民事民议、民事民办、民事民管的多种基层协商机制，让人民群众畅所欲言，建言献策，在依法保障人民群众对社会治理的知情权、参与权、决策权、管理权和监督权的

---

① 徐汉明. 推进国家与社会治理法治化现代化 [J]. 法制与社会发展，2014（5）：35-38.

基础上，激发人民群众依法参与社会治理的积极性、能动性、创造性。八是充分发挥社会治理的全社会参与机制，调动社会组织的积极参与作用。

（二）城市社区社会治理机制法治化

从城市社区的社会治理机制层面看有其特殊性。城市社区作为城市治理的"最后一公里"，面临着诸多新挑战。2018 年 12 月，民政部等 7 部门联合发布了《关于做好村规民约和居民公约工作的指导意见》，要求到 2020 年，全国所有村、社区普遍制定或修订形成务实管用、适合自身的村规民约、居民公约，以此推动健全党组织领导下自治、法治、德治相结合的现代基层社会治理机制。村规民约作为村民或社区居民自我管理、自我服务、自我教育、自我监督的一种行为规范，它的提出和形成在很大程度上让人民群众在其范围内自主管理，同时为规范村民、社区居民的行为提供了制度保障。其中，明确指出了要在党组织领导下，建立健全政府治理为主导，居民需求为导向，城乡统筹，多级联动，多元协商，减负增效机制，严格事务准入的治理机制。

三、市域社会治理现代化

我国是单一制国家，各行政层级既集中统一领导，又实施分级治理；既集中力量办大事，又积极发挥各层级在处理社会事务、实施社会治理方面的能动性。同时，加强各个行政层级的社会治理创新能力，明确各级行政层级的职能定位，充分发挥各层级在社会治理与处理社会事务中的重要作用，构建一个由中央、市域层面到基层三个层级的权责明晰、高效联动、上下贯通、运转灵活的社会治理指挥体系。首先，坚持党中央的集中统一领导，加强社会治理现代化顶层设计，加快建设更高水平的平安中国建设。党中央对社会治理实施集中统一领导、战略设计和整体谋划，协调平安中国建设工作，拟定平安中国建设的总体目标，协调解决平安中国建设中的重点问题。发挥市域社会治理在社会治理整体中的桥梁功能，同时发挥基层的桥头堡功能，坚持和发展新时代的"枫桥经验"，坚持矛盾不上交，将小矛盾、小问题化解在萌芽阶段。

（一）以系统融合思维和法治思维推进市域社会治理

市域社会治理作为国家治理的重要范畴，向上连接省域治理，向下对接县域治理，决定着地方治理成效的落实。"市域社会治理现代化"作为一个新概念，从表面上看，它是"市域＋社会治理现代化"的组合，体现的则是国家对推进社会治理现代化的总体要求在"市域"范围内的落实情况。党的十九届四中全会提出"加快推进市域社会治理现代化"，自此，"市域社会治理现代化"成为了国家治理的重要维度，在国家治理体系中承担着承上启下的枢纽作用。继而，党的十九届五中全会提出"加强和创新市域社会治理，推进市域社会治理现代化"，凸显市域社会治理及现代化的重要性和紧迫性。要想实现市域社会治理现代化发展，关键在于如何实现共治共建共享，而难点在于资源力量的整合。鉴于此，运用系统化思维模式思考如何推进市域社会治理现代化至关重要。

概括讲，系统思维是指全面、综合思考事情的产生与发展，强调大局观和协调意识。系统思维要求将社会治理与发展当成一个整体，而市域社会治理则是整个社会治理的关键纽带。但事实上，当前市域治理环节往往容易被忽视掉，也是容易潜藏问题的环节。比如，在省与县之间的城市，尤其是人口达百万、千万的城市，人口流动多，城市治理难度加大，若是其中某一个环节出了问题，影响的就是整个社会治理效果。自1978年党的十一届三中全会，我国实行改革开放40多年来，城市化进程加快，新经济、新产业快速发展，人、财、物、信息等各种元素向城市集聚。随着我国人口结构的变化，人们的生产方式、职业结构、消费行为、生活方式、价值观念等方面都随之而改变。城市中的风险、矛盾集聚，城市问题演变成"城市病"。在社会治理过程中，市域治理作为关键抓手，对于盘活社会整体治理起着重要作用。因而，运用系统思维创新市域社会治理尤其重要，将系统思维模式置入谋全局、聚合力中，从而为深化新时代背景下的市域社会治理找准对策方法。

其次，运用系统思维方式、树立系统融合理念，对于市域社会治理具有思想引领作用。市域社会治理是一个复杂的系统，若缺乏全面、系统、统筹谋划的理念，就无法准确、科学把握市域社会治理的规律特点。因此，一是要将市域治理真正立足于社会治理的中观位置，上接省域、下接县域，省、市、县三者相互配合，形成合力，进而创新治理思路、明确政策导向、明晰方法路径，方可有效实现市域社会治理。二是推动市域社会治理各要素的全面、系统整合，就是把党委领导、政府负责、民主协商、社会协同、公众参与、法治保障、科技支撑等社会治理方式的各个维度整合在一个系统上；要把市域基层党组织、居委会、社会组织、社区居民等治理主体关联在一个系统上；把党建引领、社区服务、群众自治、治安防控、法律服务等市域社会治理业务集中在一个系统上。三是学会遇见问题采用集体协商、联动治理方式解决，同时打通各行政层级间的信息联通机制，从而形成平安联创的市域社会治理机制，将市域社会治理由"碎片化"治理向"系统化"治理转变。

再者，运用系统思维抓住重点是关键。除了顶层设计、政策制度层面，人才队伍的建设也是重中之重。人才建设直接关系着市域社会治理的效果，也关系着整个社会治理的效果。实施人才专业化培养，规范职业标准，提升职业素养，有利于社会治理专业化水平的提高。此外，市域社会治理现代化中的法治保障也是非常关键的一环。缺乏法治保障，就没有市域社会治理现代化建设的顺利进行。因而，坚持法治国家、法治政府、法治社会一体化建设，走自治、法治、德治相融合的道路，培养公众的法治意识，运用法治思维与方式解决市域社会治理问题，是积极正向促进城市正义、改善城市秩序、提升城市形象，提升市域社会治理法治化水平的集中体现。市域社会治理，有了法治保障，新技术信息化手段的运用对于拓展大数据在公共安全、智慧城管、智能交通等领域的广泛运用具有良好的示范作用。

最后，市域既是重大矛盾风险的产生地和集聚地，又具备解决重大矛盾问题的各种统筹能力。只有常态化做好市域层面应对风险的思想准备、法治准备、组织准备和物质准备，将风险防范及时发现、及时处置，才可将其防控化解在市域层面，从而提升市域社会治理水平。加之新冠肺炎疫情影响、经济下行压力等在一定程度上，给市域社会治理增加了风险和挑战。运用系统思维方式，将市域社会治理融入至整个社会治理环节，做好上连省域、下接县域，因地制宜，抓住关键点和突破点，就能将市域社会治理现代化的美好蓝图变为人民群众看得见、感受得到的实效和实惠。

（三）市域社会治理现代化应用体系

市域社会治理现代化，本着"以人为本"的原则，以城市为基本单位，在市域范围内实施社会治理，突出"以城区为重点"的空间治理取向，继而延伸至区、街道、社区等基层社会治理。在市级层面做好运营监测、辅助决策、高位督查、综合考评等工作；在区级层面实行事件分拨处置，对任务分批进行监督管理、统一调度与考核评价。然后，将各类任务下沉至街道和社区，如将日常工作、信息采集、工作交流以及信息核查等由社区与共治队伍共同推进（如图 8–1）①。市域社会治理中，基层街道、社区要尽可能发挥"桥头堡"功能。治国安邦重在基层。坚持和发展新时代"枫桥经验"，重心下移、力量下沉、资源下投，建立健全富有活力和效率的新型基层治理体系，从而建设更高水平的平安中国。

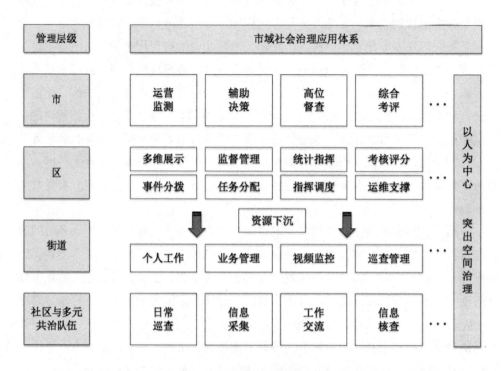

图 8–1　市域社会治理应用体系

第二节　基于危机生命周期理论的社会治理法治化

一、危机生命周期理论概念

危机生命周期理论最初被适用于研究企业各个时期可能遭遇的危机。如今，伴随着公共危机频发，相关研究与其剧增。有关危机生命周期理论的研究，不同

---

① 陈一新. 新时代市域社会治理理念体系能力现代化[J]. 社会治理，2018，28（8）：7–16.

学者从不同视角有所阐释。依据美国学者斯蒂文·芬克（Steven Fink）关于危机生命周期的划分方式，危机发展过程与人的生命周期一致，涵盖了出生、成长、成熟、死亡四个阶段，且在每个阶段均表现出不同的生命迹象。[①]1986年，斯蒂文·芬克在其著作《危机管理：对付突发事件的计划》中提及了危机生命周期理论[②]（如图 8–2 所示），包含危机的酝酿期、爆发期、扩散期与危机处理期 4 个阶段。作者指出，第一阶段的危机酝酿期即危机潜伏期；第二阶段即危机爆发期，这个时期主要由于伤害性和破坏性事情而引发危机；第三阶段即危机扩散期是指危机持续发生，但也可能随着时间的推移，危机被逐渐得以恢复；第四阶段为危机恢复期，作为危机生命周期的最后阶段，也是最为关键的阶段，危机事件或许得以解决，或许还会新一轮出现，本阶段需要引起更多的重视。

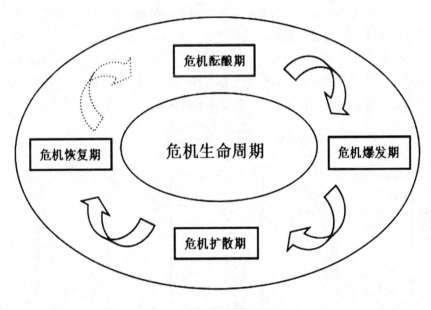

图 8–2　危机生命周期图示

① 万熙琼. 突发事件的网络传播机制及其应急管理研究 [D]. 上海：复旦大学，2011.

② 赵钊，陈晓春，高记，等. 基于成长危机分析的大学生生命周期及应对策略 [J]. 人力资源管理，2018（4）：122–123.

二、危机生命周期理论的启示

危机生命周期理论并非一个静态理论，而是从动态视角来分析危机管理的全过程。鉴于此，危机生命周期理论可从以下几方面加以论述：一是危机作为一个动态过程，有线索可寻，但不一定按照线索规律发展；二是危机处置的最佳时间点正好是危机发生初期；三是危机的不同阶段具有不同特征。危机端倪的辨识是处理危机、掌握危机、管理危机的重要做法；四是在危机不同的四个生命周期中，扩散阶段是最难被控制的，往往在此阶段危机的破坏力也是最强的，甚至可能导致难以想象的涟漪反应，进而产生新一轮危机；五是倘若危机未采取有效手段加以解决，那么被疏忽的危机便会迅速被再次引爆。因而，危机生命周期的四个阶段相辅相成、相互联系，没有任何一个阶段可独善其身。若危机的某一个阶段出现问题，那么其他阶段必定会受到影响。倘若在危机的最后一个阶段即危机恢复期没有进行彻底的危机清除，那么危机很可能卷土重来，甚至愈演愈烈，致使危机进入新一轮循环之中。所以，一旦在疫情出现端倪阶段未做好防控措施，疫情就会乘虚而入，快速扩散。所以，认识和分析危机，把握好危机的解决时机，对于危机应对处置至关重要（如图8-3）。[1][2]

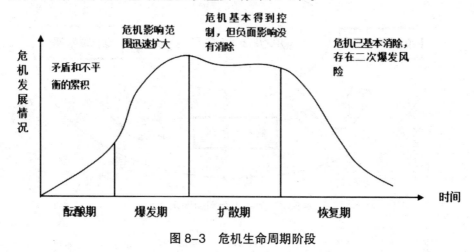

图8-3　危机生命周期阶段

①　赵钊，陈晓春，高记，等．基于成长危机分析的大学生命周期及应对策略 [J]. 人力资源管理，2018（4）：122-123.

②　姜平，贾洁萍，孔庆兵．公共危机管理与突发事件应对 [M]. 北京：红旗出版社，2011.

三、危机生命周期的规范化管理与社会治理法治化

（一）危机生命周期规范化体系分析

鉴于上述对危机生命周期理论以及危机生命周期的酝酿期、爆发期、扩散期、恢复期的描述和阐释，进一步探讨社会治理中的规范化管理。危机是对突发事件的应对，包括预防与准备、监测与预警、处置与救援、恢复与重建等全链条和全周期活动。运用危机生命周期对社会治理进行规范化管理，涉及目标体系、组织体系、防控体系与支撑保障体系几个层面。其中，目标体系旨在保障人民生命和财产安全、促进经济社会的健康安全发展、实现国家总体安全。在危机管理中，要动员社会多元主体，运用多种手段，实现高效应对危机管理的具体目标。组织体系是指危机管理的主体以政府为主导，军队、市场、其他社会组织等多元主体的协同参与构成有机系统。在这个有机系统中，要确定好多元主体的权责分配。防控体系作为危机应对手段，涵盖预防与准备、监测与预警、处置与救援、恢复与重建的全方位、全链条的危机防控工作。支撑保障体系为危机应对提供了环境条件，包含法制规范、队伍建设、资金保障、物资储备调配、技术支撑、应急产业发展。

（二）现行危机防控体系

危机防控体系，主要涵盖预防与准备、监测与预警、处置与救援、恢复与重建四个环节（见图8-4）[①]。首先针对预防与准备阶段，要积极落实社会管理机制、风险防范机制、应急准备机制、宣传教育机制与社会动员机制。具体而言，要在落实部门主体责任的基础上，做好风险防范与准备，同时宣传危机防范知识，做好社会动员，共同应对危机。监测与预警阶段，包含事件监测机制、事件研判机制、信息报告机制、事件预警机制、国际合作机制。本阶段与危机的处置与救援是一脉相承的。在此阶段，先做好事件监测与研判，危机信息通过官方媒体发布至公众；通过国家预警信息发布中心平台、国家传染病与突发公共卫生网络直报系统，借助大数据、信息互联网随时监测危机信息；同时，加强国际合作，如需加强对全球疫情方面的国际合作与信息互通。恢复与重建阶段包括危机的恢复重建机制、救助补偿机制、心理救援机制、调查评估机制以及责任追究机制。结合实践，在

---

① 陈一新. 新时代市域社会治理理念体系能力现代化[J]. 社会治理，2018，28（8）：7-16.

危机的恢复与重建阶段，政府部门要做好灾后的经济秩序恢复、受灾对象的心理健康辅导、灾害事故的责任人问责，以及灾后的经济补偿等工作。

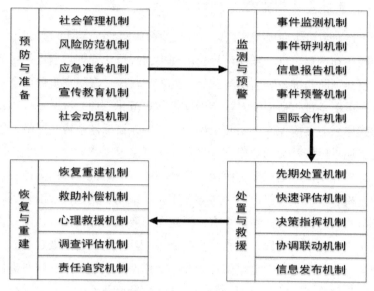

图 8-4　危机防控体系①

（三）全链条危机规范化管理

危机生命周期的规范化管理，实质是实施全链条的危机规范化管理。全链条危机规范化管理，要求坚持源头治理与过程管理有机结合，将预防为主与救助有机结合，将预防、响应、准备、救助、恢复、评估形成 6 个环节，将"响应"与"评估"反复贯穿全链条的危机管理中，且 6 个环节互联互通，重点放在"全流程改造"和"全领域落地"层面，从而构建出新的"6+2+5"的危机全周期、全链条防控体系的新框架，促进各个功能环节的有效发挥与落实。其中，"6"表示预防准备、监测预警、救援处置、恢复重建、应急退出和回溯学习 6 个环节，依次将危机应对的各个阶段体现出来；"2"表示"评估"和"响应"，且这两个环节反复贯穿于链条全过程；"5"包含合作协同、舆论引导、资源共享、激励问责、平战转换，

---

① 陈伟. 城市社会治安防控体系建设存在的问题及对策研究 [J]. 法制与经济（中旬刊），2010（10）：106-107，110.

作为确保全生命周期、全链条的危机防控体系的配套机制①②。

基于危机生命周期理论，在危机酝酿期强化危机监测与预警阶段，需要完善针对风险信息的发布机制与构建完善的公民知情权法律保障体系。在危机爆发期，采取危机预控措施至关重要，完善社会治理地方性法规中的危机预控制度是推进社会治理法治化的重要路径。在危机扩散期需要强化危机应对与处置，不仅需要发挥跨部门、跨区域的政府间协调联动作用，还需要进一步整合政府、企业和社会组织等多元主体的力量，需特别关注社会共治视角。在危机恢复期，面临重建阶段时，由于危机对社会公众的心理状况造成了剧烈的冲击，推进社会心理服务体系朝着规范化方向发展对培育灾后积极的社会心态、疏导负面社会心理和情绪、凝聚社会共识、实现灾后社会安全与秩序稳定有着重要作用。

第三节　建设更高水平的平安中国：新时代的法治保障制度完善

平安既是重要的民生体现，也是最基本的发展环境。将平安中国建设置于中国特色社会主义事业发展全局中来谋划，把人民群众对平安中国建设的要求作为努力方向。中国的社会经济发展不断取得重大成就与稳定的社会环境息息相关。稳定是改革与发展的前提，只有稳定的社会环境才能有中国的持续走向繁荣富强。

一、科学决策与价值追求的有机统一

建设更高水平的平安中国，始终要坚持在中国共产党的领导下，抓住社会主义新时代的主要矛盾，以人民为中心，更好地满足人民群众的需求。同时，建设更高水平的平安中国是中国共产党推进国家治理体系和治理能力现代化的重要实践。这一战略部署体现了鲜明的时代性、科学性以及高超的政治智慧。以人为本，把人民群众的现实需要作为使命担当，也是共建共治共享机制的有力体现，不断增强人民群众的获得感、幸福感、安全感，实现科学决策与价值追求的有机统一，

---

① 陈其林. 现阶段城市社会治安防控体系建设研究 [D]. 武汉：华中师范大学，2014.

② 张小明. 公共危机事后恢复重建的内容与措施研究 [J]. 北京科技大学学报（社会科学版），2013，29（2）：114-120.

是建设更高水平的平安中国的重要维度。

进入新时代,我国社会主要矛盾已经发生转变。平安作为人民对美好生活需要的基本要求,也是国家经济社会发展的基本保证。党的十八大以来,在以习近平同志为核心的党中央坚强领导下,我国社会治理体系不断完善,社会安全稳定形势向好,人民生命财产安全得到有效维护,广大人民群众的安全感、获得感和幸福感不断增强。2020 年底完成了全面脱贫攻坚,当前正如火如荼实施乡村振兴战略。然而,也要看到城乡差距、区域发展差距、居民收入差距,执法不公、司法腐败、诚信缺失、道德失范、"黑拐骗"、问题食品、非法集资、网络传销等违法犯罪活动还未从根本上解决,社会矛盾依然不断。加之,2019 年底疫情爆发,给整个国家经济发展带来了前所未有的压力;2021 年 7 月中下旬的河南洪水灾难造成了严重的生命财产损失。这些突发公共危机事件在引起社会各界的广泛关注的同时,也为平安中国建设敲响警钟,需要社会各界深入事件背后去了解事件的源起、发生、发展,总结经验,从法治、道德等不同层面探索一个长效机制,以缓解或减少类似事件的发生。

习近平总书记指出,"要坚持国家安全一切为了人民、一切依靠人民,动员全党全社会共同努力,汇聚起维护国家安全的强大力量,夯实国家安全的社会基础,防范化解各类安全风险,不断提高人民群众的安全感、幸福感"。建设更高水平的平安中国对于贯彻落实总体国家安全观具有重要意义。国际关系进入百年未有之大变局,传统安全和非传统安全中各种挑战持续增加,新型矛盾不断增多,平安中国建设要求采用科学化、社会化、法治化、智能化等手段维护政治安全、社会安定、人民安宁。

二、促进发展与维护安全的辩证统一

促进发展和维护安全,二者辩证统一、相互影响、相互制约、相互作用。无论是离开发展谈安全,还是离开安全谈发展都不成立。稳定与秩序相互呼应,离开了相对稳定,社会秩序会受到影响,发展自然也就失去了基础。同样,离开发展谈稳定,就好比空中楼阁。党的十九大报告提出,"统筹发展和安全"。党中央坚持将发展作为我们党执政兴国的第一要务,将安全作为实现中华民族伟大复兴和保证人民安居乐业的头等大事。只有深刻理解了发展与安全二者的关系,才会对建设更高水平的平安中国有更加深层次的理解。

此外,促进发展与维护安全的辩证统一,从另一个视角看,也是"固根本"与"利长远"的辩证统一。法治的"固根本"保障作用，是党和国家通过社会主义法治，建立并巩固、坚持的具有根本性质、地位与作用的法律制度体系，具有广泛的认同感和普遍遵从性。坚持全面依法治国有利于促进社会的发展与维护国家安全的统一。法治同样作为"利长远"的保障，主要取决于与社会生产力、生产关系和经济基础的要求是否相匹配，是否适合经济社会发展和各项事业发展的需要。一般来讲，法治作为社会实践经验的总结、社会规律的反映，随着国家与社会的发展变化而与时俱进，法治的"利长远"效果将发挥得淋漓尽致，反之其作用的发挥就显得相形见绌。有了法治在促进发展、维护稳定方面的强有力的保障作用，建设更高水平的平安中国也就坚定了更加有力的方向。

三、平安中国建设中法治保障的重要作用

"系统治理、依法治理、综合治理、源头治理"对于加快构建"平安中国"十分重要。"源头治理"强调了治理的根源，正所谓"标本兼治、重在治本"。从生态环境领域治理可知，一旦遭遇破坏，危机来临，必将造成难以挽回的后果。因而，从源头上防控是最为经济有效的做法。"系统治理"旨在强调"大平安"的治理理念，即将平安中国建设延伸至经济、政治、文化、生态等各个领域，从而实现总揽全局、保障实现平安中国建设的目标。"综合治理"是指在各级党委和政府的统一领导下，各部门协调一致，同时依靠其他社会组织与民众力量，通过政治、经济、行政、法律、文化、教育等方式维护社会治安，保障社会安全。"依法治理"即加强对平安中国的法治保障，运用法治思维和方式建设平安中国。化解矛盾，维护国家稳定与社会发展，急需各级领导干部和执法人员强化运用"法治思维"的能力。平安中国建设须深入贯彻党的依法治国理念，将法治思维贯彻至各个环节，发挥法治对于更高水平的平安中国建设作用。依靠法治思维提高执政履职能力和风险治理能力，发挥法治的引领和保障作用，提高平安建设现代化水平。

四、高水平社会治理法治化推进高水平的平安建设

法治兴则国家兴，法治衰则国家乱。法治的精髓和要旨对提升社会治理水平和促进平安中国建设具有普遍意义和重要意义。提高社会治理水平，需要党委的统一领导，政府为主力，其他社会组织与公众积极参与社会治理与平安中国的建设中，增强预防和化解矛盾的能力，减少重大安全事故的发生。同时，探索新路径，

在实践中总结经验，巩固社会和谐稳定、人民幸福安康、国家长治久安的良好局面。具体而言，要坚持党对依法治国的领导，坚持人民主体地位，坚持中国特色社会主体法治道路，坚持建设中国特色社会主义法治体系，坚持依法治国、依法执政、依法行政共同推进，坚持法治国家、法治政府、法治社会一体建设，坚持依宪治国、依宪执政，坚持全面推进科学立法、严格执法、公正司法、全民守法，坚持处理好法治辩证关系。2021 年 4 月，中共中央、国务院发布的《关于加强基层治理体系和治理能力现代化建设的意见》提出了推进基层治理法治建设的三条路径：提升基层党员、干部法治素养，引导群众积极参与、依法支持和配合基层治理；完善基层公共法律服务体系，加强和规范村（居）法律顾问工作；乡镇（街道）指导村（社区）依法制定村规民约、居民公约，健全备案和履行机制，确保符合法律法规和公序良俗。

将固根本、稳预期、利长远作为社会主义法治的根本功能和重要使命。依据《突发事件应对法》第三条，突发事件是"突然发生，造成或者可能造成严重社会危害，需要采取应急处置措施予以应对的自然灾害、事故灾害、公共卫生事件和社会安全事件"。从固根本、稳预期、利长远方面出发，城乡基层社区在此次疫情防控中发挥着基础性与关键性作用。正如习近平总书记指出："此次疫情防控凸显了城乡社区的重要作用，也暴露出基层社会治理的短板和不足。要夯实社会治理基层基础，推动社会治理重心下移，构建党组织领导的共建共治共享的城乡基层治理格局。"具体而言，一是要提高公共危机管理的立法质量和效率，完善以宪法为核心的中国特色社会主义法律体系，"村规民约等不得与宪法、法律、法规和国家的政策相抵触，不得有侵犯村民的人身权利、民主权利和合法财产权利的内容"。二是要健全国家安全法治体系，筑牢国家安全屏障。三是要提高依法行政在社会治理中的水平，将政府工作与社会治理、社会建设发展等纳入法治轨道。四是确保司法公正高效权威，保证司法案件的公平正义。尤其是针对公共危机管理相关案件，需进一步深化司法体制改革，落实司法责任，完善诉讼制度，强化司法保护，提升办案质量。五是加强对法治实施的监督，保证法治实施的权责统一。在应对公共危机管理过程中，只有加强对各级国家行政机关、监察机关、审判机关、检察机关等工作的监督，完善权力运行和监督机制，才能保证公民、法人和其他组织合法权益切实得到尊重和维护。六是要加强全民普法教育，增强全民法治意识，推进法治社会建设。公共危机管理和应急处置过程涉及面广，环节多，无法仅仅依靠国家机关强制力去保证法律在各个环节都得到遵守和执行。"软法"

体现的协商、民主、平等的法律精神在危机应对中发挥着"硬法"不能替代的补充作用，因而要进一步完善并积极发挥市民公约、乡规民约、村规民约、行业规章、团体章程等社会规范在应对公共危机管理与社会治理中的积极作用。2020 年 3 月，中央全面依法治国委员会印发《关于加强法治乡村建设的意见》，要求"引导村民在村党组织的领导下依法制定和完善村民自治章程、村规民约等自治制度"。这正是基于平安中国建设的根基在基层，构建政府与社会共建的社会治理法治化模式，一定程度上有助于有效促进平安中国建设的制度考量。

参考文献

一、专著类

[1] 马克思，恩格斯．德意志意识形态节选本 [M]．北京：人民出版社，2008.

[2] 牛津现代高级英汉双解辞典 [M]．第三版．香港：牛津大学出版社，1984.

[3] 中共中央党史和文献研究院．习近平关于"不忘初心、牢记使命"论述摘编 [M]．北京：中央文献出版社，2020.

[4] 中共中央党史和文献研究院．习近平关于防范风险挑战、应对突发事件论述摘编 [M]．北京：中央文献出版社，2020.

[5] 习近平．习近平谈治国理政：第二卷 [M]．北京：外文出版社，2020.

[6] 习近平．习近平谈治国理政：第三卷 [M]．北京：外文出版社，2020.

[7] 习近平．紧紧围绕坚持和发展中国特色社会主义学习宣传党的十八大精神 [M]// 中共中央文献研究室．十八大以来重要文献选编（上）．北京：中央文献出版社，2014.

[8] 十八大报告文件起草组，十八大报告辅导读 [M]．北京：人民出版社，2012.

[9] 习近平．决胜全面建成小康社会 夺取新时代中国特色社会主义伟大胜利——在中国共产党第十九次全国代表大会上的报告 [M]．北京：人民出版社，2017.

[10] 中共中央宣传部．习近平新时代中国特色社会主义思想三十讲 [M]．北京：学习出版社，2018.

[11] 四川省成都市中级人民法院．诉源治理 新时代"枫桥经验"的成都实践[M]．北京：人民法院出版社，2019.

[12] 中共中央组织部党建研究所．党的建设大事记 [M]．北京：党建读物出版社，2018.

[13] 郭声琨．坚持和完善共建共治共享的社会治理制度 [M]．北京：学习出版社，

2019.

[14] 国务院发展研究中心公共管理与人力资源研究所课题组 . 我国社会治理的制度与实践创新 [M]. 北京：中国发展出版社，2018.

[15] 孙柏瑛 . 城市基层政府社会治理体制机制的现代转型 [M]. 北京：中国社会科学出版社，2020.

[16] 邹东升，陈思诗 . 新时代党建引领基层社会治理 [M]. 北京：民主法制出版社，2021.

[17] 赵凤萍 . 危机管理政治学：压力之下的公共领导能力 [M]. 郑州：河南人民出版社，2010.

[18] 杨永志，吴佩芬 . 互联网条件下维护我国意识形态安全研究 [M]. 天津：南开大学出版社，2015.

[19] 马和民 . 从"仁"到"人"：社会化危机及其出路 [M]. 北京：北京师范大学出版社，2006.

[20] 申艳红 . 公共危机管理发质问题研究 [M]. 北京：中国政法大学出版社，2016.

[21] 唐钧 . 应急管理与风险管理 [M]. 北京：应急管理出版社，2021.

[22] 于飞 . 中华人民共和国突发事件应对法释义 [M]. 北京：法律出版社，2007.

[23] 孔繁斌 . 公共性的再生产——多中心治理的合作机制建构 [M]. 南京：江苏人民出版社，2008.

[24] 王勇 . 社会治理法治化研究 [M]. 北京：中国法制出版社，2019.

[25] 孙晓晖 . 风险社会视域下的应急处置与动员研究（1978—2011）[M]. 广州：广东人民出版社，2018

[26] [美] 华尔德 . 共产党社会的新传统主义：中国工业中的工作环境与权力结构 [M]. 龚小夏，译 . 香港：牛津大学出版社，1996.

[27] [美] 罗伯特·阿格拉诺夫，迈克尔·麦奎尔 . 协作性公共管理：地方政府新战略 [M]. 李玲玲，鄞益奋，译 . 北京：北京大学出版社，2007.

[28] [美] 李侃如 . 治理中国：从革命到改革 [M]. 北京：中国社会科学出版社，2010.

[29] [美] 朱迪·弗里曼 . 合作治理与新行政法 [M]. 毕洪海，陈标冲，译 . 北京：商务印书馆，2010.

[30] [美]约翰·D.多纳休，理查德·J.泽克豪泽.合作：激变时代的合作治理[M].徐维，译.北京：中国政法大学出版社，2015.

[31] [德]乌尔里希·贝克.风险社会[M].何博闻，译，南京：译林出版社，2004.

[32] [德]哈贝马斯.公共领域的结构转型[M].曹卫东，等，译.上海：学林出版社，1999.

[33] [德]哈贝马斯.在事实与规范之间——关于法律和民主法治国的商谈理论[M].童世骏，译.北京：生活·读书·新知三联书店，2011.

[34] [英]安东尼·吉登斯.现代性的后果[M].田禾，译.南京：译林出版社，2000.

[35] [古希腊]亚里士多德.政治学[M].吴寿彭，译.北京：商务印书馆，1983.

[36] [苏]弗道洛夫.人与自然——生态危机和社会进步[M].王炎库，赵瑞全，译.北京：中国环境科学出版社，1986.

二、期刊类

[1] 陈柏峰.法治社会建设的主要力量及其整合[J].法律和政治科学，2019（1）.

[2] 任芙英.如何实现社会治理法治化[J].人民论坛，2019（2）.

[3] 唐皇凤，汪燕.新时代自治、法治、德治相结合的乡村治理模式：生成逻辑与优化路径[J].河南社会科学，2020（6）.

[4] 王利明.法治：良法与善治[J].中国人民大学学报，2015（2）.

[5] 谢志岿，孙莹.违规红利、制度均衡与法治社会——对法治社会建设中法治信仰问题的思考[J].社会科学家，2018（11）.

[6] 燕继荣.社会变迁与社会治理——社会治理的理论解释[J].北京大学学报（哲学社会科学版），2017（5）.

[7] 应松年.加快法治建设促进国家治理体系和治理能力现代化[J].中国法学，2014（6）.

[8] 高鹏程.行政危机管理[J].中国软科学，2004（11）.

[9] 周晓丽.论公共危机的复合治理[J].中共长春市委党校学报，2006（6）.

[10] 张成福.公共危机管理：全面整合的模式与中国的战略选择[J].中国行政

管理，2003（7）．

[11] 李纲，王晓，叶光辉．国内突发事件预警研究评述 [J]. 情报理论与实践，2017（7）．

[12] 姜晓萍．国家治理现代化进程中的社会治理体制创新 [J]. 中国行政管理，2014（2）．

[13] 韩锋．基于应急体系视角下的我国突发公共卫生事件应急管理的特点、原则及重要意义 [J]. 改革与开放，2014（23）．

[14] 陈云良．健康权的规范构造 [J]. 中国法学，2019（5）．

[15] 王兆鑫．"急法"与"急权"：突发公共卫生危机下公民权利的应急立法保障 [J]. 湖北经济学院学报，2020（2）．

[16] 曾令良．国际法治视野下的国家治理现代化 [J]. 法制与社会发展，2014（2）．

[17] 冯刚，史宏月．思想价值引领在国家治理现代化中的功能研究 [J]. 思想理论教育，2020（2）．

[18] 陈金钊．法治共识形成的难题——对当代中国"法治思潮"的观察 [J]. 法学论坛，2014（3）．

[19] 冯锦彩．习近平关于法治重要论述的理论脉络 [J]. 中共山西省委党校学报，2018（6）．

[20] 童星，张海波．群体性突发事件及其治理——社会风险与公共危机综合分析框架下的再考量 [J]. 学术界，2008（2）．

[21] 王浦劬．国家治理、政府治理和社会治理的含义及其相互关系 [J]. 国家行政学院学报，2014（3）．

[22] 何渊．智能社会的治理与风险行政法的建构与证成 [J]. 东方法学，2019（1）．

[23] 田鹏颖．现代社会重大风险的国家治理方法论探析 [J]. 理论视野，2020（11）．

[24] 陶华强．论全面依法治国背景下行政执法的风险防范 [J]. 延安大学学报（社会科学版），2021（3）．

[25] 陈垚．行政执法风险及其防控机制创新 [J]. 党政干部论坛，2020（1）．

[26] 彭中礼．论领导干部行政决策中的法治思维 [J]. 中国井冈山干部学院学报，2014（2）．

[27] 张晓莹．行政处罚的理论发展与实践进步——《行政处罚法》修改要点评析 [J]. 经贸法律评论，2021（3）．

[28] 胡建淼．《行政处罚法》修订的若干亮点 [J]. 中国司法，2021（5）．

[29] 王姝婷. 大型群众性活动安全保卫工作存在的问题及完善对策 [J]. 法制与社会，2017（14）.

[30] 张继东. 浅析个人极端暴力犯罪 [J]. 公安研究，2010（9）.

[31] 马振超. 网络对社会政治稳定的影响分析 [J]. 中国人民公安大学学报（社会科学版），2009（5）.

[32] 戚建刚. 极端事件的风险恐慌及对行政法制之意蕴 [J]. 中国法学，2010（2）.

[33] 靳高风，吴敏洁，赵文利. 个人极端暴力事件防控对策研究 [J]. 中国人民公安大学学报（社会科学版），2013（5）.

[34] 严仍昱. 从社会管理到社会治理：政府与社会关系变革的历史与逻辑 [J]. 当代世界与社会主义，2015（1）.

[35] 俞可平. 治理和善治引论 [J]. 马克思主义与现实，1999（5）.

[36] 俞可平. 没有法治就没有善治——浅谈法治与国家治理现代化 [J]. 马克思主义与现实，2014（6）.

[37] 马海韵. "共建共治共享社会治理格局"的理论内涵——基于社会治理创新的视角 [J]. 北京交通大学学报（社会科学版），2018（4）.

[38] 周永坤. 法治概念的历史性诠释与整体性建构——兼评"分离的法治概念" [J]. 甘肃社会科学，2020（6）.

[39] 李桂林. 实质法治：法治的必然选择 [J]. 法学，2018（7）.

[40] 王磊. 国家治理现代化维度下全面依法治国的价值内涵与实现路径 [J]. 浙江学刊，2020（2）.

[41] 刘雪松，宁虹超. 社会治理与社会治理法治化 [J]. 学习与探索，2015（10）.

[42] 张文显. 习近平法治思想研究（上）——习近平法治思想的鲜明特征 [J]. 法制与社会发展，2016（2）.

[43] 张文显. 法治化是国家治理现代化的必由之路 [J]. 法制与社会发展，2014（5）.

[44] 周佑勇. 习近平法治思想的人民立场及其根本观点方法 [J]. 东南学术，2021（3）.

[45] 徐汉明. 习近平社会治理法治思想研究 [J]. 法学杂志，2017（10）.

[46] 徐汉明. 推进国家与社会治理法治化 [J]. 法学，2014（11）.

[47] 徐汉明，张新平. 网络社会治理的法治模式 [J]. 中国社会科学，2018（2）.

[48] 马怀德. 习近平法治思想中法治政府理论的核心命题 [J]. 行政法学研究，

2020（6）.

[49] 杨建军．通过司法的社会治理 [J]. 法学论坛，2014（2）.

[50] 姚莉．司法公正要素分析 [J]. 法学研究，2003（5）

[51] 贾中海，程睿．习近平司法公正思想的社会价值向度 [J]. 理论探讨，2020（4）.

[52] 刘作翔．关于社会治理法治化的几点思考——"新法治十六字方针"对社会治理法治化的意义 [J]. 河北法学，2016（5）.

[53] 连朝毅．马克思主义社会管理理论及其在当代中国的新发展 [J]. 马克思主义研究，2015（2）.

[54] 王堃．地方治理法治化的困境、原则与进路 [J]. 政治与法律，2015（5）.

[55] 江必新，王红霞．论现代社会治理格局——共建共治共享的意蕴、基础与关键 [J]. 法学杂志，2019（2）.

[56] 李友梅．当代中国社会治理转型的经验逻辑 [J]. 中国社会科学，2018（11）.

[57] 李友梅．中国社会治理的新内涵与新作为 [J]. 社会学研究，2017，32（6）.

[58] 童彬．基层社会治理法治化：基本现状、主要问题和实践路径 [J]. 重庆行政（公共论坛），2018，19（4）.

[59] 王思斌．社会工作在构建共建共享社会治理格局中的作用 [J]. 国家行政学院学报，2016（1）.

[60] 周红云．法治与社会治理 [J]. 马克思主义与现实，2014（6）.

[61] 杨建军．通过司法的社会治理 [J]. 法学论坛，2014，29（2）.

[62] 莫于川．公共危机管理与行政指导措施 [J]. 政治与法律，2004（6）.

[63] 莫于川，莫菲．行政应急法治理念分析与制度创新——以新冠肺炎疫情防控中的行政应急行为争议为例 [J]. 四川大学学报（哲学社会科学版），2020（4）.

[64] 莫于川．公共危机管理的行政法治现实课题 [J]. 法学家，2003（4）.

[65] 鲍勃·杰索普．治理的兴起及其失败的风险：以经济发展为例的论述 [J]. 国际社会科学杂志（中文版），1999（1）.

[66] 薛澜，朱琴．危机管理的国际借鉴：以美国突发公共卫生事件应对体系为例 [J]. 中国行政管理，2003（8）.

[67] 薛澜，张强．SARS 事件与中国危机管理体系建设 [J]. 清华大学学报（哲学社会科学版），2003（4）.

[68] 李泽洲．建构危机时期的政府治理机制——谈政府如何应对突发性公共事件及其危机 [J]. 中国行政管理，2003（6）.

[69] 沙勇忠, 解志元 . 论公共危机的协同治理 [J]. 中国行政管理, 2010（4）.

[70] 张立荣, 冷向明 . 协同治理与我国公共危机管理模式创新——基于协同理论的视角 [J]. 华中师范大学学报（人文社会科学版）, 2008（2）.

[71] 袁明旭 . 国家治理体系视域下公共危机治理现代化研究 [J]. 贵州社会科学, 2018（3）.

[72] 林克松, 朱德全 . 教育应对公共危机的分析框架与行动范式——基于"新冠"重大疫情危机的透视 [J]. 华东师范大学学报（教育科学版）, 2020（4）.

[73] 郁建兴, 任泽涛 . 当代中国社会建设中的协同治理——一个分析框架 [J]. 学术月刊, 2012（8）.

[74] 郭锐乐, 王云飞 . 突发公共危机下的社会风险及社区治理主体的行为建构——以新型冠状病毒肺炎疫情为例 [J]. 云南农业大学学报（社会科学）, 2021（1）.

[75] 刘莘 . 行政应急性原则的基础理念 [J]. 法学杂志, 2012（9）.

[76] 霍增辉 . 行政应急责任体系化研究——以突发公共卫生事件应急为例 [J]. 求是学刊, 2009（3）.

[77] 陈无风 . 应急行政的合法性难题及其缓解 [J]. 浙江学刊, 2014（3）.

[78] 杨海坤, 马迅 . 总体国家安全观下的应急法治新视野——以社会安全事件为视角 [J]. 行政法学研究, 2014（4）.

[79] 于安 . 突发事件应对法着意提高政府应急法律能力 [J]. 中国人大, 2006（14）.

[80] 于安 . 论国家应急基本法的结构调整——以《突发事件应对法》的修订为起点 [J]. 行政法学研究, 2020（3）.

[81] 周振超, 张梁 . 非常规重大突发事件"紧急行政"模式的法治优化 [J]. 中国行政管理, 2021（2）.

[82] 刘乃梁 . 公共危机的社会共治: 制度逻辑与法治进路 [J]. 江西财经大学学报, 2020（6）.

[83] 彭华 . 我国行政应急行为司法审查若干问题探讨 [J]. 西南科技大学学报（哲学社会科学版）, 2014, 31（1）.

[84] 林鸿潮 . 社会稳定风险评估的法治批判与转型 [J]. 环球法律评论, 2019（1）.

[85] 马超, 金炜玲, 孟天广 . 基于政务热线的基层治理新模式——以北京市"接诉即办"改革为例 [J]. 北京行政学院报, 2020（5）.

[86] 马长山 . 人工智能的社会风险及其法律规制 [J]. 法律科学（西北政法大学

学报），2018（6）.

[87] 张晓磊.突发事件应对、政治动员与行政应急法治 [J]. 中国行政管理，2008（7）.

[88] 游祥斌，李祥.反思与重构：基于协商视角的社会治安综合治理体制改革研究 [J]. 中国行政管理，2014（12）.

[89] 辛科.社会治安综合治理：问题与对策 [J]. 中国政法大学学报，2011（3）.

[90] 吕德文.属地管理与基层治理现代化——基于北京市"街乡吹哨、部门报到"的经验分析 [J]. 云南行政学院学报，2019（3）.

[91] 杨正鸣，姚建龙.转型社会中的社会治安综合治理体系改革 [J]. 政治与法律，2004（2）.

[92] 魏鸿勋.我国社会治安防控体系历史流变及认知启示 [J]. 广西警察学院学报，2021（1）.

[93] 王建新.社会治安防控体系法治保障研究 [J]. 中国人民公安大学学报（社会科学版），2015，31（2）.

[94] 赵宏.疫情防控下个人的权利限缩与边界 [J]. 比较法研究，2020（2）.

[95] 邹东升，包倩宇.社会治理法治化：习近平法治思想研究的新向度 [J]. 重庆行政，2021，22（3）.

[96] 邹东升，陈昶."循证式"重大行政决策社会稳定风险评估建构 [J]. 电子政务，2019（12）.

[97] 邹东升，陈昶.重大行政决策社会稳定风险第三方评估的意蕴、偏误与纠偏 [J]. 领导科学，2020（10）.

[98] 邹东升.信访属地管理偏误下基层政府的困惑与解惑——自利与避责的分析框架 [J]. 行政论坛，2020（6）.

三、报纸类

[1] 习近平.让老百姓过上好日子——关于改善民生和创新社会治理 [N]. 人民日报，2016-05-06（09）.

[2] 张天培.全国公安机关维护国家政治安全和社会大局稳定取得实效 [N]. 人民日报，2021-04-16（10）.

[3] 习近平.习近平关于中共中央关于全面推进依法治国若干重大问题的决定

的说明 [N]. 习近平. 人民日报，2014-10-29（01）.

[4] 习近平. 下好先手棋打好主动仗——习近平总书记关于防范化解重大风险重要论述综述 [N]. 人民日报，2021-04-15.

[5] 袁曙宏. 深化行政执法体制改革 [N]. 光明日报，2013-11-27（02）.

[6] 中共中央关于坚持和完善中国特色社会主义制度 推进国家治理体系和治理能力现代化若干重大问题的决定 [N]. 人民日报，2019-11-06（01）.

[7] 中共中央关于制定国民经济和社会发展第十四个五年规划和二〇三五年远景目标的建议 [N]. 人民日报，2020-11-04（01）.

[8] 习近平. 决胜全面建成小康社会 夺取新时代中国特色社会主义伟大胜利 [N]. 人民日报，2017-10-28（01）.

[9] 刘佳义. 推进基层社会治理法治化 [N]. 光明日报，2014-12-08（01）.

[10] 习近平. 关于中共中央关于制定国民经济和社会发展第十四个五年规划和二〇三五年远景目标的建议的说明 [N]. 人民日报，2020-11-04（02）.

[11] 习近平. 在省部级主要领导干部学习贯彻党的十八届五中全会精神专题研讨班上的讲话 [N]. 人民日报，2016-05-10（02）.

[12] 坚持依法治国和以德治国相结合，推进国家治理体系和治理能力现代化 [N]. 人民日报，2016-12-11（01）.

[13] 袁曙宏. 坚持法治国家、法治政府、法治社会一体建设 [N]. 人民日报，2020-04-21（09）.

[14] 李林. 习近平法治思想的核心要义 [N]. 中国社会科学报，2020-11-23（04）.

[15] 夏锦文. 坚持走中国特色社会主义社会治理之路 [N]. 新华日报，2017-11-01（11）.

[16] 公丕祥. 认真对待区域法治发展 [N]. 新华日报，2016-04-29（18）.

四、网络资料类

[1] 新华社. 中共中央国务院印发《"健康中国2030"规划纲要》[EB/OL].（2016-10-25）.http://www.gov.cn/xinwen/2016-10-25/content_5124174.htm.

[2] 新华社. 国务院印发《国务院关于实施健康中国行动的意见》[EB/OL].（2019-07-15）.http://www.gov.cn/xinwen/2019-07-15/content_5409565.htm.

[3] 习近平. 在纪念孔子诞辰2565周年国际学术研讨会上的讲话 [EB/

OL].（2014-09-24）[2020-11-20].http://news.xinhuanet.com/politics/2014-09/24/c_1112612018.

[4] 习近平. 习近平眼中的"法治中国"[EB/OL]. 新华网.（2014-10-22）[2021-07-14].http://jhsjk.people.cn/article/25889052.

[5] 安邦定国，习近平这样论述国家安全 [EB/OL].（2019-04-15）[2021-07-24]. http://www.xinhuanet.com/2019-04/15/c_1124367882.htm.

[6] 青连斌. 习近平总书记创新社会治理的新理念新思想 [EB/OL].（2017-08-17）[2021-07-24]. http://theory.people.com.cn/n1/2017/0817/c83859-29476974.html.

[7] 十八届三中全会《决定》、公报、说明（全文）[EB/OL].（2013-11-18）[2021-07-24]. http://www.ce.cn/xwzx/gnsz/szyw/201311/18/t20131118_1767104.shtml.

[8] 两会授权发布：习近平参加上海代表团审议 [R/OL].（2014-03-05）[2021-7-23].http://politics.people.com.cn/n/2014/0306/c70731-24540367.html.

[9] 陈一新. 加快社会治理现代化 夯实"中国之治"基石 [R/OL].（2019-11-18）[2021-07-23].http://www.chinapeace.gov.cn/chinapeace/c54219/2019-11/18/content_12302762.shtml.

[10] 中国人民政府. 中共中央印发《法治社会建设实施纲要（2020—2025年）》[EB/OL].（2020-12-07）[2021-05-07].http://www.gov.cn/xinwen/2020-12/07/content_5567791.htm.

六、英文文献

[1] Thompson，Rosemary A.Crisis Intervention and Crisis Management：Strategies' I hat Work in Schools and Communities[M]. New York and Hove：Brunner-Routledge，2004.

[2] Hermann，Charles F. Crises in Foreign Policy：A Simulation Analysis[M]. Indianapolis and New York：The Bobbs—Merrill Company，Inc.，1969.

[3] Jackson，Robert J. Crisis Management and Policy-Making：An Exploration of Theory and Research[G] // Richard Rose. The Dynamics of Public Policy. Beverly Hills，CA：Sage Publications，Inc.，1976.

[4] Rosenthal，Uriel，Paul't H，Alexander K. The Bureau-politics of Crisis Management[J]. Public Administration，1991：69.

[5] Sriraj PS. khisty CJ. Crisis Management and Planning Using Systems

Methodologies [J]. Journal of Urban Planning and Development. 1999（9）.

[6] Shaluf, IM, Fakharu'l-razi A, Aini MS. A Review 0f Disaster and Crisis[J]. Disaster Prevention and Management，2003, 22（1）.

[7] "Pickett John H., Barbara A, Block. Day to Day Managemnet[G]. Managing Disasters Response Operation[G]. Emergency Management Principle and Practice for Local Government Washington, DC： International City Management Association, 1991.

[8] Rosenthal, U, Alexander K. Crisis Management and Institutional Resilience：An Editorial Statement [J]. Journal of Contingencies and Crisis Management，1996, 4（3）： 119-124.

[9] Chris Ansell, Alison Gash, "Collaborative Governance in Theory and Practices" [J]. Journal of Public Administration Research and Theory, October 2000, 18（4）.